DER TRAUM

DER TRAUM

EIN FÜHRER DURCH DIE WELT DES WACHENS UND SCHLAFENS

Malcolm Godwin

KNESEBECK

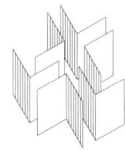

A L A B Y R I N T H   B O O K

Titel der Originalausgabe

The Lucid Dreamer

CIP-Titelaufnahme der Deutschen Bibliothek

Godwin, Malcolm: Der Traum

Eine Reise durch die Welt des

Wachens und Schlafens/

Malcolm Godwin. Aus dem Engl. von Christiane Jung. –

München: Knesebeck, 1995

ISBN 3-926901-76-4

Deutsche Erstausgabe

Copyright © 1995 by von dem Knesebeck

GmbH & Co. Verlags KG, München

Redaktion: Gerhard Theato (Ariadne)

Producing: Ariadne Buch, München

Bernhard Michalowski (verantw.)

Satz: Satz & Repro Grieb, München

Produced by Labyrinth Publishing (UK) Ltd.

ISBN 3-926901-76-4

INHALT

VORWORT

Vor zwanzig Jahren erfuhr mein Leben eine unverdiente und völlig unerwartete Wendung. In einem Moment ging ich noch meinem zugegebenermaßen plan- und ziellosen Leben in London nach, im nächsten schien es, als sei ein »spiritueller goldener Ziegelstein« heruntergefallen und hätte meinen Kopf nur knapp verfehlt, jedoch dicht genug, um mir einen Blick auf die wirkliche Welt zu gewähren, so daß von nun an nichts mehr wie vorher sein würde.

Wie im Traum gab ich plötzlich alles auf, was ich besaß, verließ diejenigen, die ich wirklich liebte, und wanderte voll heiligen Wahnsinns und Durstes durch Indien, um einen spirituellen Meister zu finden, der mir vielleicht die letzte Hilfe bei meinem offenbar letzten Stadium der Erkenntnis geben konnte. Wenn ich in den folgenden zwei Jahrzehnten irgend etwas gelernt habe, dann ist es, daß eine Transformation selten unmittelbar erfolgt, wie nah man dem Nirwana auch zu sein meint.

Wenn ich auf die letzten zwanzig Jahre zurückblicke, von denen ich sieben in Indien verbrachte, erschreckt mich am meisten, wieviel ich vergessen habe, seit ich zum Rest der Welt zurückgekehrt bin. Manche von uns scheinen die erstaunliche Fähigkeit zu besitzen, sogar die veränderndsten und erhellendsten Ereignisse ihres Lebens fehlzuinterpretieren. Und während jener Zeit in einem indischen Ashram hatte ich zum ersten Mal Klarträume. Es war eine von vielen außergewöhnlichen Episoden dieser Zeit, der es gelungen war, vollständig aus meinem Bewußtsein zu verschwinden, gemeinsam mit anderem psychisch-esoterischen und spirituellen Nippes, für den ich mich schämte.

Zu dieser Zeit hatte sich mein eigener Meister häufig und öffentlich über die an Besessenheit grenzende Faszination lustig gemacht, die esoterischer Abfall auf mich ausübte. Man muß beim Experimentieren mit Klarträumen vorsichtig sein. Doch es schien mir so natürlich, die althergebrachten Techniken anzuwenden, die dieses Stadium herbeiführen und die aus vielen schamanistischen und mystischen Überlieferungen bekannt sind.

Aus diesem Grund wird das Thema dieses Buch weder von einem professionellen Standpunkt aus noch von dem eines Psychologen oder Wissenschaftlers her beleuchtet. Abgesehen davon, ein Sonntags-Mystiker zu sein – eine Art naiver, religiöser Primitiver –, ist meine einzige Referenz die, daß ich sporadisch Klarträume habe und dann immer noch verwundert darüber bin, was ich gefühlt habe. Jeder, der diesen lebhaften Zustand erfahren hat, wird mir zustimmen, daß große Fragezeichen wie Damoklesschwerter über der wachen Welt des Träumers zu hängen beginnen, die durch den Vergleich auf einmal doch nicht so stabil und beruhigend greifbar ist, wie sie einmal war. Die luzide Welt ist so reich, unglaublich detailliert und lebendig, daß die normale und alltägliche Erscheinung des Wach-Reiches daneben beinahe flach und monoton erscheint. Denn die Traumwelt ist nicht nur so klar und räumlich und so wirklich wie alles in unserem Wachzustand, sondern kann auch mit allen fünf Sinnen erfahren werden.

Bei meiner Suche nach Erklärungen habe ich mich an berühmte schamanistische und mystische Überlieferungen angelehnt, die in beinahe jeder bekannten Kultur in der Welt zu finden sind, besonders in Indien und dem Fernen Osten. Doch erst vor kurzem bin ich auf eine Reihe westlicher Modelle und Paradigmen gestoßen, die darauf hinweisen, daß wissenschaftliche und mystische Überlieferungen letztlich über das gleiche Phänomen sprechen. Wie auch immer, ich bin kein Wissenschaftler, und wie viele in unserer metaphysisch orientierten Generation muß ich mich auf viele modi-

Der Traum, von Henri Rousseau.

sche und bekannte Ideen verlassen, die sich mit dem Thema beschäftigen, wie Neue Physik, Quantenmechanik, metamorphologische Felder oder holographische Neurophysiologie. Ich will dies nicht entschuldigen: Die Komplexität und Fülle von Informationen in der heutigen Welt schützt einen vor einseitigen Ansichten. Wir sind alle Möchtegern-Experten, die verschiedene Ernten einbringen und die unterschiedlichen Prachtstücke aus jeder Disziplin aussortieren und sie an die Wand stecken, um eine gewisse Bedeutung daraus zu lesen. Bei meiner Beschäftigung mit der Neuen Physik habe ich erfahren, daß die Wissenschaftler ebenfalls annehmen, was die Mystiker des Ostens schon immer behauptet haben: Unsere scheinbar stabile und solide Welt werde sich als ebenso substantiell und wirklich wie ein Traum herausstellen. Dies kann sowohl ein großer Trost als auch gleichzeitig ein Schreck sein.

Meine eigene unwissenschaftliche Erfahrung mit Klarträumen scheint eine Anzahl dieser neuen Theorien über die Natur der Realität widerzuspiegeln, die erklären, daß wir die physische Welt, in der wir leben, selbst erschaffen – genauso, wie wir die Traumwelt erschaffen, die wir in einem bewußten Traum bewohnen. Und dieses Buch wurde aus schierem Erstaunen darüber geschrieben, daß dies tatsächlich so sein könnte: daß wir auch aus diesem täglichen Traum erwachen können, den wir alle geschaffen haben.

Malcolm Godwin,
West Dorset, England, 1994

Teil I

DAS LUZIDE REICH

1. KAPITEL

Wachsein und Träumen

2. KAPITEL

Umwandlung von Illusion in Illumination

3. KAPITEL

Die heimlichen Träumer

4. KAPITEL

Das vergessene Reich

5. KAPITEL

Der Geist in der Traummaschine

Ittal, aus einem Haus in Kattumeru, Orissa, Indien (Kopie).
Die Stämme der Saora in Zentralindien malen diese Ittals oder Pikto-
gramme an die Wände ihrer Häuser. Sie sollen Traum-Kommunikationen
mit der Geisterwelt darstellen. Solche Bilder verwandeln die Wand, auf die
sie gemalt wurden, in eine Tür zwischen den spirituellen Königreichen und
der materiellen Welt. Dieses Bild soll vom Ehemann einer an einer Ner-
venkrankheit leidenden Frau geträumt worden sein. Das Bild stellt das
Hochzeitsfest von Jaliyasum dar, dem Gott, der für die körperliche Ver-
fassung der Frau verantwortlich sein soll. Schamanen werden gebeten, zwischen Träumer und Geist zu vermitteln, indem sie das Werk entweder loben
oder kritisieren und Veränderungen oder Erweiterungen vorschlagen.

1. KAPITEL

WACHSEIN UND TRÄUMEN

Alles ist wie ein Traum oder eine Zaubervorstellung

Tibetisch-buddhistische Abhandlung, 11. Jahrhundert

Dieses Buch beschäftigt sich nicht, wie die meisten Handbücher für Traum-Workshops, mit dem Inhalt, der Deutung, Analyse oder der Symbolik von Träumen, sondern vielmehr mit dem Stoff, aus dem die Träume sind. Und indem wir die Frage stellen, woraus ein Traum gebildet ist, werden wir sofort mit unseren gehegten und gewohnten Vorstellungen dessen konfrontiert, woraus unser waches Stadium besteht. Die lebendige Wirklichkeit eines luziden Traums zwingt jeden, der ihn erfahren hat, dazu, sich einer veränderten Einschätzung dessen zu unterziehen, was er als die Wirklichkeit seines wachen Lebens angesehen hat. Wir werden uns vor allem mit zwei Stadien befassen: Erwachen, während wir träumen, und Träumen, während wir wach sind. Die Brücke, die diese beiden Stadien verbindet, wird durch aufmerksame Wahrnehmung gebildet, und zwar sowohl in unserem sogenannten Wachzustand als auch innerhalb des Klartraums.

Das Phänomen des Klartraums paßt nicht in die traditionellen Vorstellungen von Träumen, und erst im letzten Jahrzehnt zeigte die Wissenschaft überhaupt Interesse an diesem Zustand oder wurde dies der Allgemeinheit erst bewußt. Zehn Jahre zuvor weigerten sich viele Psychologen und Neurophysiologen, seine Existenz überhaupt anzuerkennen.

Doch durch beharrliche Anstrengungen solcher Forscher wie Stephen La Berge an der Universität von Stanford oder Keith Hearne in England wurde der Klartraum schließlich enthusiastisch zu einer wissenschaftlichen Realität erklärt.

Der luzide Traum oder Klartraum ist ein Zustand, in welchem dem Schläfer bewußt wird, daß er träumt. Die Bilder dieses Zustands werden oft als sehr viel lebendiger beschrieben als die des normalen, nicht-luziden Stadiums, und es ist auch für den damit Erfahrensten extrem schwer, sicher zu sein, ob er wach Wirklichkeit erlebt oder nicht. In diesem Zustand kann der Träumer die Kontrolle über das, was erscheint oder was geträumt wird, übernehmen, und diese Erfahrung wird meist von einem herrlichen und euphorischen Gefühl der Macht, Freude und erweiterten Fähigkeiten begleitet. Dies ist jedoch ein ziemlich seltener Zustand und hängt zum Teil von einer natürlichen Neigung oder von Talent ab. Obwohl manche Menschen unbestreitbar ein gewisses Talent für diese Art von Traum haben, kann beinahe jeder mit Sorgfalt, Geduld und Beharrlichkeit erleben, wie er während des Schlafens und Träumens zu Bewußtsein kommt. Man kann lernen, seine Träume zu kontrollieren und sie auf jegliche Art zu schaffen oder zu lenken, und das mit den phantastischsten Ergebnissen und Erkenntnissen.

Geheimnis und Melancholie in einer Straße, *von Giorgio de Chirico. Jedes Objekt dieser surrealistischen Szene strahlt durch seine Schatten, die beinahe lebendig scheinen, eine innewohnende Gegen-* *wärtigkeit aus. Klarträumer berichten, daß die Traumobjekte ein eigenes inneres Leben mit einer magischen Wirklichkeit besitzen, die viel größer ist als in der normalen, alltäglichen und wachen Welt.*

Oben: **Blick auf eine Straße,** *von Adelchi-Riccardo Mantovani.*
Man weiß nicht, wie das Gehirn nur durch Erinnerungen Einzelheiten
erschaffen kann, die so präzise wie in dieser Szene sind. Wo diese
Erinnerung gespeichert wird und wie das Gehirn neue Perspektiven und
Kombinationen aufnimmt, bleibt ein Rätsel.

Gegenüber: **Alice betritt den Spiegel,** *aus Lewis Carrolls* Alice hinter den Spiegeln, *illustriert von John Tenniel. Alice scheint eingeschla-*
fen zu sein, als sie das Spiegelbild ihres eigenen Zimmers betritt, wo
alles andersherum ist, und obwohl viele ihrer Gesetze bizarr und unmög-
lich erscheinen, ist die tatsächliche Welt so wirklich wie ihre eigene.

In erster Linie wollen wir untersuchen, ob es einen essentiellen Unterschied zwischen der Erfahrung gibt, wach zu sein, und der Erfahrung, luzid und beim Schlafen und Träumen bewußt zu sein. Wenn sich diese beiden Stadien als ähnlicher herausstellen, als wir bisher glaubten, dann stimmt es, was die Seher, Schamanen und Mystiker immer schon behauptet haben. Durch alle Kulturen, Glaubensrichtungen und Zeiten haben Visionäre erklärt, daß unsere Vorstellungen von der normalen Welt falsch sind, und daß die Welt, an die wir gewöhnt sind, tatsächlich nichts anderes ist als ein Traum. Manche von uns hören sich dergleichen lächelnd an und leben dann ihr Leben weiter, als hätten sie nichts gehört. Vielleicht liegt es daran, daß so wenige von uns darauf vorbereitet sind, die Unbilden des schamanischen oder des mystischen Lebens auf sich zu nehmen, um aus erster Hand zu überprüfen, was da behauptet wird. Doch wenn es nun stimmt und die Welt, in der wir wohnen, wirklich nichts anderes als ein Traum ist? Gibt es irgendeinen Weg, dies direkt zu erfahren, ohne sich der anspruchsvollen Disziplin und den oft gefährlichen Zeremonien der Weisen und Zauberer zu unterziehen? Das luzide oder bewußte Träumen, das in letzter Zeit in Amerika und Europa beachtliches Interesse gefunden hat, ist zumindest eine Methode, die uns einen Blick auf das erlaubt, worüber die Weisen reden.

Obwohl die Existenz dieser seltenen Traumform erst vor kurzem in größerem Maße publiziert wurde, ist sie tatsächlich eines der ältesten menschlichen Talente. Es scheint den Kern jeder schamanistischen und mystischen Praxis vom Beginn des Bewußtseins auszumachen. Luzides oder bewußtes Träumen gestattet Schamanen oder den »Reisenden zwischen den Welten«, die Reiche des Geistes zu besuchen, um heilende Kräfte und Einsicht in sich selbst oder ihr Volk zu erhalten.

Im Fernen Osten kannten Mystiker diese Form des Traums schon lange als großen Wegweiser auf dem Weg zur Erleuchtung und zur spirituellen Freiheit. Doch für Mystiker und Weise ist der eigentliche Zweck luzider Traumarbeit nicht, die Macht eines Schamanen zu erreichen, sondern aufzuwachen. Und dieses Erwachen soll nicht nur innerhalb des Traums, sondern in dem, was wir alle als unser waches Leben kennen, stattfinden. Gerade das Erwachen aus unserer Welt der Illusionen und Träume, wie Mystiker es nennen, spiegelt das Klar-

träumen so sinnfällig, und dies ist das zentrale Thema dieses Buches.

Viele der Traumzustände, die auf den folgenden Seiten diskutiert werden, tragen gewisse Gefahren für instabile, unvorsichtige, oder auch für rationale und in sich gefestigte Menschen mit sich. Für einen Schamanen oder Zauberer kann das Träumen ein buchstäblich gefährliches Unternehmen sein. Wenn wir ehrlich sind, gibt es viele dunkle Ecken in uns, aus denen Gefahr droht, wenn man als Träumer unvorsichtig und unbedacht einfach in sie hineinstößt. Wenn die Leser jede Vision des Schamanen, der auf dem Markt auftritt, allzu ernst nehmen würden, könnten sie sich plötzlich auf feindlichem Gebiet wiederfinden.

Ich habe mich absichtlich von vielen der dunkleren Aspekte des Versetzens eines träumenden Körpers in andere Reiche ferngehalten. Es ist nicht die Absicht dieses Buches, mehr zu tun, als die Grenzen zwischen den verschiedenen Traum- und Wachzuständen zu untersuchen, um zu zeigen, daß wir ebenso schlafen, wenn wir wach zu sein glauben, wie wir es in Träumen tun. All die verschiedenen Übungen, die Sie finden werden, haben einen Zweck: dem Leser Geschmack an klarem Träumen zu vermitteln und ihn dazu zu bringen, seiner eigenen inneren Natur zu vertrauen, die ihn über diesen Punkt hinaus leiten wird.

Doch das endgültige Ziel ist aufzuwachen - nicht, sich in einem noch größeren Labyrinth von Träumen zu verirren. Aufgrund dessen werden wir oft Übungen vorstellen, die meditativer sind, als es in Traumarbeit üblich ist. Zum einen setzt die Arbeit mit Träumen eine große Menge an Energie frei, die einfach kein Ventil findet. Einfache Meditation redu-

ziert die innere unruhige Verwirrung, bringt den Träumer wieder auf den Boden und schafft eine Stille, in die kein Geräusch des Geistes dringt. Die Palette der Meditationen umfaßt alle großen Welttraditionen, vom tibetischen Tantra über die buddhistischen und hinduistischen Übungen bis zu den Erinnerungstechniken der Meister aus der islamischen Welt der Sufi. Bei dem Versuch, das zu repräsentieren und auszudrücken, was wir für unsere Wirklichkeit halten, schaffen wir Modelle und Vorstellungen, die einfacher und leichter zu begreifen sind als die Wirklichkeit selbst. Das Problem ist, daß wir oft diese beiden durcheinanderbringen und glauben, wenn wir ein Wort für ein Ding gefunden haben, dann hätten wir auch sein Wesen erfaßt. In den letzten dreihundert Jahren hat das Newtonsche Weltbild eine Vorstellung vom Universum vermittelt, die sich in unserem Jahrhundert nach und nach als falsch herausstellte. Die Neue Physik hat aufgezeigt, daß das Universum nicht eine so feste, maschinenartige Beschaffenheit aufweist, wie wir einmal dachten. Doch diese beiden Ansichten sind nur Vorstellungen von der Wirklichkeit und nicht die Wirklichkeit selbst. Es sind Worte, Etiketten, und wir neigen dazu, ihnen Substanz zu geben und zu vergessen, daß sie nicht die existentielle Wirklichkeit sind.

Gegenüber: *Reflexionen.* Oben: *Mann in einer Flasche.* Beide Bilder sind von Richard Hess. Das Problem für jeden Klarträumer ist es, den Unterschied zwischen einer wachen Wirklichkeit und einem wachen Traum zu erkennen. Ein klarer Traum kann so greifbar und überzeugend wirklich erscheinen wie das normale, wache Leben. Doch beide Wirklichkeiten scheinen immer mehr außerordentliche, kunstreiche Schöpfungen des Gehirns und seiner programmierten Arbeit zu sein.

EIN WORT AN DIE UNVORSICHTIGEN

Diese Darstellung ist auf Worte beschränkt; Worte, mit denen man einverstanden ist oder nicht. Doch Worte sind nur aus zweiter Hand und beschreiben Erfahrung. Im Höchstfall haben wir eine Situation, die der taoistische Meister Chuang-tzu so beschreibt:

»Fischkörbe sind dazu da, Fisch zu fangen; doch wenn der Fisch gefangen ist, vergessen die Menschen die Körbe; Schlangen sind dazu da, Hasen zu fangen; doch wenn die Hasen gefangen sind, vergessen die Menschen die Schlangen. Wörter sind dazu da, Vorstellungen zu vermitteln; doch wenn die Vorstellungen begriffen sind, vergessen die Menschen die Worte.«

Dies ist der Grund, warum wir die verschiedenen Methoden anbieten: damit der Leser direkt erfahren kann, was besprochen wird. Die Schwierigkeit liegt darin, daß die Territorien immer unbekannter werden und oft beunruhigend weit von der Sicherheit vertrauter Umgebung liegen. Viele der Techniken grenzen an die Territorien der »siddhikschen« Kräfte, also die scheinbar magischen Fähigkeiten, die von bestimmten yogischen oder mystischen Übungen ausgehen, wie die Erhebung von Kundalini, das Sehen farbiger Aura, intuitive Blicke in die Zukunft oder das Erleben ekstatischer Trancezustände und außerkörperlicher Erfahrungen. All dies kann sehr bizarr sein. Deshalb ist zu betonen, daß dies keine Methoden für Unvorsichtige, Schüchterne oder Instabile sind. Es erfordert Mut, sie in die Praxis umzusetzen.

Doch es gibt ein Sicherheitsnetz: Die Beharrlichkeit, die nötig ist, um jede der genannten Methoden anzuwenden, wird diejenigen ausschließen, die auf ihre Effekte nicht vorbereitet sind. Trotzdem: Wenn Sie je ein Stadium erreichen, dem Sie sich nicht mehr gewachsen fühlen, brechen Sie sofort ab und folgen Sie einer Meditation, die alles transzendiert, bei der man einfach Gedanken an sich vorbeiziehen läßt, ohne sich mit ihnen zu identifizieren. Dies bringt Klarheit und ein Gefühl der Ruhe in etwas, was sonst sehr beunruhigend sein kann. Doch vor allem: Nehmen Sie sich selbst oder Ihre Träume nicht allzu wichtig.

TRAUMÜBUNG

Bevor Sie mit dem nächsten Kapitel fortfahren, versuchen Sie einmal ein einfaches Experiment, das Ihnen eine Vorstellung von Ihrer visuellen Vorstellungskraft geben wird. Wir haben oft Tagträume, achten aber selten darauf, wie greifbar die Bilder, die wir schaffen, sein können. Wählen Sie eines der Objekte aus der gegenüberliegenden Tafel aus, schließen Sie die Augen und fokussieren Sie es in Ihrem Geiste. Versuchen Sie, das Objekt zu drehen und beobachten Sie dabei, wie sich das Licht auf seiner Oberfläche verändert.

Es wird bei kaum einem Leser vorkommen, daß eine photographische Replik vor ihm in der Dunkelheit schwebt. Den meisten von uns fällt es schwer, überhaupt ein festes Bild zu behalten. Vielleicht liegt es daran, daß viele Wörter verwenden, um inneren Bildern von Eiern, Hüten und anderen Dingen Form zu geben. Eine solche Vorstellung ist genauso stereotyp wie ein ABC-Buch für Kinder, aber unsere nonverbale Vorstellung ist oft vage und schattenhaft, wie die in unseren normalen Träumen. In einem Klartraum jedoch scheint das Gehirn keiner verbalen Mittel zu bedürfen und präsentiert klare und extrem detaillierte Bilder, die berührt und aus der Nähe untersucht werden können und die für absolut wirklich gehalten werden.

La Clef des Songes, *1930, von René Magritte. Der Künstler verbindet alltägliche Dinge mit normalen Begriffen. Doch die Worte sind unabhängig und beschreiben nicht die abgebildeten Objekte. Magritte deutet humorvoll an, wie sehr wir uns an verbalen Beschreibungen orientieren. Doch wir hängen bei der Wirklichkeitserfahrung nicht nur von Worten ab, sondern auch von der Kultur, die dahinterliegt.*

2. KAPITEL

UMWANDLUNG VON ILLUSION IN ILLUMINATION

Wenn der Traumzustand anbricht,
lieg nicht wie eine Leiche in Unwissenheit da,
betrete die natürliche Sphäre der beständigen Aufmerksamkeit.
Erkenne deine Träume und wandle Illusion in Illumination
Schlaf nicht wie ein Tier.
Tu, was Schlaf und Wirklichkeit vermischt.

Tibetisch-buddhistisches Gebet

Das obige Zitat umschließt auf perfekte Weise das Wesentliche der Welt, die wir erforschen wollen. Vor zweitausendfünfhundert Jahren antwortete der Buddha Gautama auf die Frage, was er sei – eine Inkarnation, ein Gott, ein Geist oder ein Heiliger – schlicht und einfach: »Ich bin wach.« Niemand hatte das endgültige Stadium der Erleuchtung je mit so einfachen Begriffen umschrieben. Und als er sagte, daß er wach sei, sprach er vom Erwachen aus dem Zustand, den wir als unser waches Leben empfinden.

Das, was »Schlaf und Wirklichkeit vermischt«, beschreibt eine Schwelle, die an der Grenze dessen liegt, was die Weisen unsere verzauberte und traumartige Umgebung und die Wirklichkeit nennen. Und Mystiker machen keinen Unterschied dazwischen, ob wir schlafwandeln, wenn wir schlafen und träumen oder wenn wir wach sind und ebenfalls träumen.

Das Gebet selbst hätte auch von den Hinduisten, Taoisten, Jainas, Sufis, sibirischen Schamanen, australischen Ureinwohnern oder amerikanischen Medizinmännern stammen können. Im Osten betonen die Mystiker, daß wir menschlichen Wesen, mit wenigen Ausnahmen, unser ganzes Leben lang Schlafwandler sind, und daß es nur einigen Weisen möglich ist, aus diesem dunklen Reich der Illusion in das helle Licht der Wirklichkeit zu treten. Ob irgendjemand von uns zumindest theoretisch mit diesen erleuchteten Wesen übereinstimmt, ist unwichtig. Tatsache ist, daß wir es niemals wirklich wissen werden, bis wir ihren luziden Zustand erreicht haben.

Nach Umfragen und Untersuchungen in Amerika und Europa scheint es, daß mindestens dreißig Prozent von uns irgendwann in ihrem Leben einen flüchtigen Blick auf Bewußtseinszustände haben, die unsere vorgefaßte Vorstellung von Wirklichkeit angreifen und erschüttern. Diese können von seltenen außerkörperlichen Erfahrungen, todesnahen Erlebnissen, durch Telepathie, Voraussehen, das Erblicken von Energiefeldern und Aura bis zu erderschütternden mystischen Visionen, direkten

Der schlafende Zigeuner, von Henri Rousseau, 1897. *Das Geheimnis dieses Bildes liegt teilweise in der Spannung, ob das Bild ein Traum ist oder wirklich. Träumt die schlafende Person von dem Löwen, oder ist der Löwe eine reale Erscheinung in der wachen Welt? Vielleicht ist der Löwe das tierhafte Bewußtsein, das auf den Moment wartet, brüllend ins Leben zu treten. Die traumartige Landschaft mit dem Schein des Vollmonds wirkt noch stiller durch das stumme Saiteninstrument, das neben der Person liegt. Der Betrachter weiß genausowenig, ob diese Szene ein Traum ist, wie Klarträumer sagen können, ob das, was sie erfahren, wirklich ist oder nicht.*

Jiddhu Krishnamurti, 1895–1986. Intensiv von Theosophisten vorbereitet, um zum Sprachrohr der Maitreya oder der Weltlehrer zu werden, löste er die Organisation auf, die seine messiasartige Sendung hätte tragen sollen. Sein wahres Erwachen geschah 1948, und er hielt bis zu seinem Tod im Alter von einundneunzig Jahren Vorlesungen. Doch auch nach Jahren unermüdlicher Gespräche, oft mit denselben Menschen unter den Zuhörern, verzweifelte er öffentlich über die Unmöglichkeit, das Erwachen mit Worten zu erklären.

Meher Baba, 1894–1969. Ein indischer Mystiker, der einem Weg der Sufis folgte. Da er die Sinnlosigkeit fühlte, sich mit Worten verständlich zu machen, blieb er über vierzig Jahre stumm und kommunizierte nur durch eine Zeichensprache, die von einem seiner engen Jünger übersetzt wurde. Seine Hauptbotschaft war Liebe und sein ständiges Credo »Sei glücklich.« Meher Baba erkannte, daß viele scheinbar verrückte Menschen dem spirituellen Erwachen nahe waren, dabei aber so verwirrt wurden, daß sie nicht mehr mit dem normalen Traumleben umgehen konnten.

Osho Rajneesh, 1931–1991. Mit einundzwanzig erleuchtet. Dieser widersprüchliche Meister sprach dann den Rest seines Lebens darüber, wie wir aus unseren gewohnten Träumen erwachen können. Er war in Indien und im Westen als fesselnder Redner berühmt, und anders als Meher Baba gab er über drei Jahrzehnte lang jeden Tag eine neunzigminütige Vorlesung, entweder in Englisch oder Hindi. Doch er erklärte seinen späteren Jüngern, daß seine Worte für die Vermittlung seiner Lehren nichts nützten, denn diese könne nur durch Kommunion und nicht durch Kommunikation gelingen. Von allen Mystikern dieses Jahrhunderts rüttelte er am meisten Menschen so weit auf, daß sie zumindest erkannten, daß sie schliefen.

U. G. Krishnamurti, 1918–( ). 1967 erlangte U. G. den natürlichen Zustand oder »das Unglück«, wie er es nannte. Als man ihn bat, seine Lehre in einem Satz zusammenzufassen, sagte er: »Der Satz lautet: Ich kann euch nicht helfen.« Er ist kompromißlos in seiner Lehre, daß alle Vorstellungen von Erleuchtung, Meditation, Selbst oder Gotteserkennung nichts weiter als süße Träume sind. Wirklichkeit ist seiner Meinung nach etwas ganz anderes, und die meisten von uns, die wir in unseren Träumen leben, würden sie nicht mit der Kneifzange anfassen. Er sagt, daß Kommunikation zwischen jemandem im natürlichen Zustand und einem Träumenden weder möglich noch notwendig ist.

Erfahrungen veränderten Bewußtseins oder dem schlichten Erwachen aus unserem sogenannten Wachtraum reichen.

Solche Einsichten können durch lange Meditation entstehen, verschiedene spirituelle Methoden oder einfach, weil wir zu einer bestimmten Zeit auf einer bestimmten Stelle stehen, wenn ein »goldener Ziegelstein« herabfällt. Sogar dann, so sagen uns die Meister und Gurus, sind diese erhöhten Bewußtseinszustände, auf die wir so stolz sind, bloß ein kleiner Blitz, der nur einige Quadratzentimeter der riesigen Fläche des unvorstellbaren Nichts erhellt. Solche kurzen Blicke scheinen nur den Effekt zu haben, die Dunkelheit noch schwärzer als zuvor erscheinen zu lassen.

Jeder der Glücklichen, die mit einem Erleuchteten gesprochen haben, wird gemerkt haben, daß sich ihr Wachzustand so radikal von allem übrigen unterscheidet, daß es keine Worte für diesen Zustand oder den Weg zu ihm zu geben scheint.

Der Weise J. Krishnamurti beispielsweise stand oft in Tränen vor seinem Publikum und versuchte, es an seinem Verständnis teilhaben zu lassen. Doch je mehr er es versuchte, desto mehr waren er und seine Zuhörer schließlich verärgert und unbefriedigt, als würde einer Suaheli und der andere in einem außerirdischen Dialekt von Alpha Centauri sprechen. Und es war nicht so, daß seine Zuhörer dumm gewesen wären, ebensowenig wie die Jünger des mystischen Lehrers Georges Gurdjieff einfachen Geistes waren. Diese beiden geistig verbundenen Männer zogen einige der intelligentesten Menschen unseres Jahrhunderts an, und doch scheint keiner dieser Tausenden von Jüngern jemals zur Erleuchtung gekommen sein. Worte scheinen nicht das richtige Medium zu sein, die Wahrheit der Wirklichkeit zu vermitteln.

Doch was hat das mit luziden und bewußten Träumen zu tun? Klarträume können ohne Worte verstehen helfen, was diese Mystiker zu demonstrieren versuchen.

Jeder von uns schläft, und so weit es statistisch bekannt ist, träumt auch jeder von uns. Wir sind fähig, diese mächtigen bewußten Traumzustände zu erleben, die auch in unsere angenehmste und vertrauteste Normalität eindringen können und uns bewußt machen, daß das, was wir für ein waches Bewußtsein gehalten haben, vielleicht nur ein Traum war. Dies soll niemandem in seinem Leben *Samadhi* oder eine Erleuchtung garantieren, doch es kann Ihr Gefühl für die Wirklichkeit genügend verändern, um grundlegend Ihre Wahrnehmung und Ihr Verständnis davon zu wandeln, wer oder was Sie sind.

Das Territorium, das wir erforschen wollen, ist die seltsame Dämmerzone oder Schwelle zwischen Traum und Wirklichkeit, die jedem von uns mit etwas Beharrlichkeit und Willen einen Eindruck dessen vermitteln kann, was die Seher und Mystiker beschreiben. Wenn wir diese einzigartige innere Welt untersuchen wollen, können wir zumindest erkennen, wie tief wir schlafen, und dies kann das Bedürfnis wecken, schließlich aufzuwachen.

Mystiker jeder Religionsrichtung haben mindestens zwei Dinge gemeinsam. Erstens sagen sie alle, daß wir die ganze Zeit träumen, ob wir nun wach sind oder schlafen. Doch uns dies zu sagen, während wir immer noch schlafen, scheint nicht zu helfen. Denn jene Wesen sind zwar erwacht, können unsere Träume jedoch nicht betreten, um uns zu zeigen, wie man erwacht. Wie sehr sie es auch versuchen, ihre Wirklichkeit scheint sich so sehr von der unsrigen zu unterscheiden, daß sie ihre Entdeckung oft vergeblich vermitteln.

Vier der großen Mystiker unseres Jahrhunderts, die gegenüber abgebildet sind, haben auf verschiedene Art versucht, ihre Weltsicht zu vermitteln, doch die Unmöglichkeit für ihre Jünger und Anhänger, das Gezeigte zu begreifen, ist die zweite Gemeinsamkeit der Mystiker. Klarträume sind ein natürlicher Weg, Worte zu umgehen und direkt zu erfahren, was sie bedeuten.

W E N N   D E R   T R A U M   A N B R I C H T

Diejenigen, die diese Art von Luzidität erfahren haben, erklären sehr oft, daß es einer der Höhepunkte ihres Lebens gewesen sei. Wie sieht dies also aus?

»Wenn der Traumzustand anbricht«

Typisch für die meisten Berichte ist die Tatsache, daß der Schläfer zuerst in einem normalen, nicht-luziden Zustand ist. Es findet eine solch vollkommene und kritiklose Einbeziehung in den Traum statt, daß man ihn fraglos für völlig real hält. Dann geschieht plötzlich etwas Seltsames, oder man sieht etwas, was für den kritischen Teil des Geistes keinen Sinn ergibt, und der Träumer wechselt in einen Zustand des Bewußtseins. Wir werden später erkennen, daß dies eine der wirksamsten Methoden, klares Träumen hervorzurufen, ist: sich selbst daran zu erinnern, aufzuwachen, wenn man etwas Fremdes oder Unnormales beobachtet.

»Betrete die natürliche Sphäre der beständigen Aufmerksamkeit.

Erkenne deine Träume und wandle Illusion in Illumination.«

Sobald der Träumer seinen Traum als solchen erkennt, nimmt dieser eine gänzlich neue Qualität an, wird weniger vage und undefiniert und unermeßlich realer. Seine Wirklichkeit ist verblüffend, obwohl dem Träumer paradoxerweise klar ist, daß er einen Traum durchlebt. Dies ist ein großer Unterschied zum Zustand unseres normalen Bewußtseins. Dieses Stadium der scharfen Wahrnehmung, ohne unkritische Identifizierung mit den Akteuren, den Ereignissen oder dem Traum-Selbst, muß aufrecht erhalten werden, wenn der Träumer nicht wieder in das unbewußte Träumen zurückgleiten will.

Das nächste Stadium – nachdem man festgestellt hat, daß man in seinem eigenen Traum aufgewacht ist – ist das Bewußtsein, daß man buchstäblich alles tun und sein kann, was man will. Zum Beispiel will beinahe jeder Träumer fliegen. Es scheint ein wundervoller, fundamentaler und natürlicher menschlicher Drang zu sein, in einem Traum sofort seine Flügel auszuprobieren, und nur wenige erstmalige Klarträumer können der Gelegenheit widerstehen. Dem Hochgefühl des Fliegens folgt oft eine gründliche und neugierige Prüfung der Welt, in der sich der Träumer befindet.

Durch das Wissen, daß jeder Wunsch erfüllt werden kann, unterliegt der folgende Traumabschnitt dem Willen und dem Geschmack des Träumers.

Ein gängiges Phänomen ist das falsche Erwachen, das einem Klartraum folgt. Der Träumer glaubt, erwacht zu sein. Dies kann so realistisch sein, daß der Träumer absolut überzeugt ist, aufzustehen,

sich zu duschen, das Frühstück zu machen und ins Büro zu gehen. Die meisten erfahrenen Klarträumer erleben dieses »Erwachen« mehrfach, so als befänden sie sich in einer Reihe ineinandersteckender Traumpuppen, wie auf dem Bild von Magritte auf der gegenüberliegenden Seite. Jedes Erwachen wird erst für das wirkliche gehalten, bis man feststellt, daß ein Detail irgendwie nicht »stimmt«, und dann fällt alles, was bis dahin die wirkliche Welt gewesen ist, in sich zusammen, und der Träumer ist sich wieder bewußt, daß es nur ein weiterer Traum ist.

Anfänger allerdings scheinen nicht erkennen zu können, ob sie sich vielleicht nur in einem weiteren Traum befinden, wenn sie in der normalen Wachwelt ihres Zimmers zu stehen meinen. Mit dem Klartraum Vertraute überprüfen es mittels zweier Merkmale: Schmerz und Gravitation. Wenn man

fliegen kann, ist es zu neunundneunzig Prozent sicher, daß man träumt. Wenn man sich weh tun kann, ist man wahrscheinlich wach. Der beste Test scheint daher in der Tat zu sein, sich selbst zu zwicken.

Doch auch, wenn der Schläfer schließlich in der normalen Welt erwacht ist, kann ihn ein bizarres Phänomen erwarten, das oft mit klarem Träumen

Gegenüber: *Die Bedeutung von Wundern,* 1927, von René Magritte. Oben: *Die Untergrundbahn,* von George Tooker. *Viele unserer Träume werden von den Belastungen und Ängsten unseres wachen Lebens beeinflußt. Alptraumhafte Situationen werden oft mit scheinbar normalen und alltäglichen Orten verbunden. In nicht-bewußten Träumen sind wir Opfer und können die Situation nicht ändern. Doch klar sein bedeutet, daß eine möglicherweise bedrohliche Szene völlig verändert werden kann, da der Träumer die Kontrolle über Handlung und Entwicklung besitzt.*

Oben: **Der Traum von Vishnu-Narayana,** *achtzehntes Jahrhundert, Südindien. Hinduisten erklären, daß die Erschaffung
der dinglichen Welt der Traum des Gottes Vishnu ist. Brahma, der mit
der tatsächlichen Schöpfung beauftragt wird, entsteht hier aus dem
Nabel von Vishnu, auf einer Lotusblüte sitzend. Die wahre Natur*
*des Universums, ob wach oder schlafend, wird als Traum, Maya
oder Illusion angesehen. Rechts:* **Satchakra,** *Ausschnitt eines Bildes aus Rajasthan aus dem neunzehnten Jahrhundert. Es stellt die
Energie des weiblichen Prinzips oder Sakti im Körpers dar, die im
Tantra für die Schöpfung des Universums verantwortlich ist.*

einhergeht: Bisweilen sieht er vollständige und schier greifbare Bilder im Raum. Solche wachen Visionen werden hypno-pompische Halluzinationen genannt und scheinen aufzutauchen, wenn es dem Gehirn aus irgendeinem Grund nicht gelingt, sofort vom Traum in den Wachzustand zu springen.

Doch die Wirklichkeit dieser Visionen, die nahtlos innerhalb des Rahmens der wachen Welt auftauchen, greift erneut das an, was als die Stabilität unserer normalen, liebevoll gehegten Umgebung verstanden wird.

Erreicht werden kann solch bewußtes Träumen durch beharrliche Anstrengungen. Jedoch ist dies erst der Anfang dessen, was eine Verwandlungsreise zu werden verspricht, denn wenn der »Reisende zwischen den Reichen« erst einmal Vertrauen und den Willen erlangt, das zu untersuchen, was Traum und Wirklichkeit ausmacht, dann öffnet sich ein riesiges neues Reich, das alle Vorstellungen verwandelt.

Die Frage, die sich nach der ersten Erfahrung mit dem Klartraum stellt, ist schlicht und einfach: Wie kann man den Unterschied zwischen dieser Form des Träumens und der normalen wachen Wirklichkeit erkennen, wenn beide gleich wirklich oder traumartig erscheinen? Die moderne Wissenschaft hat bis zum letzten Jahrzehnt mit lähmendem Schweigen über die Natur von Traum und Wirklichkeit reagiert. Dies kann man von den Mystikern nicht behaupten, die seit tausend Jahren erklären, daß unsere wache Welt eine Illusion und ein Traum ist. Doch in den westlichen Überlieferungen ist jegliche direkte Verbindung zwischen Spiritualität und Klartraum unbekannt.

Im Osten jedoch ist klares Träumen seit langem als wichtiger Meilenstein auf dem Weg zur Erleuchtung bekannt. Die Ignoranz des Westens hängt wahrscheinlich mit einem überwiegend christlich begründeten Mißtrauen gegenüber dem Paranormalen zusammen, das nur hingenommen wird, wenn es in der Geschichte vorkommt und von der Kirche anerkannt wurde. Die katholische Inquisition bot kaum Antrieb, auf diesem Feld zu experimentieren, und obwohl es doch im Alten und Neuen Testament eine so reiche Tradition an Träumen gibt, ist klares Träumen beinahe eine Geheimwissenschaft, die mehr mit Alchemie, Freimaurerei und Magie zu tun hat als mit dem Hauptstrom der Religion.

Traumarbeit gehört seit langem zum Herzen der meisten östlichen Traditionen. Die tibetische Bonpo-Schule, die klares Träumen intensiv als eine Form der Meditation verwendet, tauchte nach Berichten ihres Gründers Tenpa Shenrab mehr als 12.500 Jahre vor dem Buddhismus auf, während die hinduistischen *Upanishads*, die sich auf eine bewußte Traumwelt beziehen, mehr als fünftausend Jahre zurückdatieren.

Der Buddhismus basiert auf der Annahme, daß wir sowieso die ganze Zeit träumen, und das hinduistische Konzept des *Maya* erklärt uns, daß alles, was wir zu erfahren scheinen, eindeutig eine Illusion oder ein spielerischer, von Gott geschaffener Traum ist. Die ursprüngliche Gottheit war, wie man annahm, gelangweilt oder einsam, so daß sie sich in Bruchstücke teilte, die nun vergessen haben,

Mädchen am Fenster, von Micheline Boyadjian, Belgien. Die beiden Fenster blicken wie zwei Augen im Kopf nach draußen. Dasselbe Mädchen scheint aus beiden hinauszusehen, wie die linke und rechte Hemisphäre des Gehirns. Durch Mystiker und Wissenschaftler erfahren wir immer mehr, daß unsere Wirklichkeit »da draußen« hinter den Fenstern tatsächlich eine Schöpfung unseres Gehirns ist. Klarträume ermöglichen eine direkte Erfahrung mit dieser Tatsache, denn die Traumwelt ist genauso real wie die wache Welt, auch wenn kein äußerer Anreiz vorhanden ist.

wer sie sind und die eine Art Versteckspiel mit Gott in einem Universum der Träume spielen.

Zu viele Mystiker und Erleuchtete sind unabhängig voneinander zu der Überzeugung gelangt, daß unsere Welt ein Traum ist, als daß wir ignorieren könnten, was sie sagen. Wenn wir also die Schwelle zwischen Traum und Erwachen erforschen wollen, den dämmerigen Ort, wo Illusion, Imagination und Wirklichkeit aufeinandertreffen, werden wir entdecken, daß es traumartige und visionäre Zustände gibt, die uns einen Blick auf die wirkliche Welt gestatten. Solche Zustände sind unser natürliches Recht und keineswegs Mystikern, Schamanen oder Erleuchteten vorbehalten.

Denn wir alle träumen. Wir alle verbringen Jahre unseres Lebens damit, während des Schlafs in fremden Universen mit vollkommen anderen Strukturen und Naturgesetzen zu leben. Doch meistens vergessen wir sie in unserem sogenannten wachen Leben, bis vielleicht ein kleiner Vorfall die Erinnerung an einen Traum von epischen Ausmaßen hervorbringt, der uns die tiefste Einsicht in unsere Natur und Taten ermöglicht.

»Schlaf nicht wie ein Tier,
Tu, was Schlaf und Wirklichkeit vermischt.

Dieses Buch ist vor allem ein Traumhandbuch, dessen Zweck es ist, dem Träumer zu helfen, die Territorien zu erinnern und zu erforschen, die besucht und wieder vergessen wurden. Es wendet sich dabei an zwei völlig verschiedene Lesertypen. Diejenigen, die gern etwas *über* Dinge wissen wollen, und diejenigen, die das Bedürfnis haben, sie tatsächlich zu *erfahren*. Diese beiden Kategorien haben je ihre Teilmenge: diejenigen, deren Wesen es ist, den Strand hinunterzudonnern, um sich in die glitzernden Wellen zu werfen, und diejenigen, die es vorziehen, eine lange Zeit am Meeresrand zu zögern, die Kälte des Wassers zu testen und sich langsam mit der Idee anfreunden, sich in dieses Element zu begeben.

Daher lesen Sie im Haupttext *über* das Niemandsland zwischen Traum und Wirklichkeit. Doch neben diesen Theorien und Hypothesen gibt es eine Auswahl von Traummethoden für diejenigen, die eine *direkte Erfahrung* mit dem klaren Träumen machen wollen.

Vorsichtigerweise müssen wir jedoch sagen, daß viel auf diesen Seiten steht, was die Art, wie Sie die Welt sehen, angreifen kann. Wie sehr es dieser Vorsicht bedarf, hängt sehr davon ab, wie Sie als Leser dieses Thema angehen.

Für diejenigen, die die Warnung ernst nehmen und derlei Methoden sowieso nicht einmal mit der Kneifzange anfassen würden, gibt es indes ebenfalls einige Gefahren. Wenn Sie nur etwas *über* das Thema erfahren wollen, bedeutet dies, daß Sie die Erfahrung eines anderen als wahr akzeptieren müssen (was sie mit dem toten Substantiv *Wissen* belastet und nicht mit dem aktiven Verb *wissen*). Wenn Sie sich entschließen zu *wissen*, so sollten Sie sich daran erinnern, daß etwas leicht zu Erreichendes nur selten wertvoll ist. Die Erforschung der scha-

F. W. H. Myers war Gründungsmitglied der »Society for Psychical Research.« Obwohl er eine geringe Meinung von seinen eigenen psychischen Fähigkeiten hatte, setzte er sich für die Arbeit über bewußtes und klares Träumen ein.

manistischen Traumwelt, die in den folgenden Kapiteln dargestellt wird, bedarf einer langen, anstrengenden und oft außerordentlich schmerzvollen Lehre, die den meisten westlichen, an sofortige Ergebnisse gewöhnten Menschen fremd ist.

Weisheit, so wird gesagt, ist ein einsames Geschäft, und nur wenige sind darauf vorbereitet, sich mit einer Methode lange genug zu beschäftigen, um die Früchte zu ernten. Und Zeit ist genau das, was besonders benötigt wird, wenn man die Traumwelt oder das, was ein Mystiker ein Erwachen nennen würde, erforschen will.

Sie können also auf der einen Seite über das Wesen von Träumen und den Erschaffer dieser Träume, den wir im folgenden als Traumschöpfer bezeichnen, lesen. Auf der anderen Seite werden Sie, wenn Sie nur geduldig einigen der Methoden, Meditationen und Techniken folgen, die über das Buch verstreut sind, diese Träume und den Traumschöpfer unmittelbar *erfahren*. Aber das braucht seine Zeit. Jeder, der nach einer ersten Übung bereits einen Klartraum erwartet, sollte dieses Buch jetzt lieber zur Seite legen.

Georges Gurdjieff, einer der charismatischsten »Lehrer« oder Meister unseres Jahrhunderts, gab seinen Schülern ein mindestens sechsmonatiges intensives Üben auf, bevor sie auch nur den kleinsten Blick in bewußtes Träumen erhielten. Stephen La Berge, der das Klarträumen mehr als jeder andere in das

Bewußtsein der Wissenschaft und der Allgemeinheit brachte, benötigte über zweieinhalb Jahre, bevor er regelmäßig ein bewußtes Träumen hervorrufen konnte.

Ein Mann, der den Ausdauerweltrekord halten muß, war Frederic W. H. Myers, eines der Gründungsmitglieder der British Society for Psychical Research. Diesem klassischen Gelehrten aus Cambridge gelangen nach »schmerzlichen Anstrengungen« bei dreitausend Versuchen nur drei Klarträume. Obwohl er sich für ein zu untalentiertes Medium hielt, um noch weitere zu schaffen, befand er doch begeistert: »Ich habe lange Zeit gedacht, daß wir im Hinblick auf unsere Träume zu träge sind; daß wir wertvolle Gelegenheiten des Experiments nur aufgrund fehlenden Willens auslassen.« Das war 1887. Vielleicht war man damals beharrlicher.

Obwohl es heute eine steigende Anzahl experimenteller Traum-Workshops gibt, die erstaunliche und schnelle Resultate erzielen, stellt sich die Frage, ob deren Teilnehmer mit den radikalen Veränderungen in ihrem Bewußtsein umgehen können, die das bewußte Träumen bewirkt. Sein eigenes Traumleben zu erforschen, ist ein gefährliches Unternehmen. Nicht jeder ist dafür geeignet, und manche der Techniken in diesem Band können Sie in ein sehr sumpfiges Gebiet führen.

Nicht nur, daß das Ego mit einem Gefühl der Macht ausgestattet wird, was ohnehin geschieht. Wir bringen auch unsere eigene Gesundheit in

Georgei Ivanovitch Gurdjieff war ein charismatischer Lehrer, Autor und Mystiker, der erklärte, daß jeder tatsächlich schlafe und erst beim Erwachen verstehen werde, daß wir nur träumten, als wir wach waren.

Gefahr, je mehr wir in ein Grenzland reisen zwischen dem, was wir für wirklich, und dem, was wir für Träume halten. Es ist eben jenes Niemandsland, das von den Psychopathen und Schizophrenen geteilt zu werden scheint, welches wir auf diesen Seiten erforschen wollen.

Sie werden also in einem Atemzug dazu ermuntert, die verschiedenen getesteten Traummethoden auf diesen Seiten zu benutzen — manche davon sind Tausende von Jahren alt — und gleichzeitig gewarnt, es sich allzu leicht zu machen. Vielleicht ist der einfachste und beste Rat, dies nicht allzu ernst zu nehmen — und sich selbst auch nicht. Vermeiden Sie es, sich zu sehr mit Ihren Erfahrungen zu identifizieren, denn der Hauptschlüssel zur Erforschung eines Klartraums und der wachen Welt ist es, stets aufmerksam zu sein und dabei zu vermeiden, sich vom Geschehen allzusehr einnehmen zu lassen.

Und wenn Sie mit dem Rücken gegen eine Traummauer stehen und Ihr schrecklichstes und mörderischstes Alptraummonster sich gerade auf Ihnen niederläßt, ist Lachen ihre beste Waffe, denn Lachen vertreibt die Gefahr.

Je ernster Sie sie nehmen, desto handfester werden Ihre Ängste und Traumreiche.

Somit sind Illumination, Licht, Liebe, Lachen und Leben die fünf Schutzverbündeten jedes Reisenden in den außerordentlichen Welten, die wir untersuchen wollen.

TRAUMÜBUNG

Eine der ersten Übungen, die Ihnen helfen sollen, eine bewußte Verbindung mit Ihrem Traumselbst zu schaffen, ist, sich an die wichtigsten und mächtigsten Träume zu erinnern, die Sie je erlebt haben, entweder als Kind oder als Erwachsener. Es bedarf ziemlicher bewußter Anstrengungen, die wichtigen oder wiederholt auftretenden Träume zu erinnern, doch mit einiger Beharrlichkeit werden bruchstückhaft Erinnerungen an die Oberfläche treten. Schreiben Sie sie kurz auf, denn Notizen können weitere Erinnerungen wecken. Ohne zu versuchen, sie zu analysieren, suchen Sie jetzt nach einem für alle geltenden Begriff für die Situationen oder Bilder, die für Sie einzigartig sind. Es könnte sein, daß Sie Träume von Verfolgungen haben oder davon, sich in verunsichernden Situationen wiederzufinden. Ihre Träume können komisch oder vollkommen ernst sein, doch was auch immer der Fall ist, erinnern Sie sich bewußt an den Typ der Traumwelten, die Sie normalerweise begehen.

Wenn es ein sich wiederholendes Szenario gibt, oder eines, von dem Sie sich stark angezogen fühlen, untersuchen Sie es sorgfältiger. Dies wird die vertraute Basis sein, von der aus Sie immer ausgehen und wohin Sie Ihre Aufmerksamkeit richten können. Nehmen Sie sich dann einfach vor, in Ihren Träumen dort hinzugehen, und wenn Sie es tun, entschließen Sie sich, alles zu erinnern, was dort passiert. Dies ist eine ziemlich einfache aber mächtige Methode, seine Aufmerksamkeit auf einen Traumort zu konzentrieren. Es kann eine seltsame Landschaft oder ein bestimmtes Zimmer in einem alten Haus sein, welches Türen hat, die Sie niemals geöffnet haben; es kann eine Straße sein, wo viele

Ihrer Träume handeln. Wie auch immer die Situation oder der Ort aussehen, versuchen Sie, sie in Ihrem Geist zu fixieren und sagen Sie sich selbst, daß dies der Ort sein wird, wo Sie das nächste Mal bewußt werden wollen, wenn Sie davon träumen.

Gegenüber: *Zeichnung* von William Blake. Dieser englische Künstler des neunzehnten Jahrhunderts sagte über seine Visionen: »Ein Geist und eine Vision sind nicht, wie moderne Philosophen annehmen, eine neblige Erscheinung oder ein Nichts; sie sind organisiert und präzise ausgedrückt, mehr als die sterbliche Natur es vermag. Er, der sich nichts in stärkeren und besseren Linien und mit stärkerem und besserem Licht vorstellen kann, als sein sterbliches Auge sehen kann, hat gar keine Vorstellung.« Man glaubt heute, daß viele von Blakes mystischen Visionen bewußte Träume waren. Dies verringert in keiner Weise seine mystische Vorstellung.
Oben: *Stich,* von Escher.

3. KAPITEL

DIE HEIMLICHEN TRÄUMER

Wir leben in einer so seltsamen Zeit,
daß das Leben dem Träumen gleicht,
und dies lehrt mich, daß der Mensch
sein Leben wachend träumt.

La Vida es Sueno (Das Leben ist ein Traum)
Calderon

Die ganze Struktur des psychoanalytischen Prozesses in den letzten hundert Jahren basierte fest auf den Träumen. Freud sah den Traum als »Königsweg zum Unterbewußtsein«, und diese Ansicht hat sich in allen psychologischen Schulen des Jahrhunderts durchgesetzt.

Bei einer solchen Konzentration auf die Interpretation von Träumen ist es wirklich erstaunlich, daß so wenige Berichte über klares Träumen aus den Büchern über psychologische Fälle an die Oberfläche gestiegen sind. Warum ist klares Träumen, nach einer so langen Zeit des Wegleugnens und des Schweigens professioneller Traumdeuter, plötzlich wie ein Komet in das allgemeine Bewußtsein getreten? Ist es ein Talent, das sich erst im letzten Jahrzehnt entwickelt hat, oder hat die Menschheit schon immer diese außerordentliche Fähigkeit besessen, innerhalb eines Traumes zu erwachen?

Aus alten Texten erfahren wir, daß klares Träumen schon so lange existiert, wie es schriftliche Dokumente gibt. Dies überrascht, da westlicher Religion oder Wissenschaft so wenig über diesen Zustand bekannt ist.

Verwendet man die freudianischen Begriffe, so sind Träume als Spiegel von Unterdrückung und Krankheiten der Psyche anzusehen. Um eine wirksame Behandlung anzusetzen, müssen die Träume des Patienten zerlegt und gedeutet werden, damit er das Wesen der Störung seines Gleichgewichts deutlich sehen kann.

Klares Träumen scheint auf der entgegengesetzten Seite des Spektrums zu liegen und mehr mit einer Psychologie der Gesunden zu tun zu haben. Im Gegensatz zur Krankheitssymptomatik entlockt klares Träumen dem Träumer offenbar solche beschreibenden Superlative wie: wirklich, wahr, ekstatisch, selig, erhellend, verwundert, voll Dankbarkeit, zauberhaft und heilig.

Seltsamerweise erwähnte Freud selbst in der ersten Ausgabe seines Werkes »Die Traumdeutung« das Klarträumen nicht. Er fügte jedoch der zweiten Ausgabe eine Fußnote an, in der er kurz erklärte, daß

»… es ein paar Menschen gibt, denen es während der Nacht deutlich bewußt ist, daß sie schlafen, und die so die Fähigkeit zu besitzen scheinen, ihre Träume bewußt zu lenken. Wenn zum Beispiel ein Träumer dieser Art unzufrieden mit der Wendung des Traums ist, kann er ihn ohne aufzuwachen abbrechen und in einer anderen Richtung wieder beginnen – genau wie ein berühmter Büh-

Chumash-Höhlenbild, *Kalifornien (Kopie von Campbell Grant).*
Die Chumash-Schamanen in Kalifornien waren dafür bekannt,
Klarträume hervorzurufen, um in die spirituellen Reiche zu reisen.
Sie schufen die oben dargestellten Mandalas als Darstellung ihrer

Seelenreisen, ähnlich den Ittals oder Piktogrammen der Saora-
Stämme in Zentralindien (siehe Seite 9) oder den Traumwanderern
in Australien.

Oben links: **Sigmund Freud**, *1856–1939. Im Lichte der moder-*
nen Neurobiologie zeigen sich viele Schlußfolgerungen von Freud als
unwissenschaftlich und falsch. Viele Wissenschaftler dieses Gebietes
glauben heute, daß die Betonung seiner unbelegten Vorstellungen
über die Unterdrückung der instinktiven Triebe zur Lehre des kran-
ken Geistes anstelle der des gesunden geführt hat.
Oben rechts: **Havelock Ellis,** *1859–1939, war ein Pionier seiner*
Zeit durch die Unterstützung des natürlicheren Ausdrucks der Sexua-
lität von Homosexuellen und Heterosexuellen. Doch er war in bezug
auf Klarträume blind, da er die Möglichkeit ihrer Existenz bestritt.
Unten: **Carl Gustav Jung,** *1875–1961.*

nenautor unter Druck seinem Stück ein positive-
res Ende geben mag.«

Dies ist praktisch alles, was uns der Begründer der
Psychoanalyse auf dem Weg zum Unterbewußtsein
über den Klartraum sagt.

Doch man kann ihm dafür keinen Vorwurf
machen, denn er faßt nur das geringe Interesse seines Berufes und der gesamten wissenschaftlichen
Gemeinschaft zusammen. Zu der Zeit, als Freud den
Nachtrag zu seiner zweiten Ausgabe schrieb, weigerte sich der angesehene englische Psychologe Havelock Ellis, klares Träumen überhaupt anzuerkennen.
»Ich glaube nicht, daß so etwas wirklich möglich ist,
obwohl es von vielen Philosophen und anderen,
angefangen bei Aristoteles, bezeugt wurde.«

Worauf er sich wahrscheinlich bezog, war eine
Bemerkung von Aristoteles in seiner Abhandlung
Über Träume, in der der Philosoph schreibt: »Denn
oft, wenn man schläft, gibt es etwas im Bewußtsein,
das uns sagt, was sich uns gerade zeigt, sei nur ein
Traum.« Als er dies im vierten Jahrhundert v. Chr.
schrieb, wurden seine griechischen Landsleute eher
von Träumen besucht, als daß sie sie hatten.

Die Nacht hatte Hypnos geboren, den Schlaf, und
damit »das Volk der Träumer«. Und die Traumwelt
existierte schon lange ehe Morpheus, der Sohn von
Hypnos, zu ihrem Gott erklärt wurde.

Irgendwann vor dem neunten Jahrhundert v. Chr.
unterteilte Homer Träume in wahre Träume, die
durch das »Elfenbeintor« kamen, und falsche Träume, die das »Horntor« passierten. Doch beide waren
immer noch Nachrichten von den Göttern. Erst die
Anhänger von Pythagoras und dem exzentrischen
Heraklit brachen vier Jahrhunderte später mit dieser
Überlieferung und nahmen an, daß die Seele im

Schlaf vom Körper befreit würde und fähig sei, sich mit höheren Wesen zu unterhalten, und nicht umgekehrt.

Im Westen hielt sich jener Glaube der Griechen, Träume seien Nachrichten der Götter. Die christliche Kirche eignete sich viel aus der Mythologie der Israeliten an, die ebenfalls annahmen, daß Träume göttliche Nachrichten seien, die von Patriarchen, Propheten oder Traumdeutern interpretiert werden müßten.

Sowohl das Alte als auch das Neue Testament sind voller Träume. Zu lesen steht immer wieder auf die eine oder andere Weise: »Wenn es einen Propheten unter euch gibt, werde ich, euer Gott, mich ihm in einer Vision zu erkennen geben; ich werde im Traum zu ihm sprechen.« Jakob träumt von einer Leiter, Joseph träumt von den Korngarben und davon, daß er sich über alle anderen erhebt. Und es war Joseph, der den Traum des Pharao deutete. Doch die einzigen Träume, die die Juden und frühen Christen interessierten, waren diese Lieder der Nacht, die von Gott selbst stammten.

Christi Geburt wurde Joseph in einem Traum angekündigt, und Pilatus' Frau erzählte ihrem Mann, sie habe nichts »mit diesem selbstgerechten Mann zu tun, denn ich habe seinetwegen heute in einem Traum viele Dinge erleiden müssen.«

Alle biblischen Träume werden als übernatürliche Enthüllungen beschrieben. Die Vision von Johannes auf der Insel Patmos ist das deutlichste Beispiel. Doch obwohl Träume, ob nun göttlich oder luzid, in bibli

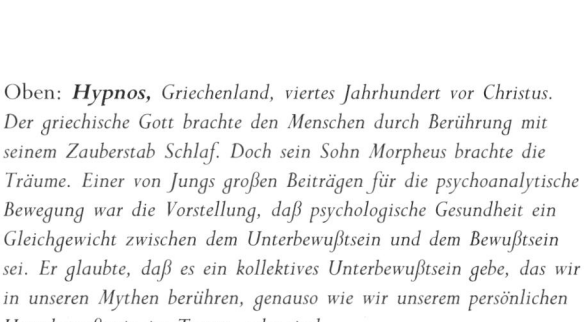

Oben: *Hypnos,* *Griechenland, viertes Jahrhundert vor Christus. Der griechische Gott brachte den Menschen durch Berührung mit seinem Zauberstab Schlaf. Doch sein Sohn Morpheus brachte die Träume. Einer von Jungs großen Beiträgen für die psychoanalytische Bewegung war die Vorstellung, daß psychologische Gesundheit ein Gleichgewicht zwischen dem Unterbewußtsein und dem Bewußtsein sei. Er glaubte, daß es ein kollektives Unterbewußtsein gebe, das wir in unseren Mythen berühren, genauso wie wir unserem persönlichen Unterbewußtsein im Traum nahe sind.*

schen Berichten gängig waren, erregten derlei göttliche Ergüsse zwölfhundert Jahre später die Aufmerksamkeit der Inquisitoren und wurden in deren Zeit als teuflisch angesehen. Mächtige Träume zu haben, wurde eine gefährliche Angelegenheit, wie viele sogenannte Hexen und Ketzer erfahren mußten.

In anderen Religionen als den christlichen ist der Klartraum den hochgeschätztesten Mitgliedern der

Gesellschaft vorbehalten: den Heiligen, den Wahrsagern, den Schamanen oder den Mystikern. Als Teil der geheimen Lehren und Initiationsriten brachten solche Träume der Macht dem einzelnen und dem Stamm spirituelle Gaben, und der Träumer genoß hohes Ansehen.

Dies war vor allem bei den Ureinwohnern Amerikas oder Australiens der Fall. Die Suche nach Visionen, eine Methode, spirituell mächtige Träume auszulösen, findet sich nicht nur bei nordamerikanischen Stämmen wieder. Sie erscheint in unterschiedlichen Formen überall auf der Welt, und der Kern der Visionen gilt stets als geheiligt.

Für viele ist Mohammeds *Laylat al-Miraj* oder Nachtreise eine solche Suche nach Visionen – ein Klartraum reinsten Ausmaßes, in dem der Erzengel Gabriel den Propheten durch Jerusalem geleitet, an den sieben Himmelssphären vorbei und schließlich zu Gott.

Und so tut jeder Leser, der sich mit der Möglichkeit befaßt, das Reich des luziden Träumens zu betreten, gut daran, über den geheiligten Kern eines Klartraums zu meditieren, unabhängig von Glaube oder religiöser Überzeugung. Sie werden Ihren eigenen psychischen Bereich mit vollem Bewußtsein betreten. Die Reiche des Geistes, auch in den dunklen Ecken des Unterbewußtseins, sind spirituell, wundersam und beeindruckend.

Geschichtlich gesehen, gehen Berichte von klarem Träumen weiter zurück als bis zu Aristoteles. Wenn wir der tibetischen Bonpo-Schule der Traummeister glauben, lebte ihr Gründer, Tenpa Shenrab, vor fünfzehntausend Jahren. Wenn dies nicht gleich in Ihren gewohnten historischen Zeitrahmen paßt, werden Sie wahrscheinlich auch nur schwer akzeptieren können, daß Australiens Ureinwohner, die die älteste spirituelle Überlieferung der Welt besitzen, schon vor vierzigtausend Jahren existierten. Die mündlichen Überlieferungen der hinduistisch-vedantischen und upanischadischen Texte aus Indien sollen bereits vor

fünftausend Jahren existiert haben, indes jene der Jaina den Anspruch erheben, sogar noch älter zu sein.

Und während die einzelnen Überlieferungen unterschiedliche Anweisungen enthalten, wie man einen Klartraum hervorruft, scheinen sich alle darin einig zu sein, daß bewußtes Träumen auf einen spirituellen Weg führt.

Die deutlichsten Worte über dieses Thema scheint man in einem alten tantrischen Text, dem *Vigyan Bhairav Tantra*, zu finden, einem der größten Schätze der hinduistischen Welt. Dies sind die hundertzwölf Meditationstechniken, die der Gott Schiwa seinen Jünger Devi lehrte. *Vigyan* kann ungefähr mit Bewußtsein übersetzt werden, *Bhairav* ist jemand, der darüber hinausgegangen ist, und *Tantra* ist die Methode. (Einige dieser Methoden finden sich in Teil II.)

Vor zweitausendfünfhundert Jahren war einer der größten Jünger Buddhas Sariputta. In Texten aus dieser Zeit lesen wir, daß bei seinen Meditationen viele seltsame Visionen und Klarträume erschienen. Sie waren so wirklich und derart greifbar, daß er darauf beharrte, sie seien keine Phantome, sondern so wirklich wie Buddha selbst.

Das goldene Zeitalter der Illumination kam in der Zeit vom achten bis zum zwölften Jahrhundert in Tibet. Zu dieser Zeit versammelten sich einige der größten buddhistischen Mystiker, die die ausreiftesten Techniken des Traum-Yoga entwickelten. In dieser außergewöhnlichen Atmosphäre wurde das *Tibetische Buch der Toten* entwickelt und geschrieben.

Der Traum, den Yogis schufen, ist eine hochentwickelte und auf Experimenten basierende Wissenschaft des Klartraums, die unser eigenes wissen-

---

Jakobs Leiter, von Adalbert Trillhaase. Viele der biblischen Visionen, wie die von Johannes auf Patmos, der die himmlische Offenbarung erfuhr, ähneln klaren Träumen. Nur wenige dieser frühen Visionäre konnten zwischen wacher und geträumter Wirklichkeit unterscheiden und wären über die Frage, ob es einen Unterschied gäbe, überrascht gewesen.

schaftliches Zeitalter gerade erst als viel höher entwickelt erkennt als alles Wissen unserer Tage.

Der älteste westliche Bericht von Illumination entstammt einem Brief, der ungefähr siebenhundert Jahre nach Aristoteles vom heiligen Augustin geschrieben wurde.

Er zitierte einen früheren Traum eines karthagischen Arztes namens Gennadius. Dieser Mann hatte einen Traum, in dem ihn ein Jüngling von »bemerkenswerter Erscheinung und gebieterischer Persönlichkeit« befragte. In einer folgenden Reihe nächtlicher Träume befragte ihn der Jüngling über das Wesen und den Zustand seines Träumens. Gennadius wurde gefragt, ob diese Ereignisse im Schlaf oder im Wachsein stattgefunden hätten. Als der Träumer antwortete, er wisse, daß er immer noch schlafe, erinnerte ihn der Jüngling daran, daß er in seinem Schlaf trotzdem sehen könne. Dies verwirrte den Träumer und ließ ihn innerhalb seines Traums erwachen. Der Jüngling führte seine Befragung fort: »Wo ist dein Körper jetzt?« Worauf Gennadius antwortete, daß er in seinem Bett liege. »Weißt du, daß die Augen in deinem Körper verbunden und geschlossen sind, und daß du mit diesen Augen nichts siehst?« fragte der Jüngling. »Während du schläfst und auf deinem Bett liegst, sind die Augen deines Körpers nicht beschäftigt und tun nichts, und doch hast du Augen, mit denen du mich siehst und dieses Bild genießt, so daß nach deinem Tod, wenn deine körperlichen Augen nichts mehr sehen werden, ein Leben in dir sein wird, mit dem du leben wirst, und eine Fähigkeit wahrzunehmen, mit der du immer noch wahrnehmen wirst.«

Dies ist für uns heute ebenso beruhigend, wie es ohne Zweifel für den heiligen Augustin war.

Während persische Sufis in spektakulärer Weise Gedanken übertrugen und Klarträume teilten, forderte der im zwölften Jahrhundert lebende spanische Sufi Ibn El-Arabi, daß man lernen solle, die Gedanken in einem Traum zu kontrollieren, und daß der Jünger durch diese aufmerksame Illumination »große Wohltaten für das Individuum hervorrufen werde. Jeder«, fuhr er fort, »sollte sich mit dem Erlernen dieser wertvollen Fähigkeit beschäftigen.«

Der christliche Theologe Thomas von Aquin gibt uns sogar einen seltenen und wertvollen Hinweis darauf, wann ein bewußter Traum höchstwahrscheinlich entstehen werde, und damit ist er der Suche unserer heutigen Forscher über fünfhundert Jahre voraus. Er sagt, daß Illumination höchstwahrscheinlich »zum Ende des Schlafes auftritt, bei nüchternen Menschen und bei denjenigen, die eine starke Vorstellungskraft besitzen.«

Obwohl es offenbar zahlreiche Klarträumer gegeben hat, scheinen nur wenige davon nach den mageren Jahren der Zeit vom vierzehnten zum achtzehnten Jahrhundert gelebt zu haben. Ursache war wahrscheinlich eine Kombination der spanischen Inquisition auf der einen und der Aufklärung auf der anderen Seite.

Erst Mitte des neunzehnten Jahrhunderts gelang es einem wirklichen Traumpionier, seine Erfahrungen in einem faszinierenden Band mit dem Titel *Träume, und wie man sie leitet* zu beschreiben. Dies war die erste methodische Untersuchung von Illumination in Träumen, geschrieben vom Marquis d'Hervey de Saint Denis. Er beschrieb in einem Tagebuch, das zwanzig Jahre sorgfältiger Traumuntersuchung dokumentierte, wie er gelernt habe, seine Träume zu erinnern, in ihnen aufzuwachen und sie zu leiten. Doch sein Werk wurde mit Skepsis und nur wenig Begeisterung auf seiten der wissenschaftlichen Gemeinschaft jener Zeit aufgenommen.

Sogar als ein so berühmter Philosoph wie Friedrich Nietzsche einen offenen Hinweis auf seine eigenen luziden Träume gab, indem er sagte: »Und vielleicht werden viele, wie ich, sich daran erinnern, manchmal erfreut und nicht ohne Erfolg zwischen den Gefahren und Schrecken eines Traumlebens ausgerufen haben: ›Es ist ein Traum! Ich werde weiter-

Tanzende Derwische, *Ausschnitt des Bildes aus Rajput, Indien, 1740. Die Sufis aus Persien und Indien setzten Klarträume intensiv bei ihren Meditationen ein. Eine der wirkungsvollsten Methoden, im Traum bewußt zu bleiben, ist das Herumwirbeln. Warum es so wirkungsvoll ist, bleibt ein Rätsel.*

träumen!‹« – sogar dann sammelten sich nur wenige hinter dieser Fahne des neunzehnten Jahrhunderts, um solche Phänomene zu untersuchen.

Das zwanzigste Jahrhundert war bisher nicht viel besser, obwohl es vielversprechend begann. Der Autor, Dichter und Psychiater Willem Frederik van Eeden, der in Holland bekannt und anerkannt war und der den Ausdruck »luzides« Träumen prägte, war auch der erste, der sich ernsthaft und systematisch mit dem Zustand des Schlafens befaßte, besonders mit dem Traumzustand, der eine vollständige Wiederholung des täglichen Lebens darstellt, dem Bewußtsein des schlafenden Selbst und der Fähigkeit, innerhalb des Traumszenarios eigenwillig zu handeln.

In einem Papier, das er der British Society for Psychical Research kurz vor Ausbruch des Ersten Weltkriegs übergab, umriß er mehr als dreihundertfünfzig seiner eigenen klaren Träume, die er über einen Zeitraum von vierzehn Jahren gesammelt hatte. Er beharrte darauf, daß der Schläfer »einen Zustand vollkommenen Bewußtseins erlangt, und seine Aufmerksamkeit lenken und verschiedene Handlungen nach seinem Willen durchführen kann. »Doch der Schlaf«, erklärte er eilfertig, sei »ungestört, tief und erholsam.«

In seinem Bericht gab er ein heute berühmtes Beispiel, wie er innerhalb des Traums experimentierte. Er begann, im Traum zu versuchen, ein Kelchglas zu zerbrechen. Er benutzte zwei Steine, aber das Glas weigerte sich stur zu zerbrechen. Dann nahm er ein »feines Bordeauxglas vom Tisch und schlug mit meiner Faust so stark ich konnte darauf, wobei ich gleichzeitig überlegte, wie gefährlich es in der wachen Welt sein würde, dies zu tun. Doch das Glas blieb heil.« Van Eeden war zunächst enttäuscht, entdeckte aber dann, daß es doch zerschlagen war, »jedoch etwas verzögert, wie ein Schauspieler, der seinen Einsatz verpaßt.« Er schloß daraus, daß die Traumwelt, wie überzeugend die Imitation auch sein mochte, dennoch viele Fehler habe. Dann warf er die Scherben des Glases aus dem Fenster, um das Klirren zu hören. »Ich hörte das Geräusch ganz richtig und sah sogar, wie zwei Hunde ganz natürlich davon wegliefen. Ich dachte, was für eine gute Imitation diese Komödien-Welt sei. Ich sah einen Kelch mit Bordeaux, kostete und dachte mit vollkommen klarem Verstand: ›Nun, wir können in dieser Traumwelt auch willentlich Geschmackseindrücke haben; dies schmeckt durchaus nach Wein.‹«

Dieses Traumexperiment entspricht einem ähnlichen, das Hervey de Saint Denis über ein halbes Jahrhundert zuvor gemacht hatte. Er hatte sich gefragt, wie ein vertrautes Porzellantablett aussehen würde, wenn er es in seinem Traum zerbräche. Ich kann seine Faszination darüber, wie fähig der Schöpfer des Traumes bei der Darstellung eines zerbrochenen Tabletts sein mußte, gut verstehen. Denn dies

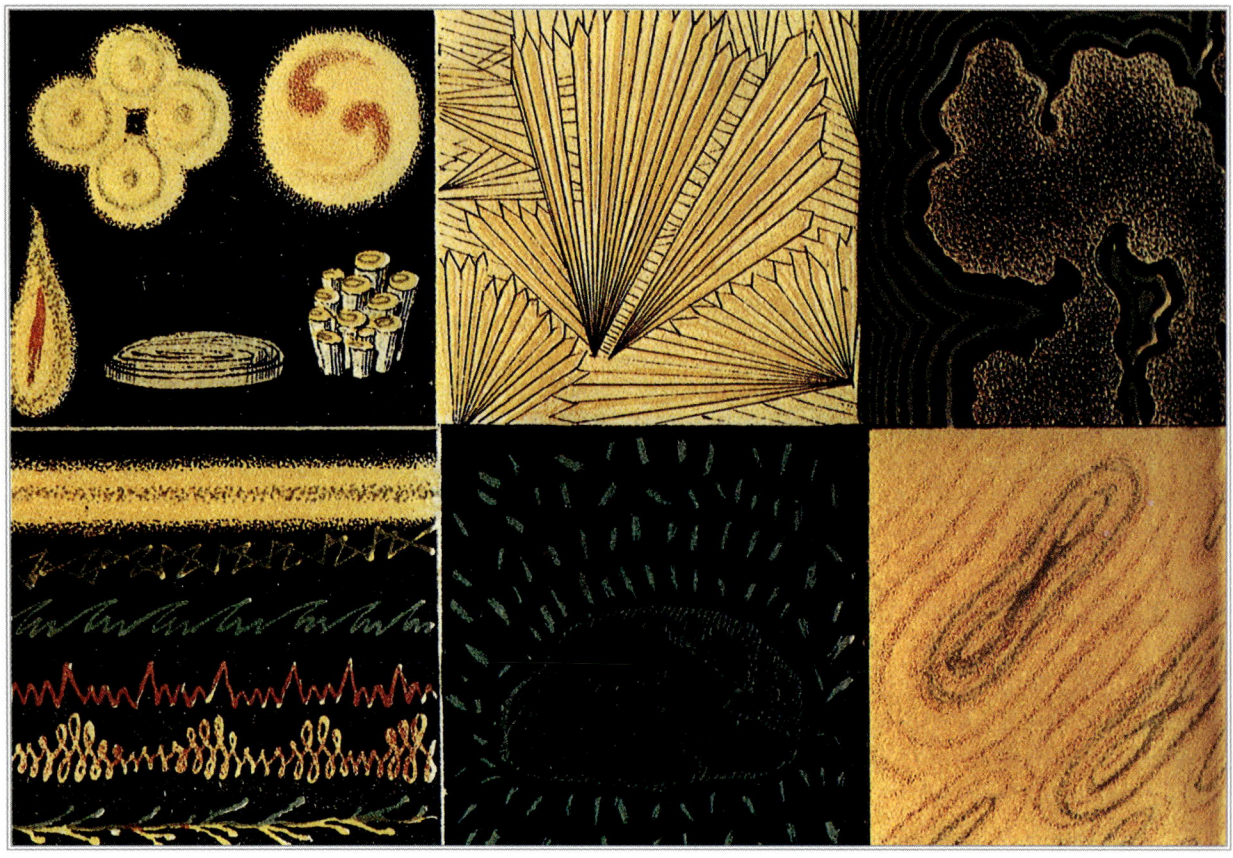

Oben: **Zeichnungen** aus dem Zeichenbuch des Marquis d'Hervey de Saint Denis, die die Bilder zu Beginn des Schlafes zeigen.
Gegenüber: **Der Marquis d'Hervey de Saint Denis** verbrachte fünf Jahre mit der Beobachtung seiner eigenen Träume und füllte in dieser Zeit zweiundzwanzig Zeichenbücher mit farbigen Bildern. Er war einer der ersten, der mit klaren Träumen experimentierte und zeigte, daß es möglich ist, durch bloße Aufmerksamkeit Zutritt zu den eigenen Träumen zu erlangen.

war im wachen Leben nie passiert, und so gab es keine Erfahrungen, an die er sich anlehnen konnte.

Als Saint Denis die Scherben genauer untersuchte, entdeckte er erstaunt die detaillierten »scharfen Ränder der Scherben und die kantigen Sprünge, die das Tablett an verschiedenen Stellen durchbrachen. Ich hatte selten einen so lebendigen Traum gehabt.«

Van Eeden scheint seinen Tastsinn und sein Gehör sowie seinen Geschmackssinn vollständig erfahren zu haben, obwohl er sich in einer normalerweise als halluzinatorisch angesehenen Welt befand.

Er entdeckte, daß »das Empfinden, einen Körper zu haben – Augen, Hände, einen Mund, der spricht, und so weiter –, vollkommen deutlich ist; und doch weiß ich zur gleichen Zeit, daß der physische Körper schläft und eine ganz andere Haltung innehat.« Er war davon überzeugt, daß er, wie bizarr es anderen auch erscheinen mochte, die diesen Zustand nicht erfahren hatten, wirklich einen zweiten Traumkörper besaß, der seiner Ansicht nach vielleicht mit dem Astralkörper gleichzusetzen sei – ein beliebtes Thema zu dieser Zeit, dessen esoterische Hauptfürsprecherin Annie Besant war.

Der Engländer Hugh Calloway, der besser als der okkulte Autor Oliver Fox bekannt ist, erlernte das luzide Träumen ebenfalls selbst und wußte nur wenig von fremden Träumen dieser Art. Seine erste Erfahrung machte er als Sechzehnjähriger. Als er bemerkte, daß er wach war und trotzdem träumte, änderte sich sein Traum in einer Weise, die für jemanden ohne diese Erfahrung nur schwer zu verstehen ist:

»Sofort erhöhte sich die Deutlichkeit des Lebens hundertfach. Niemals besaßen das Meer und der Himmel und die Bäume solch strahlende Schönheit; sogar die gewöhnlichen Häuser schienen lebendig und auf mystische Weise schön. Niemals hatte ich mich so absolut wohl gefühlt, so geistig klar, so unaussprechlich frei! Das Gefühl war unbeschreiblich exquisit; doch es dauerte nur einige Minuten, und ich erwachte.«

Diese Beschreibung ist einer der aufrüttelndsten und gleichzeitig typischsten des Phänomens. Fox nannte diese bewußten Zustände »Träume des Wissens«, in denen er sich, wie er sagte, »wie ein kleiner Gott« bewegen konnte.

»Wissender Traum« könnte ein noch besserer Begriff für die Illumination sein. Das Wissen allein ist zu statisch und zu sehr aus zweiter Hand, um eine gute Beschreibung jenes Zustandes zu sein. Das Wesentliche des Traums ist, zweifelsfrei zu wissen, daß er gleichzeitig Wirklichkeit und Traum ist.

In der Zeit zwischen den beiden Weltkriegen hörte man nur wenig anderes von klaren Träumen als von solch seltsamen Fällen in den Werken von Georges Gurdjieff, dem charismatischen Mystiker, der oft von der Tradition der Sufi angeregte Kunstgriffe verwendete, um seine Anhänger und Jünger in ihrer wahren Lage zu erwecken. Er versuchte, bewußtes Träumen in ihnen auszulösen, und sagte oft, daß die meisten Menschen schlafen, wenn sie wach zu sein glauben.

Eine seiner Techniken zum Auslösen der Illumination innerhalb eines Traums war, daß eine Person ihre Hände während des Tages betrachten sollte, um sie sich dann mit geschlossenen Augen vorzustellen. Sobald sie dann von ihren Händen träumte, würde sie erkennen, daß es ein Traum sei und in ihm erwachen.

Einer von Georges Gurdjieffs brillantesten Jüngern, P. D. Ouspensky, hatte bereits mit Träumen experimentiert, bevor er ihn getroffen hatte. Ouspensky hatte sich gefragt, ob es möglich sei, ein Bewußtsein in Träumen aufrechtzuerhalten. Er beherrschte schließlich das, was er einen Halbtraum nannte, in dem er bewußt wurde und eine gewisse Kontrolle über seinen Traum erlangte.

Von ein oder zwei Zeitungsartikeln abgesehen, verschwand das Thema des Klartraums für Jahrzehnte aus dem allgemeinen und wissenschaftlichen Bewußtsein. Das Schweigen und die Mißachtung im Westen veranlaßte einen australischen Ureinwohner zu dem Kommentar: »Weiße Männer haben keine Träume. Sie gehen einen anderen Weg.«

Das Phänomen des bewußten Träumens schaffte es sogar, sich schüchtern an den sechziger und frü

hen siebziger Jahren vor-
beizudrücken, als die Er-
forschung von Träumen
und »höheren« Bewußt-
seinszuständen durch Dro-
gen ihren Gipfel erreichte.
Doch in den späten sieb-
ziger Jahren gab es ein
plötzlich aufflackerndes In-
teresse, das sich zu einer völlig neuen Sichtweise
des gesamten Themas entwickelte.

1948 faßte der amerikanische Psychiater Nathan
Rapport, einer der wenigen, die etwas über klares
Träumen zu sagen hatten, in einem Artikel mit dem
Titel »Pleasant Dreams!« (»Angenehme Träume!«)
beredt das schwer faßbare, jedoch pragmatische
Wesen unseres Themas zusammen.

»Diese magischen Phantasien, die bizarren aber
schönen Gärten, diese erleuchteten Mächte; sie
werden nur von dem Träumer genossen, der sie mit
aktivem Interesse beobachtet, mit einem aufmerk-
samen, wachsamen Geist in sie hineinspäht und
dankbar für die Glorie ist, die die der größten Talente in der Wirklichkeit übertrumpft.

Die faszinierende Schönheit, die man in Träumen
findet, belohnt ihre Erforschung reichlich. Doch es
gibt ein höheres Ziel. Die Untersuchung und Heilung des Geistes, der außerhalb der Wirklichkeit
steht, kann durch Interesse an Träumen unterstützt
werden.«

Er scheint wirklich den Finger auf den Puls unser
ganzen Generation gelegt zu haben. Denn dies ist
das, was klares Träumen wirklich anbietet: eine
Heilung des Geistes außerhalb der Wirklichkeit.

Zuerst werden Sie das Gefühl haben, daß klares
Träumen die gesamte Wirklichkeit in Frage stellt,
denn wir müssen uns fragen: Wenn ein Traum so
wirklich ist, was ist dann Wirklichkeit? Und wenn
Sie sich diese Frage stellen, werden sie erkennen,
daß Sie bereits die Antwort gefunden haben.

Celia Green, eine englische Parapsychologin,
veröffentlichte die ausführlichste Abhandlung über
bewußtes Träumen in einem Buch mit dem schlichten Titel *Lucid Dreams*. Doch selbst 1976, zehn Jahre nach seiner Veröffentlichung, schien sie immer
noch gegen eine Mauer anzurennen, was die wissenschaftliche Gemeinschaft betraf.

Ihre Worte waren mit Sicherheit ausreichend
rational, fielen jedoch in eine wissenschaftliche
Wüste.

»Man könnte meinen, daß es interessant wäre,
herauszufinden, wie der neurophysiologische Zustand von Personen aussieht, wenn sich ihr Geist in
einem Zustand rationaler Aktivität befindet, obwohl
sie physisch schlafen. Wenn sich dieser Zustand als
derselbe herausstellte, den eine normal schlafende
und träumende Person hat, würde dies seltsam und
interessant sein. Wenn er sich als anders heraus-
stellt, könnten die Unterschiede Licht auf die wahre Natur des Schlafes und die wahre Natur geistiger
Funktion werfen.«

Auf Green folgen drei andere wichtige Autoren
dieses Gebietes: Charles Tart, Patricia Garfield und
Ann Faraday, die alle von dem Phänomen des Klartraums fasziniert waren. Faraday ging so weit zu
sagen, daß »dieser bemerkenswerte Bewußtseinszu-
stand in meinen Augen eine der aufregendsten
Grenzen menschlicher Erfahrung ist.«

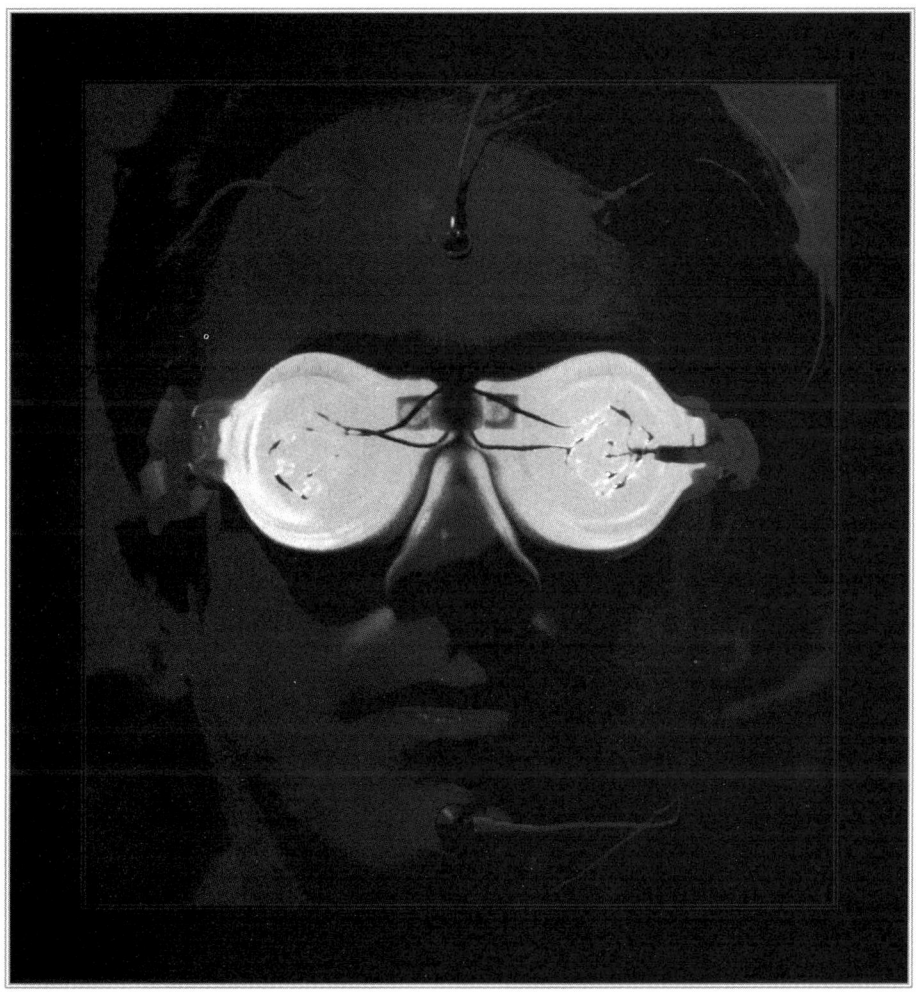

Gegenüber links: **Celia Green** war eine der ersten Parapsychologinnen, die außerkörperliche Erfahrungen und Klarträume untersuchte. Ihre Arbeit traf auf beträchtliche wissenschaftliche Skepsis, obwohl ihre Belege handfest waren. Erst die zwingenden Laborversuche von Stephen La Berge überzeugten die wissenschaftliche Gemeinde davon, daß Klarträume nicht nur existierten, sondern ganz neue Wege in der Neurophysiologie eröffneten.

Oben: **Stephen La Berge** entwickelte eine Anzahl einfacher technischer Hilfsmittel, wie leichte Elektroschocks oder buntes Licht, die dem Schläfer zeigen, daß er den REM-Schlaf betritt. Viele seiner Testpersonen erfuhren nach nur wenigen Laborsitzungen luzide Episoden.

بو دیچون بدر غار رسید ند شبان از میش در رفت انكه ایشان بر ا رو ی بذر شد بذر شد بذ چون شبانكاه بو

Erst als Stephen La Berge für seine Doktorarbeit in Psychophysiologie unter der Anleitung des Pioniers für Schlaf- und Traumforschung, William Dement, in das Traum-Labor der Universität von Stanford kam, wurden Laborexperimente unter wissenschaftlich haltbaren Bedingungen unternommen.

La Berges erste Leistung war es, unter Laborbedingungen Klarträume hervorzurufen. Was die Aufmerksamkeit der Wissenschaft erregte, war, daß er und seine Testpersonen fähig waren, Nachrichten aus dem Traumreich in die wache Welt zu senden. Indem sie Augen oder Hände bewegten, konnten er und andere Forscher im Schlaf mit bewußten Träumen Signale an die am Versuch beteiligten Techniker senden. Seit diesen Pionierfällen in den frühen achtziger Jahren gab es einen Boom von experimentellen Traum-Workshops, die sich besonders damit befaßten, klares Träumen hervorzurufen, denn man hatte herausgefunden, daß es viele therapeutische Wege gibt, bei denen Illumination den Träumern helfen kann, immer wiederkehrenden Alpträumen zu begegnen oder die Symbolik ihrer inneren Welten zu verstehen. Viele, die etwas in der wachen Welt nicht zu tun wagen würden, fühlen sich in einem bewußten Traum plötzlich frei, es auszuführen. Dies, so hat sich gezeigt, kann das Selbstbewußtsein im Wachzustand vergrößern.

Etwas in einem Klartraum zu lernen, ist weit einfacher als im Wachzustand. Dies ist der Grund, warum Mystiker ihre Jünger dazu ermutigen, das bewußte Träumen zu lernen. Viele Meditationstechniken, die im Traum leicht zu erfassen sind, können im Wachzustand jahrelanger Übung bedürfen.

La Berge entwickelte außerdem eine Anzahl exzellenter Techniken und sogar einige technische Hilfsmittel, um beim Klarträumen zu helfen. Doch es ist bekannt, daß klares Träumen nur bei fünf oder zehn Prozent der Bevölkerung von selbst kommt und selbst dann einiger Unterstützung bedarf. Doch auch die, die solche Träume nicht spontan erfahren, können die Fähigkeit dafür erlangen, wenn sie einen starken Antrieb dazu haben und ein gutes Traumgedächtnis entwickeln.

Als die größten Hindernisse beim Anregen klarer Träume können schlicht Vergeßlichkeit und Gewohnheit genannt werden. Das nächste Kapitel befaßt sich mit dem ersten – Vergeßlichkeit. Wir untersuchen, warum wir vergessen und was wir dagegen tun können. Die Probleme der Gewohnheit sind weit verzweigter und werden den Rest des Buches einnehmen.

Links: **Die sieben Schläfer,** *Buchmalerei, Iran, 1550. Im Persien des zwölften Jahrhunderts gab es eine Anzahl von Sufi-Meistern, die bewußte und geteilte Träume als Meditationsübung verwendeten. Die außergewöhnliche Fähigkeit, Teil eines kollektiven Traums zu sein, in dem der Träumer dieselbe Welt mit identischen Einzelheiten erfährt, erschüttert all unsere Vorstellungen von der Natur der Wirklichkeit. Das Bild stellt die sieben Ebenen der menschlichen Entwicklung dar, die wir vor dem wirklichen Erwachen erfahren.*

4. KAPITEL

DAS VERGESSENE REICH

Etwas zu schreiben und es hinter uns zu lassen
ist nur ein Traum,
Wenn wir erwachen, wissen wir,
daß niemand da ist, der es liest.

Aus dem Doka des Zen-Meisters Ikkyu

Während der letzten Jahrzehnte erfuhr man viel über den Prozeß des Schlafens und Träumens, und der Durchbruch, der all dies auslöste, wurde bekanntermaßen mit der Entdeckung des Schlafphänomens REM (Abkürzung für rapid-eye-movements = schnelle Augenbewegung) an der Universität von Chicago erzielt. Viele Leser mögen die Entdeckungen von Eugene Aserinsky, Nathaniel Kleitman und William Dement kennen und auch die Flut der Forschung, die ihnen folgte. Da es für jedes Verständnis dessen, was bei klaren oder nicht-klaren Träumen physiologisch geschieht, unerläßlich ist, kann eine kurze Zusammenfassung ihrer Entdeckung hilfreich sein.

Die Physiologen fanden zunächst heraus, daß es innerhalb unseres Schlafzyklus Phasen gibt, in denen die Augen unter den Lidern besonders aktiv werden. Phasen dieser Art wechseln mit anderen ab, in denen sich die Augen sehr langsam oder gar nicht bewegen. Man fand weiter heraus, daß sich Personen, die während der REM-Phase geweckt wurden, normalerweise sehr deutlich an ihre Träume erinnern konnten, während diejenigen, die aus einer Phase ohne REM erwachten, selten auch nur einen Teil ihres Traums erinnerten. Die Atem- und Herzfrequenz

war während der REM-Phase unregelmäßig und normalerweise schneller, verlangsamte sich jedoch und wurde rhythmischer, sobald die Phase vorbei war. Wir wissen heute nach intensiver weltweiter Forschung, die aufgrund dieser Entdeckung begann, daß der nächtliche Schlafzyklus aus einer Anzahl klar voneinander abgegrenzter Phasen besteht.

An der Schwelle des Schlafes, wenn sich die Muskeln zu entspannen beginnen, gibt es eine Übergangsphase, oft als Hypnagogik bezeichnet. Sie drückt sich durch ein Gefühl des Weggleitens oder -fließens aus, die für manche von lebhaften, beinahe psychedelischen Bildern begleitet wird. Viele Schläfer erleben dabei sogar einen hypnagogischen Schreck, wenn sie buchstäblich in den Schlaf fallen. Dies kann so verwirrend sein, daß es zum sofortigen Wiedererwachen führt.

Unter Laborbedingungen zeichnet der Elektro-Enzephalograph oder EEG, der die Veränderungen der Gehirnwellen festhält, spitze, schnell aufeinanderfolgende Alpha-Wellen des entspannten, aber wachen Gehirns auf, wenn der Schläfer in die erste Phase eintritt. Diese verändern sich allmählich in die langsameren und rhythmischeren Theta-Wellen des leichten Schlummers. Diese Phase kann von einigen Sekunden bis zu zehn Minuten lang andau-

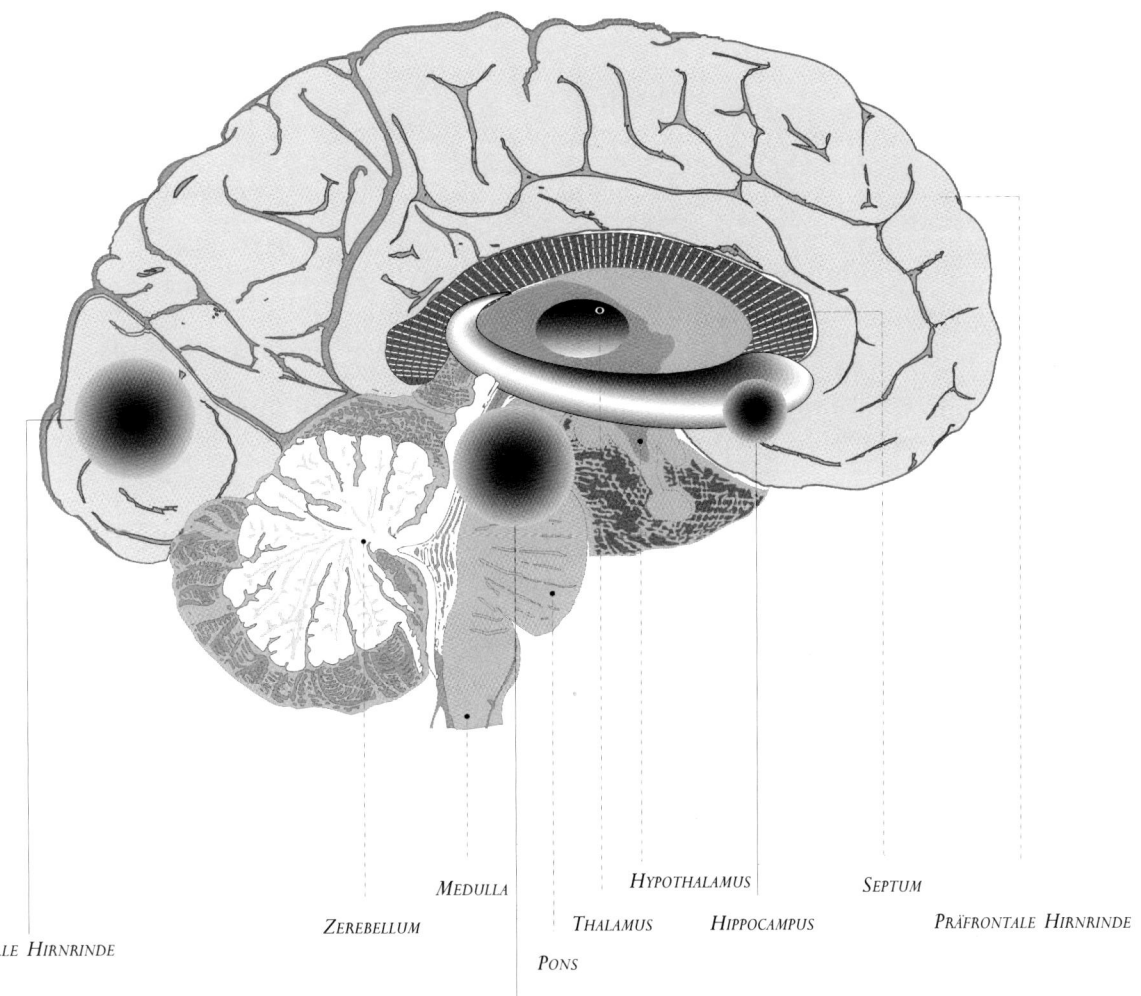

MEDULLA

ZEREBELLUM

HYPOTHALAMUS

SEPTUM

THALAMUS   HIPPOCAMPUS

PRÄFRONTALE HIRNRINDE

VISUELLE HIRNRINDE

PONS

NEURALER BESCHUSS IM STAMMHIRN

Die Traummaschine. *Ein Querschnitt durch das Gehirn zeigt die Hauptregionen, die mit dem Traum zu tun haben.*
Gemeinsam mit dem Neo-Cortex soll der Hippocampus für die Speicherung von Erinnerungen an der Nervenbasis verantwortlich sein. Der Hippocampus soll eine wichtige Rolle bei der Entscheidung spielen, ob Informationen, die durch die Sinne aufgenommen werden, der Erinnerung wert sind. Heute ist bekannt, daß er auch die Quelle der Theta-Wellen darstellt. Diese werden offenbar bei allen Säugetieren zu Zeiten erzeugt, die maßgeblich für ihr Lernen sind. Dies stellt einen Nerven-prozeß dar, bei dem bestimmte Informationen, die wesentlich für das Überleben sind, eingeprägt werden. Bezeichnenderweise sind allen Säugetieren die Theta-Wellen im REM-Schlaf eigen, während sie tagsüber eigentlich nur in Zeiten bestimmten Verhaltens, das spezifisch für das Überleben jeder Art ist (suchende Ratten, jagende Katzen und Gefahr riechende Kaninchen) vorkommen. Dies deutet darauf hin, daß Träumen mit Lernen in Zusammenhang steht und zu bestimmten Zeiten im Schlaf durch Neuronen, die im Stammhirn feuern, und von den gleichzeitig auftretenden Theta-Wellen hervorgerufen wird.

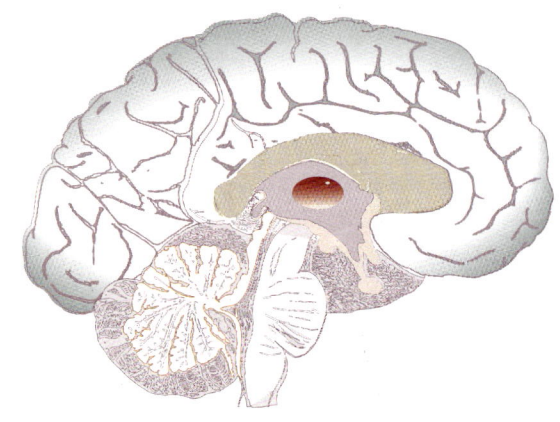

ern. Die Theta-Wellen werden dann von raschen Ausbrüchen der Gehirntätigkeit begleitet, die vom EEG als Gruppen scharfer Sprünge, bekannt als *Spindeln*, aufgezeichnet werden. Diese sind synchron mit anderen Wellen, die man als *K-Komplexe* bezeichnet, welche steile Anstiege und tiefe Abfälle zeigen. Sie hält man für Anzeichen der wirklichen Schlafphase, obwohl viele aus dieser Phase heraus geweckte Personen berichten, daß sie nachgedacht haben, und manche beharren sogar darauf, gar nicht geschlafen zu haben, sondern immer noch absolut wach gewesen zu sein.

Ungefähr zwanzig Minuten nach Beginn des Schlafzyklus beginnen die großen und ziemlich langsam aufeinanderfolgenden *Delta-Wellen*, die Spindeln und K-Komplexe zu ersetzen. Dies markiert eine Phase, die die Physiologen für den tiefen Sprung in das Reich des Schlafes halten. Personen, die aus dieser Phase erweckt wurden, fühlen sich oft durcheinander und desorientiert und möchten wieder schlafen. Sie berichten, daß ihre Gehirnaktivität eher dem Denken als dem Träumen gleicht.

Wir kommen nun zu dem, was manche Wissenschaftler den »dritten Zustand der Existenz« nennen, so sehr unterscheidet sich sein Wesen vom tiefen Schlaf oder vom Wachsein. Es wurde als »paradoxer Schlaf« bezeichnet, denn während der Blutdruck ansteigt, der Puls schneller wird und die Gehirnwellen denen im Wachzustand bemerkenswert gleichen, ist der Rest des Körpers, mit Ausnahme der schnellen Augenbewegungen (REM) und kleiner Zuckungen von Fingern und Zehen fast gelähmt. Man nimmt an, daß die Natur den Schläfer davor schützen will, heftige Bewegungen zu machen, die mit dem Traum in Einklang sind. Diese Lähmung könnte sich schon bei Tieren entwik-

Wach und entspannt, während man einschläft.

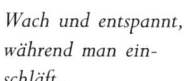

PHASE EINS: Leichter Schlaf beginnt

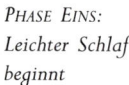

PHASE ZWEI: Leichter Schlaf geht weiter

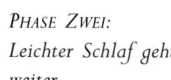

PHASE DREI: Der Beginn des Tiefschlafs

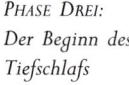

PHASE VIER: Tiefschlaf

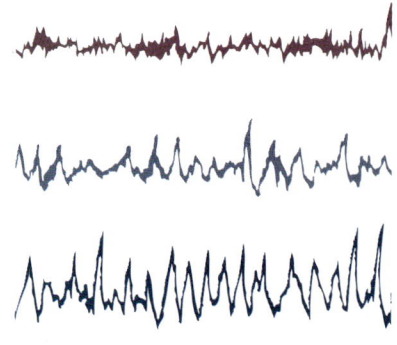

Oben: **Die vier Phasen des Nicht-REM-Schlafs.** *Die verschiedenen Gehirnmuster, die vom Elektro-Enzephalographen oder EEG aufgezeichnet werden, zeigen die vier Haupt-NREM-Phasen, die im normalen neunzigminütigen Schlafzyklus auftreten. Gruppen von Gehirnzellen entwickeln kleine elektrische Impulse, und das EEG zeigt ihre Aktivität. Jeder NREM-Phase folgte eine fünf- bis fünfunddreißigminütige REM-Phase oder Traumschlaf, deren Gehirnwellen denen im Wachzustand bemerkenswert ähnlich sind.*

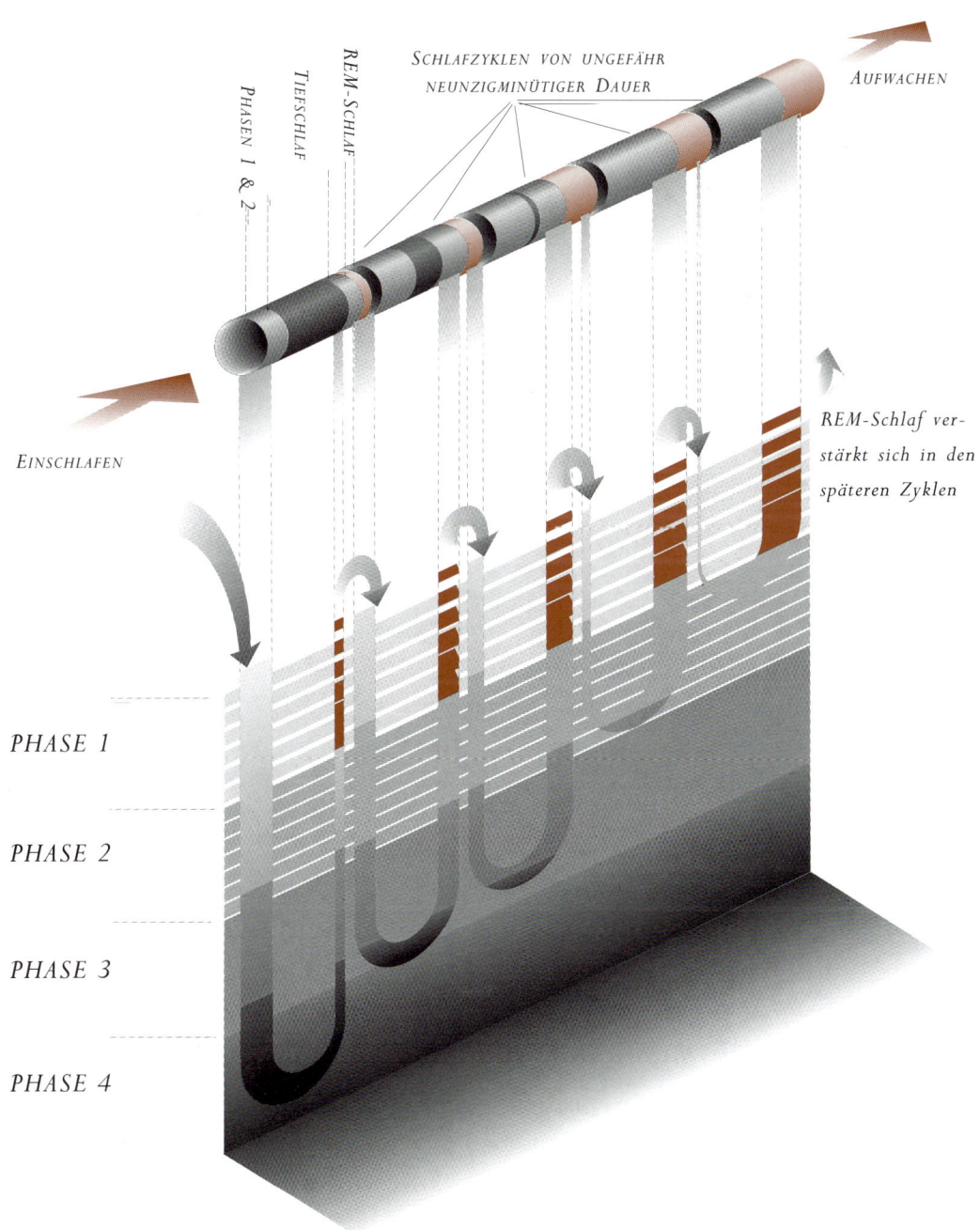

Die fünf Schlafzyklen mit REM- *und* Tiefschlaf

kelt haben, deren dergestalt beschränkte Bewegungen im Schlaf nächtens kein Raubtier anlockten.

Eine Person, die abrupt aus der REM-Phase geweckt wird, hat manchmal ein paar Sekunden Schwierigkeiten, sich zu bewegen. Diese Phase der an Lähmung grenzenden Unbeweglichkeit scheint vom Nervenzentrum des primitiven Stammhirns kontrolliert zu werden. Sie kann unter anderem Grundlage jener Alptraum-Situationen sein, in denen der Träumer gejagt wird oder sich in einem Traum zu bewegen versucht und feststellt, daß seine Gliedmaßen offenbar durch Sirup gezogen werden.

Die erste REM-Phase der Nacht dauert normalerweise ungefähr zehn Minuten. Danach wacht der Schläfer beinahe wieder auf, bevor er in Phase zwei rutscht. Der Zyklus wird dann je nach Person sehr verschieden. Der tiefe Delta-Schlaf kann gar nicht wieder auftreten, und der Schläfer wechselt einfach zwischen Phase zwei und REM. Doch normalerweise dauert der vollständige REM/Nicht-REM-Zyklus ungefähr neunzig Minuten, was bedeutet, daß wir jede Nacht vier oder fünf Schlafzyklen durchmachen.

Nach jedem neunzigminütigen Zyklus ändert sich das Verhältnis von REM und Nicht-REM zugunsten des REM, so daß letzteres von zehn Minuten zu Beginn des Schlafes auf bis zu einer Stunde während der letzten beiden Stunden des Schlafes in den frühen Morgenstunden angestiegen ist.

Dies bedeutet, daß der »Traumschlaf« mindestens zwanzig Prozent des Schlafes ausmacht, so daß man innerhalb eines einzigen Lebens durchschnitt-

lich etwa fünf Jahre in der Traumwelt verbringt und über 150.000 Traumabenteuer erlebt.

Doch genauso wie im paradoxen Zustand der REM-Phase, in der ein waches und angeregtes Hirn in einem gelähmten Körper wohnt, müssen wir auch die Phase beachten, die als natürlicher Prozeß der »Gehirnwäsche« an der Grenze zwischen Träumen und Erwachen stattfindet.

Wir vergessen.

Dieser beinahe chronische Gedächtnisschwund gilt für beide Gebiete. Im Traum vergessen wir genauso unser waches Leben, wie wir beim Erwachen unsere Traumexistenz vergessen. Es ist erstaunlich, daß wir im Traum eine Erinnerung nach der anderen an Menschen, Geschehen oder Texte verwenden. Diese Belebung und verstärkte Tätigkeit der Erinnerung innerhalb des Traums steht im scharfen Gegensatz zu unserer beinahe vollständigen Unfähigkeit, uns nach Beendigung des Traums zu erinnern. Forscher schätzen, daß mehr als fünfundneunzig Prozent aller Trauminhalte beim Erwachen verlorengehen.

Es gibt bisher keine befriedigende Antwort darauf, warum dies so ist. Doch da alle Traumexperimente mit Personen des westlichen Kulturkreises gemacht wurden, die keinen sozialen oder spirituellen Hintergrund für die Bewertung von Träumen haben, könnte der Grund eher in der Kultur als in der Biologie zu finden sein. Soweit bekannt ist, haben viele vorindustrielle Kulturen, oder solche, für die der Traum Bedeutung hat, kein Problem mit dem Erinnern von Träumen.

Für jeden Reisenden zwischen den Reichen des Schlafes ist das Haupthindernis die Vergeßlichkeit. Wenn wir uns von der Alltagswelt des Wachseins in den Schlaf begeben oder von den Traum- reichen in die des Wachseins, vergessen wir leicht all unsere Er- fahrungen am Grenzübergang. Um klar zu träumen, muß sich der Reisende an beide Reiche erinnern.

WACHSAMKEIT

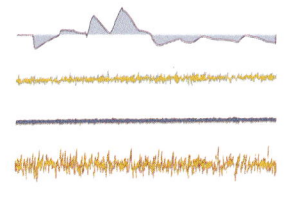

AUGENBEWEGUNG

EEG

MUSKELTONUS

HIPPOCAMPUS

Die drei Phasen von Wach- samkeit, Langwellen-Schlaf und REM-Schlaf. Eine Katze zeigt in einem 25minütigen Zyklus, daß während der Wachsamkeit Augenbewe- gungen und die Entwicklung von Theta-Wellen im Hippo- campus festzustellen sind, während der Muskeltonus zur Zeit des REM inaktiv ist. Abgesehen davon sind die beiden Bilder fast gleich.

LANGWELLEN-SCHLAF

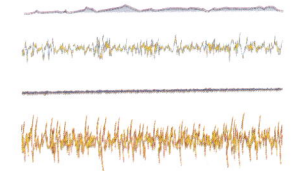

AUGENBEWEGUNG

EEG

MUSKELTONUS

HIPPOCAMPUS

REM-SCHLAF

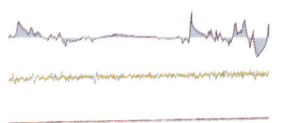
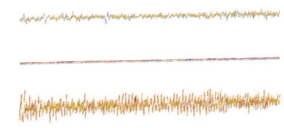

AUGENBEWEGUNG

EEG

MUSKELTONUS

HIPPOCAMPUS

DIE BEIDEN SEITEN DER GRENZE

Was bei unserer Suche bedeutsam ist: Das Vergessen auf beiden Seiten der Grenze – im Traum und im Wachzustand – kann überwunden werden. Doch in unserem normalen und oft stressigen westlichen Leben bedarf dies bei den meisten Menschen der Ausdauer und Selbstdisziplin.

Und so gibt es zu Beginn unserer Reise in das Klarträumen zwei Faustregeln. Erstens: Wenn sich der Schlafzyklus dem Ende nähert, ist die Traumzeit am längsten. Und die wahrscheinlichste Zeit für das Klarträumen ist kurz vor der Dämmerung, am

Ende des Zyklus, was uns im übrigen eine wundervolle Ausrede liefert, lange im Bett zu bleiben.

Die zweite Regel für den Traumreisenden befaßt sich mit dem Durchbrechen der Erinnerungsbarriere. Jeder Traumsucher muß ein Traumtagebuch

Traum von der Unsterblichkeit in einem Reet-Haus, von Chou Ch'en, chinesische Handrolle aus dem sechzehnten Jahrhundert. Wenn wir die beiden Personen – die eine, die durch die Luft fliegt, die andere, schlafende – fragen wir uns, wer hier träumt. Ist es die Figur in der Luft, die den Traum erlebt, oder die offenbar tief schlafende, deren Körper fest auf dem Boden liegt?

führen. Von allen Fallen und Hürden, auf die man trifft, wenn man die verschiedenen Techniken in diesem Buch anwendet, ist die am schwierigsten zu überwindende die Erinnerungsbarriere – das träge Gebäude, welches das Erinnern unserer Träume blockiert. Wenn Sie sich erst einmal genauer und deutlicher an ihre Träume erinnern, wird der Rest des Prozesses immer leichter, da sie Vertrauen entwickeln, daß die wichtigen Sequenzen nicht verlorengehen.

Meine eigene Erfahrung als sporadischer Klarträumer ist typisch. Denn nachdem ich mich entschlossen hatte, methodisch einen bewußten Traum hervorzurufen, dauerte es beinahe drei Monate, bis ich etwas Erfolg damit hatte, zwei oder drei Träume in mehr als fragmentarischen Bildern zu erinnern. Und diese Fähigkeit ist wichtig für jeden weiteren Erfolg. Sie werden im folgenden eine Anzahl einfacher Methoden finden, die wegen ihrer bescheidenen Ziele vielleicht nicht jedem gefallen werden, irgendwie wollen wir wohl alle sofort die pyrotechnischen, dramatischen Visionen und Machtträume erleben – wir wollen tanzen, bevor wir zu gehen gelernt haben.

Oben und rechts: ***Zwei Seiten aus Jungs Traumtagebuch.*** *Carl Jung führte ein Tagebuch seiner Träume, das
als »Rotes Buch« bekannt ist. Hierein malte er den Bericht eines
der inhaltsreichsten Traumleben der Geschichte. Es ist daher
seltsam, daß er niemals richtige Klarträume erlebte. Hätte er sie
gehabt, hätte er einen großen Beitrag zu unserem Verständnis
vom kollektiven Unterbewußtsein leisten können.*

EIN TRAUMTAGEBUCH FÜHREN

Von diesem Tag an werde ich ein Wanderer sein,
der sich auf eine Reise macht.
Und so wirst du unter dem frühen Regen
Nacht für Nacht schlafen,
eingekuschelt in die Kamelien.

Die Berichte eines reisegeprüften Ranzens
Bashō, 1680

Legen Sie einen Stift, Papier oder ein Tonbandgerät neben das Bett, und wenn Sie einen Partner haben, seien Sie gnädig und benutzen Sie eine kleine Taschenlampe, um ihn nicht zu wecken. Das Tagebuch sollte klein genug sein, um unter das Kissen zu passen oder um es während des Tages mit sich herumzutragen, falls Sie sich an einen früheren Traum erinnern. Stift und Block sollten nur dazu verwendet werden, Träume aufzuschreiben. Sogar solch kleine Rituale wie diese schaffen ein Gefühl von etwas Einzigartigem, Persönlichem und Besonderem. Es bedeutet auch, daß der Anblick dieser beiden Dinge, da sie einen Zweck haben, zu einem Fokus werden kann, der die Erinnerung erweckt. Dies sind Ihre Pässe in eine andere Welt. Entscheiden Sie sich bewußt, daß dieses Tagebuch der Ort ist, wo Sie Ihre Erfahrungen in der Traumwelt sammeln wollen.

Wie seltsam die Einzelheiten auch erscheinen mögen: Sie sind nur ein Hilfsmittel, um Ihre Erinnerung zu unterstützen. Viele von uns haben ihr Leben damit verbracht, ihre Träume zu ignorieren, und nun werden Sie jede Einzelheit sorgfältig aufschreiben,

also seien Sie nicht ungeduldig. Denken Sie auch daran, daß Träume, wie Erinnerungen, immer einen Zusammenhang haben. Keine Erinnerung steht für sich selbst. Sehr kleine Babies können Dinge, die sie bereits gesehen haben, offenbar erst dann erkennen, wenn der Zusammenhang, in dem sie sie zuerst gesehen haben, genau derselbe ist. Legen Sie dasselbe Objekt auf ein Laken mit anderen Mustern oder Blumenmotiven, und das Objekt wird ganz anders aussehen. Genauso stehen die Erinnerungen unseres Erwachsenseins immer in einem Zusammenhang. Manchmal, wenn sich der Zusammenhang wiederholt, erscheint auch die Erinnerung an das Objekt, obwohl das Objekt selbst nicht da ist und daher unwirklich oder bizarr erscheint.

Ich erinnere mich immer an denselben Teil einer Landschaft, wenn ich ein bestimmtes Musikstück höre. Das ganze Orchester, das Beethovens Neunte spielt, erweckt immer eine Dorfstraße in einem englischen Dorf, wo ich als Kind im Krieg evakuiert war. Daß dies innerhalb meiner wachen Erinnerung geschieht, liegt wahrscheinlich daran, daß ich in der alten Kirche, die Teil dieser Szene ist, abendliche Chorgesänge gehört habe, und nun verbinde ich die chorale Symphonie – die ich zehn Jahre später zum ersten Mal hörte – mit dem Abendgesang im Zusammenhang mit der Dorfstraße.

VOR DEM EINSCHLAFEN

Für die Zeit unmittelbar vor dem Insbettgehen gibt es eine Anzahl nützlicher Tips. Der erste ist, mit klarem Kopf ins Bett zu gehen, unbelastet von Alkohol, Schlaftabletten oder einfach Übermüdung. Setzen Sie sich hin, entspannen Sie sich und erlauben Sie Ihrem Geist, sich von all dem Kram zu reinigen, der sich während des Tages angesammelt hat. Von allen Übungen ist Entspannung für Menschen des westlichen Kulturkreises im normalen Tagesstreß wahrscheinlich die schwierigste. Das wichtigste Element beim Beruhigen des Körpers zugunsten eines leichten Zugangs zum Schlaf ist die Übung regelmäßigen und rhythmischen Atmens. Einfach langsam zu atmen oder beim Einatmen bis fünf zu zählen und beim Ausatmen wieder bis fünf, scheint bei vielen zu helfen, die sonst nur schwer einschlafen. Eine Methode hierzu ist, beim Einatmen jeden Muskel des Körpers anzuspannen, angefangen bei den Füßen, und sie beim Ausatmen zu entspannen. Führen Sie dies fort, bis Sie den Kopf erreicht haben.

BERUHIGENDE ATMOSPHÄRE

Wenn Sie irgendeinen Erfolg auf dem königlichen Traumweg haben wollen, ist es nötig, eine beruhigende Atmosphäre zu schaffen. Es hat fast keinen Sinn, irgendeine Methode auszuprobieren, wenn Sie sich dafür keine Zeit nehmen können.

Das Zimmer, in dem Sie schlafen, sollte von hellen und beruhigenden Farben beherrscht sein, oder für diejenigen mit exotischerem Geschmack: von Kerzen und Düften. Wenn Sie einen teilnehmenden und mitfühlenden Partner haben, wird eine vorsichtige Fußmassage auch die schlimmste Schlaflosigkeit verscheuchen.

Kräuter, so wie Rosmarin, Thymian und Lavendel unter dem Kissen sind dafür bekannt, einen ruhigen und natürlichen Schlaf zu bewirken, ebenso wie ein heißes Bad direkt vorm Zubettgehen. Manche raten zu einer Handvoll Ingwerpulver, das ins Wasser gestreut wird und ihrer Meinung nach die Atmosphäre klärt.

Auf jeden Fall führt es zur Entspannung der Muskeln. Wenn Sie diese Anleitungen etwas abschreckend finden, denken Sie daran, daß ein Mystiker wahrscheinlich Jahre brauchen würde, um in einen tiefen und meditativen Zustand zu verfallen, während sich ein Schamane anstrengender Rituale oder einer langen und oft gefährlichen Zeremonie unterziehen müßte, um für wert befunden zu werden, die Geisterwelt zu besuchen. Es ist jedoch gang und gäbe, daß Amateur-Schamanen sofortige Belohnung erwarten. Wenn wir für ein Traumbuch bezahlen, sollte es sofort die Früchte liefern. Doch das Reich unseres Selbst, das wir betreten wollen, erlaubt keine schnellen Ergebnisse oder erzwungenen Zugang. Und deshalb können Sie sich genausogut entspannen und sich auf ein langes Warten einstellen. Nun, in einem ruhigen aber klaren Zustand sagen Sie sich selbst, daß Sie sich an Ihre Träume während der Nacht erinnern wollen.

Und um sich dieses Vorhaben fest in ein manchmal eher zögerliches Gehirn zu prägen, schreiben Sie es nieder.

Der Traum, von Marc Chagall. Der Inhalt der meisten unserer Träume hängt zum Großteil davon ab, was während der vorangegangenen Wachstunden geschehen ist. Die meisten Szenen sind kreative Variationen bestimmter Vorgehensweisen, die tags durchgeführt und in den Schlaf mitgenommen wurden.

SCHWUR FÜR DAS WESENTLICHE

Ein fester Entschluß konzentriert Ihre Aufmerksamkeit auf das Thema. Nichts wird ohne wirkliches Engagement und ständige und regelmäßige Übung geschehen. Doch wenn Sie sich einmal entschlossen haben, oder, wie Gurdjieff gesagt hätte, einen »Schwur für das Wesentliche« getan haben, wird Ihr Entschluß eine Beschaffenheit bekommen, die das festhalten läßt, was ansonsten vollkommen kurzlebig ist. Wenn Sie einfach nur im Bett sitzen und sich sagen, daß Sie sich an die Träume dieser Nacht erinnern wollen, werden Sie normalerweise einfach nur diesen Worten lauschen, ohne daß sie in irgendwelche Tiefen sinken, wo sie wirklich wirken. Es ähnelt stark der Selbsthypnose, und wenn Ihnen Hypnosetechniken vertraut sind, dann ist das sehr hilfreich. Jedoch beschäftigen wir uns an dieser Stelle mehr mit dem Anfänger als mit dem Könner. Wenn es Ihnen also gelingt, die Nachricht, daß Sie »sich an Ihre Träume erinnern wollen«, so tief wie möglich in ihr Wesen sinken zu lassen, wird das reichen. Die Absicht ist, wie wir bald herausfinden werden, das mächtigste Werkzeug eines Träumers.

UNTERSCHIEDLICHE SCHLÄFER

Keine zwei Menschen schlafen auf die gleiche Weise ein. Und die Methode des Einschlafens kann die besondere Technik beeinflussen, die wir verwenden werden. Deshalb ist es sinnvoll, dieses Thema hier zu streifen. Eine Person schläft ein, sobald sie die Augen schließt, während eine andere unruhige Stunden durchlebt, bis sie es schließlich tut. Manche von uns schlafen unruhig und tauchen immer wieder aus dem Halbschlaf auf, während andere die ganze Nacht wie tot sind.

Wenn man vor dem Schlaf eine einfache Visualisierungs-Technik anwendet, brauchen sich diejenigen, die normalerweise gleich einschlafen, nur eine Sekunde mit dieser Übung zu beschäftigen, und sie schnarchen bereits. Wendet jemand dieselbe Technik an, der Schwierigkeiten mit dem Einschlafen hat oder besorgt oder nervös ist, so kann er die ganze Nacht wach bleiben und darüber nachdenken.

Und dann gibt es die Magenverstimmungen. Wenn die entsprechenden Umfragen stimmen, müssen wir annehmen, daß sechzig Prozent der Leser nachts im Bett an Schmerzen leiden. Die Tibeter, die die leidenschaftlichsten Meditierer auf diesem Planeten sein dürften, haben sogar Agar-35-Tabletten für Meditierer, die an chronischen Magenkrämpfen leiden und sich nur schwer entspannen können. Ansonsten helfen hier frühes Zubettgehen und Wärme. Eine mögliche Ergänzung Ihrer Vitaminliste könnten Niacin und B6 sein. Einige Forscher behaupten, daß ein Mangel an Vitamin B6 aus irgendeinem Grund dazu beiträgt, sich nur schlecht an seine Träume zu erinnern. Ich kann dies nicht wissenschaftlich nachweisen, außer daß B6 meiner Erfahrung nach wirklich zu helfen scheint.

ERINNERUNG

Dies ist eine sehr wirkungsvolle Technik, die besonders im indischen Tantra bekannt ist. Setzen Sie sich vor dem Zubettgehen mit geschlossenen Augen hin und lassen Sie langsam den vergangenen Tag an sich vorüberziehen. Beginnen Sie mit dem Abend und reisen Sie durch den ganzen Tag zurück, bis Sie sich an die Art des Aufwachens erinnern und was Sie dabei gedacht haben. Es ist wichtig, alles ganz und gar hinzunehmen und niemandes Verhalten zu bewerten, auch nicht das eigene. Seien Sie so unbeteiligt wie möglich – ein Beobachter auf dem Berg, der sich mit den Dramen und Gefühlen dessen, was er beobachtet, nicht identifiziert. Dies ist eine wunderbare Art, den Geist von unerwünschten und unwichtigen Dingen zu reinigen. Die Qualität Ihrer Träume steigt an, und die Anzahl unsinniger Bilder, die sich während des Tages ansammeln, scheint sich zu verringern. Für das Ende dieser Technik stellen sich einige Praktiker vor, die ganze Erfahrung des Tages in einen Gasballon zu pressen und ihn zum Himmel steigen zu lassen oder sie in einer Flasche zu verschließen und dieselbe in ein Meer zu werfen. Diese Übung hilft Ihnen auch, eine bessere Erinnerung an die Träume zu haben.

Man weiß aus den Schriftrollen vom Toten Meer, daß die religiösen Gemeinden biblischer Zeiten den Schlaf als kleinen Tod ansahen und ihn mit entsprechendem Respekt behandelten. Wenn Mitglieder der Gemeinschaft schlafen gingen, war man sich darin einig, daß sie nicht geweckt werden durften, und wenn der nächste Morgen dämmerte, wurde er begrüßt, als handle es sich um ein neues Leben, eine neue Geburt. Es scheint, daß diese Menschen am Ende des Tages alles beendeten. Alle Unstimmigkeiten mußten bereinigt, Fehler verziehen und jeglicher Streit beigelegt werden, so daß

Oben: *Bild* von Max Ernst. *In Träumen überdenkt das Gehirn den Tag, stellt Szenen um und erschafft neue Situationen in komplexen und oft bizarren Zusammenhängen, wie in dem surrealistischen Bild oben. Wenn man vor dem Schlafengehen bewußt die Erfahrungen des Tages überdenkt, werden die Träume intensiver angeregt und tragen viel weniger Abfall als sonst. In diesem Zustand der Klarheit wird jede eigene Wahl eines Traumgeschehens möglich.*

sich jede Person aus dem Tagesleben lösen konnte, um die todesartige Traumnacht zu betreten. Eine solche Art des Einschlafens bedeutet, daß man von unnötigem Abfall befreit ist, so daß die Träume tieferreichende und prächtigere Fäden aufgreifen können.

DAS ORAKEL DES FUCHSES

Es gibt eine wunderschöne Traumhilfe, die, wenn ich mich recht erinnere, von den Dogon im nordwestlichen Afrika verwendet wurde und das »Orakel des Fuchses« heißt. Es kann auf jede Art, die der Leser möchte, angewandt werden. Wenn ein Mann um die Hilfe eines Weisen oder eines Orakel-Lesers ersucht, wird ihm gesagt, er solle sein Leben im Sand vor seinem Haus anordnen. Dies tut er mit Hilfe verschiedener Steine und Hölzer, die jeden Teil seines Lebens darstellen. Sie können für seine Frauen, sein Vieh, seine Verwandten, Feinde und Freunde stehen. Sie können ein spirituelles Problem darstellen, das ihn verfolgt, oder eine besonders schwierige Entscheidung, die er treffen muß. Wenn der Mann sein Leben in einem großen Kreis auf dem Boden zu seiner Zufriedenheit angeordnet hat, stellt der Weise kleine Opferschalen mit Fleisch und anderen Nahrungsmitteln in das »Lebensbild«, und der Mann geht schlafen.

Nun geschehen während der Nacht eine Menge Dinge. Erstens hat sich der Mann entschieden, daß wegen seines bestimmten Problems etwas getan werden muß. Er hat daraufhin gehandelt und seine Energie auf die Suche nach einer Lösung gerichtet. Zweitens hat er sein Leben in all seinen Elementen vor sich ausgebreitet. Alles ist in seinem Geist klar.

Dann schläft er darüber. Dieser Ausdruck und seine psychologische Bedeutung scheinen sich in jeder Kultur wiederzufinden. Nachdem er darüber geschlafen hat und am nächsten Morgen aufgewacht ist, untersuchen er und der Weise das Gebilde. In der Nacht sind Füchse gekommen, um das Essen in den Schalen aufzufressen, haben einige der Steine und Hölzer umgestoßen, die das Leben und den Hausstand des Mannes darstellen, und ihre Spuren hinterlassen. Diese Spuren werden zusammen mit den Träumen des Mannes von dem Weisen gedeutet. Der psychologische Vorteil dieses Vorgehens ist überdeutlich. Der Mensch hat sein Leben geordnet und jedem Element eine Größe und einen Platz zugeordnet. Dann hat er darüber geschlafen, und seine Träume werden mit dem vor seinem Haus befindlichen Orakel gedeutet.

Dieser ganze, gesunde Prozeß zeigt einen weiteren Gesichtspunkt, warum man ein Traumtagebuch führen sollte, nämlich, um Gedanken außerhalb der bloßen Traumerinnerung zu erwecken. Manchmal ergeben Traumsymbole während des Tages plötzlich einen Sinn, und Sie verstehen die Bedeutung eines Bildes, das Sie im Schlaf gesehen haben.

Das Ziel aller Methoden in diesem Buch ist nicht die normale Traumdeutung, Analyse oder die Arbeit mit Träumen. Ziel ist es, eine Erfahrung des Klartraums zu machen. Wenn Sie bereits regelmäßig Klarträume haben, können viele Techniken übersprungen werden, außer der des Traumtagebuchs.

BEIM AUFWACHEN

Der wichtigste Teil aller vorangegangenen Vorbereitungen kommt im Morgengrauen. Öffnen Sie nicht gleich die Augen, wenn Sie aufwachen, und wenn Sie das vergessen, legen Sie irgend etwas neben Ihr Bett, das Sie daran erinnert. Bereiten Sie sich vor dem Schlafengehen darauf vor, indem Sie sich vornehmen, sich an Ihre Träume zu erinnern, wenn Sie dieses Ding am Morgen sehen.

Wenn Sie Ihre Augen geschlossen lassen, versuchen Sie sich an einen Teil ihres Traumes zu erinnern, der als Magnet für den Rest dienen kann. Wir wissen alle, wie fluchtig Traume werden konnen, wenn man sich an sie erinnern will. Sie scheinen sich in Luft aufzulösen und nur ein allgemeines Gefühl dessen zu hinterlassen, was an einem ansonsten leeren Ort geschehen ist. Um solche Erinnerungen zu wecken, müssen sie langsam und spontan ins Bewußtsein geholt werden. Ihnen rücksichtslos nachzujagen, ist sinnlos. Entspannen Sie sich einfach mit geschlossenen Augen und warten Sie auf einen Hinweis. Vermeiden Sie es, irgendwelchen Gedanken zu folgen, die die Gewohnheiten des Morgens an die Oberfläche bringen, wie zum Beispiel der Gedanke, was wohl in der Post ist oder ob Sie letzte Woche vergessen haben, die Stromrechnung zu bezahlen. Liegen Sie ganz ruhig und angeln Sie vorsichtig nach einem Hinweis, und der Traum wird plötzlich zurückkommen. Wenn kein Bild erscheint, notieren Sie statt dessen die Bilder in Ihr Traumtagebuch, die bei Ihrem Erwachen erschienen sind. Sie brauchen sich nicht zu beeilen.

Geben Sie jedem Traum in ihrem Tagebuch einen Titel und schreiben Sie das Datum auf. Listen Sie alle Einzelheiten auf: wer in Ihrem Traum vorkam, was er anhatte, bestimmte Dinge oder offensichtliche Symbole, die darin vorkamen, sowie Ihr allgemeines Gefühl dabei. Seien Sie nicht überrascht, wenn Ihr Traum zuerst etwas langweilig erscheint. Erst wenn Sie alles aufgeschrieben haben, werden Sie plötzlich merken, daß er auf bestimmte Weise einzigartig und erhellend war. Träume sind das immer.

Diese Methoden sind nur Vorbereitungen auf die folgenden Techniken und dazu da, die Vergeßlichkeitsbarriere zu durchbrechen. Klarträume hervorzurufen ist sicherlich nicht einfach, aber ohne Vorbereitung wird es dem Leser unmöglich sein.

Das simple Führen eines Traumtagebuchs liefert Ihnen außerdem einen faszinierenden Bericht Ihrer inneren Arbeit. Wenn Sie gleichzeitig ein Tagebuch führen, werden Sie einen direkten Zusammenhang feststellen.

Gegenüber: *Amma;* Kopie einer Zeichnung von Griaule und Dieterlin; vom Dogon-Stamm aus Mali, Nordwestafrika. Die Schamanen der Dogon besitzen ein großes Repertoire an Zeichen und Symbolen mit Bedeutung. Amma ist der Schöpfer, der allein 266 Zeichen erschafft. Der Schamane, der gebeten wird, die Zeichen des Fuchses in einem Traum-Orakel zu deuten, ist damit ein hochbefähigter und geachteter Ausübender einer alten Kultur.
Rechts: *Ein Fossil in einem Kieselstein ist ein Objekt, das für den* Träumer persönliche Erinnerung enthält. Jedes kleine und normalerweise unwichtige Objekt kann vor dem Schlafengehen dazu beitragen, später einen Traum bewußt betreten und sich daran erinnern zu können, wenn das Objekt beim Erwachen wieder gesehen wird. Die Vorbereitungen für das Erwachen sollten genauso sorgfältig durchgeführt werden wie die für das Einschlafen.

5. KAPITEL

DER GEIST IN DER TRAUMMASCHINE

Wenn das menschliche Gehirn so einfach wäre,
daß wir es verstünden,
wären wir selbst so einfach,
daß wir es nicht könnten.

Emerson Pugh

Das Klarträumen hat eine plötzliche und für viele nervenaufreibende Wirkung auf die im westlichen Kulturkreis verbreitete Ansicht dessen gehabt, was man bis dahin als Träumen bezeichnete. Wie paßt dieses neue Phänomen in die bisherigen Theorien darüber, wie, wo und warum wir träumen?

Zuerst einmal: Wie werden Träume in der westlichen Welt beschrieben oder definiert? Offenbar werden Träume nach dem Konsens der auf diesem Gebiet arbeitenden Forscher als lebendige, halluzinatorische Ereignisse definiert, die im Schlaf auftauchen und das gesamte Spektrum der Sinne einbeziehen können.

Obzwar die bildhafte Vorstellung die dominierende Traumfähigkeit zu sein scheint, werden in den meisten unserer Träume auch Tast- und Hörsinn angesprochen. Geschmack und Geruch scheinen nur selten vorzukommen, während Schmerz seltsamerweise gar nicht auftaucht, auch wenn viele Träumer entsetzliche Alpträume von körperlicher Zerstörung und Bedrohung haben.

Normales, nicht-luzides Träumen wird von vielen Neurophysiologen und Psychologen als Halluzination und Einbildung bewertet, weil Nicht-Klarträumer schlicht und einfach keine Einsicht in das wahre Wesen des Zustandes haben, den sie erfahren. Während des normalen Traums nimmt man eine

unkritische, hinnehmende Haltung gegenüber den Ereignissen an, die einem vollkommen wahr erscheinen. Das heißt, bis man entweder in einem Traum aufwacht und luzid wird oder aus dem Schlaf erwacht. In beiden Fällen erkennt man die Bilder als Phantasie.

Im Traum verlieren wir offenbar die Fähigkeit unserer Wachphasen, die man am besten als kritische Sichtweise bezeichnet. Statt dessen nehmen wir einen Zustand extremer Gutgläubigkeit an, in der jegliches sich selbst in Frage stellendes Bewußtsein zu schlafen oder verschwunden zu sein scheint. Der Träumer erfährt eine Wirklichkeit, die nur auf eines gerichtet ist, und ist vom Zauber des Traumereignisses vollkommen gefangengenommen.

Ein ähnliches Fehlen jeglicher Einsicht findet sich in der eingebildeten Welt psychotischer Patienten, die an einer von uns so bezeichneten Geisteskrankheit leiden. Man kann außerdem sagen, daß einige der grundlegenden Charakteristiken des Traumbe-

Parabel, von Samuel Bak, 1975. Nicht-luzide Träumer erkennen weder die wahre Natur der Traumumgebung noch sich selbst. Waches, bewußtes und klares Träumen eröffnet nicht nur die Möglichkeit der Einsicht in persönliches Verhalten oder des Lösens persönlicher Probleme in der wachen Welt, sondern auch das Erforschen des Gehirns. Man kann so den Ort desjenigen entdecken, der die ganze Angelegenheit erschafft.

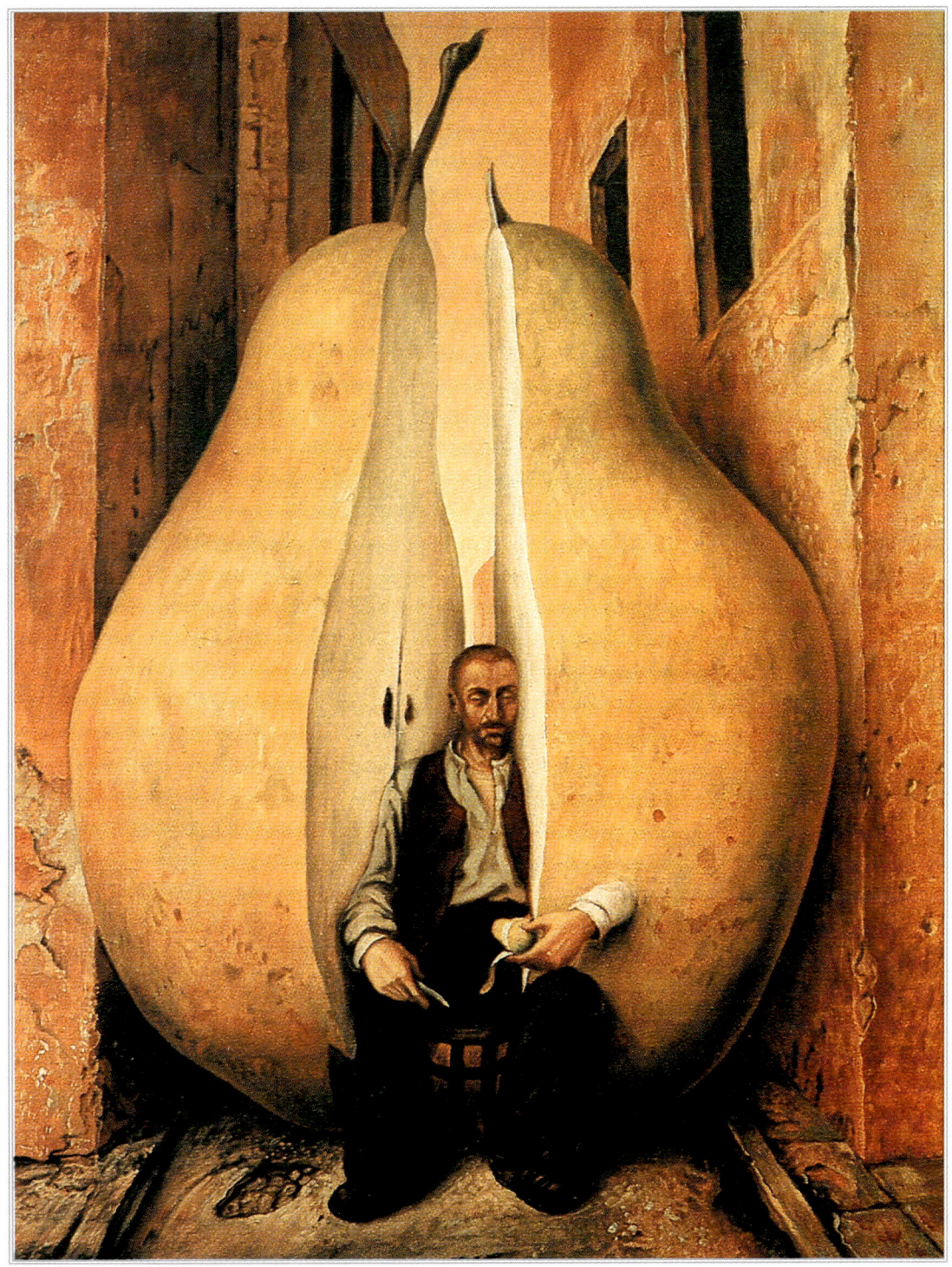

Das Wartezimmer, *von George Tooker, 1959. Freuds Modell des »Überdrucktopfs« des Geistes wird in diesem kafkaesken Bild von Menschen, die aus irgendeinem bürokratischen Grund in Wartezellen ausharren, ausgedrückt. Freud glaubte, daß das Unterbewußtsein vor sozial abgelehnten Wünschen und Impulsen brodelte und stets kurz vor der Explosion stünde, daß wir dieses aber irgendwie unterdrück-* *ten. Nur in der Privatsphäre unserer Träume können wir unseren Ärger, unsere Lust, Enttäuschung und Ängste hinauslassen. Freud gründete seine Annahmen auf ein begrenztes Verständnis der äußeren Nervenzellen des Gehirns. Er wußte zu seiner Zeit nichts von den inneren Nervenzellen, die, wie wir heute wissen, eine größere Rolle bei den höheren Gehirnfunktionen spielen.*

wußtseins tatsächlich Einbildung sind, und – was die bizarre Qualität der Bilder betrifft – Delirium, Wahnsinn oder Psychose näher sind als das normale, gesunde Bewußtsein. Viele Forscher behaupten, daß wir vermutlich als verrückt gelten würden, wenn wir eben nicht schliefen. Unsere Sinnesillusionen scheinen im Traum denen der Schizophrenen zu gleichen: Die Disorientierung in Zeit und Raum oder die unkritische Hinnahme der Traumeffekte sind so durcheinander wie viele der fremdartigen Behauptungen manisch Depressiver. Und sogar das Vergessen der Geschehnisse im Traum ähnelt dem Verlust des Kurzzeitgedächtnisses. Zu Beginn unserer Untersuchung kann unser scheinbar unschuldiges und persönliches Träumen demnach mit Verrücktheit verglichen werden. Es gibt sogar einige klassische Psychologen und der traditionellen Lehre verbundene Neurophysiologen, die ernsthaft behaupten, daß die Untersuchung von Träumen eine Studie eines Modells geistiger Krankheit ist.

Das Problem ist nur, daß kein Wissenschaftler erklären kann, warum wir überhaupt träumen. Obwohl es eine Unmenge plausibler Erklärungen gibt, sind es doch nur Vermutungen, und keine einzige Hypothese scheint auf alle Fakten zuzutreffen.

Es gab zwei unterschiedliche und einander entgegengesetzte Gedankenschulen, die sich mit der Frage des träumenden Geistes befaßten, obwohl die neuere Forschung ihre Grenzen etwas aufgeweicht hat. Gruppe A behauptete, daß Träumen eine grundlegend *physiologische* Angelegenheit sei, bei der der psychologische Inhalt und die Bedeutung der bizarren Ereignisse des Traums ohne Belang seien. Träume wurden schlicht als bedeutungslose Trümmer angesehen, die vom rein biologischen Geschehen auf den neuralen Straßen und Nebenstraßen des Gehirns abgeworfen werden. Diesem physiologischen und besonders auf das Verhalten ausgerichteten Blickwinkel wurde von Gruppe B heftigst widersprochen, die das Träumen als *psychologisches* Ereignis sah, in dem bedeutungsvolle Bilder an die Oberfläche treten und wertvolle Einsichten und Hinweise auf die innere Gesundheit und das Verhalten eines Menschen gegeben werden. Beiden Gruppen sollte ihr Fanatismus verziehen werden, mit dem sie ihre theoretischen Standpunkte vertreten. Die Wahrheit liegt jedoch, wie so oft, in der Mitte.

Die klassische freudianische Ansicht, die angegriffen wurde, sobald die Wissenschaftler etwas anspruchsvollere physiologische Werkzeuge benutzten, gründet sich auf die Auffassung, daß das Unbewußtsein eine Art Kessel und Druckbehälter ist, der voll ist von gesellschaftlich abgelehnten Wünschen und Impulsen. Freud glaubte, daß der Behälter ständig überzukochen oder zu explodieren droht, daß wir es jedoch irgendwie schaffen, unsere persönlichen Töpfe daran zu hindern. Doch auch so muß sich der Druckbehälter eines Ventils bedienen, damit nichts einfach explodiert. Ein sicheres Ventil ist der Traum, oder, wie Freud es nannte, der Weg ins Unterbewußtsein. Träume erlauben nach seiner Meinung und nach der seiner Anhänger einen ziemlich sicheren Blick auf die inneren Abläufe des Patienten. Doch der Teil des Gehirns, der für das Träumen verantwortlich ist, ist sehr trickreich und verkleidet die Wahrheit, die er enthält, so geschickt, daß das arme, übersensible, wache Ego nicht allzu irritiert ist. Diese Verkleidung kann nur ein erfahrener Psychologe aufdecken und dahinter das versteckte Gesicht der Wahrheit erkennen.

HYPOTHESEN

Heute ist bekannt, daß Freud eine nur teilweise zutreffende Vorstellung von der Arbeit der Neuronen im Gehirn besaß. Zu seiner Zeit waren der Wissenschaft nur die Erreger-Neuronen bekannt, so daß er daraus schloß, sie würden gelegentlich eine starke elektrochemische Ladung aufbauen, die auf irgendeine Art abgelassen werden müsse. Viele seiner psychologischen Theorien beruhen auf dem »Druckbehälter«- Modell, in dem die unterdrückte Gefühlsladung einen Ausgang, ein Sicherheitsventil sucht. Freud wußte nicht, daß das Gehirn zwei Typen von Nervenzellen besitzt: erregende und hemmende. Und man fand mittlerweile auch heraus, daß diese Hemmer eine größere Rolle bei den höheren Funktionen des Bewußtseins im Gehirn spielen.

Dies ist nur eine der vielen Entdeckungen, die die freudianische Vorstellung einer psychologischen Basis für Traumbilder angreifen. Während der letzten drei Jahrzehnte gab es einen langsamen Rückzug vom doch etwas in Mißkredit geratenen psychoanalytischen und deutenden Traumansatz. Als Reaktion gab es eine entschlossene Hinwendung zur materialistischen und mechanistischen Erklärung von Träumen, die im Gehirn aufgrund seiner elektrischen Verdrahtung, seiner Chemie und seiner geheimnisvollen neuronalen Verknüpfung sitzen sollten.

Viele Forscher, die allein die Physiologie für die Erklärung von Träumen verwendeten, gingen in eine Falle. Denn es klingt alles so plausibel, wenn man weiß, daß es tatsächliche physische Ursachen für das gibt, was wir erfahren, Ursachen, die man messen und von einem riesigen Apparat neuer Technik festhalten kann. Doch ob Träume einfach von den vererbten Mechanismen des Gehirns oder der Traummaschine geschaffen werden, oder ob die anspruchsvolle Technik belegt, was wir herausgefunden haben, ist eine rein subjektive Einstellung.

Ein in erster physiologisch begründetes Modell, welches sich schon als beständiger und gleichzeitig kontroverser erwiesen hat, war eines von J. Allan Hobson und Robert McCarley im Jahre 1977, welches sie Aktivierung/Synthese nannten. Seit seiner Einführung wurde es mehrfach verändert und ist auf keinen Fall die einzige Gehirntheorie, doch sie umfaßt einige faszinierende Punkte. Unter anderem beleuchtet sie, was bereits bekannt war: daß unser Gehirn kreativ ist. Die Theorie legt nahe, daß das Gehirn so wild entschlossen ist, eine Bedeutung für die vom ständigen wahllosen Feuern seiner Nervenzellen hervorgerufenen Bilder zu finden, daß es sogar Erklärungen findet, wenn es gar keine Bilder gibt. Ebenfalls bemerkenswert an dieser Hypothese ist, daß sie das Gehirn als dynamisches, selbsterhaltendes Organ bezeichnet, das seine eigenen Infor-

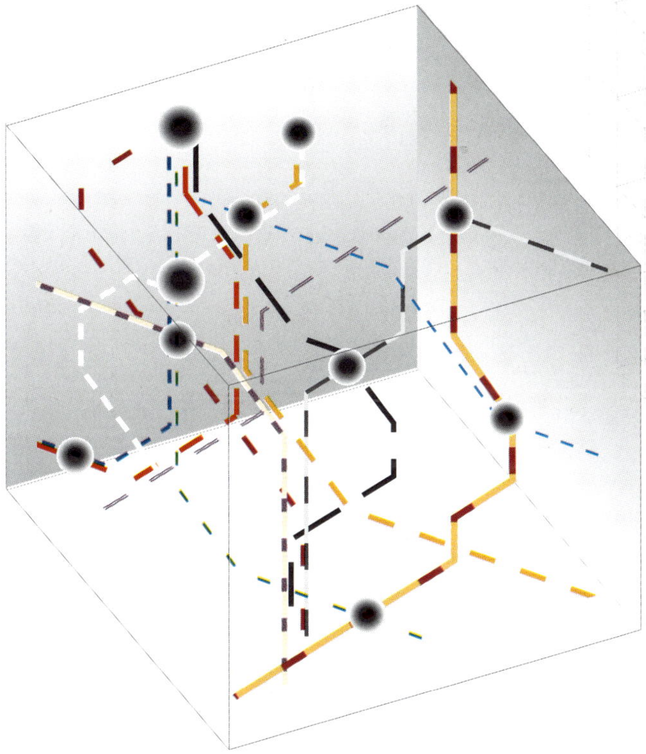

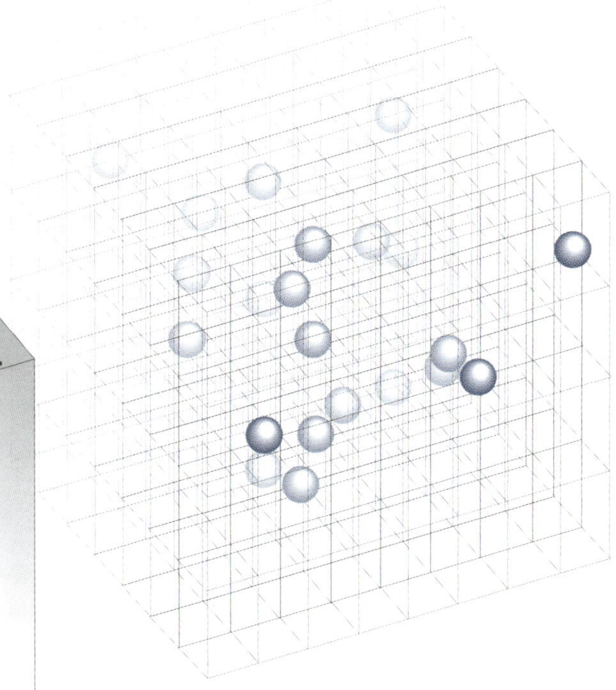

Gegenüber: **Diagramm einer Synapse.** *Diese liegt am Ende des Hauptstranges eines Nervs. Jeder Nerv, der erregt wurde, trägt Informationen zu anderen Nerven, indem er elektrische Stöße oder Ladungspotentiale überträgt. Diese Impulse gehen wie Wellen längs durch Nervenstränge zu deren Enden, den Kontaktstellen zwischen den Nerven – den Synapsen –*

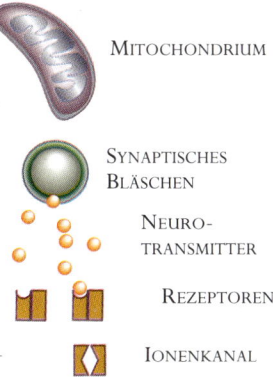

MITOCHONDRIUM

SYNAPTISCHES
BLÄSCHEN

NEURO-
TRANSMITTER

REZEPTOREN

IONENKANAL

und werden in elektrische und chemische Vorgänge umgewandelt, die die Aktivität in den verbundenen Nerven anregen. Der Impuls setzt Neurotransmitter frei, die über die Synapse strömen und sich an Rezeptoren binden, welche wiederum neue Potentiale freisetzen. Wenn ein Nerv erfolgreich angeregt wurde, den Träger-Input zu übernehmen, schickt er eine elektrische Ladung durch seinen Strang. Das Lernen scheint durch die Veränderung des Verhältnisses von Träger und Erreger zu geschehen, so daß sich der Einfluß eines Nervs auf den anderen ändert. Bis heute haben wir das Gehirn als ein riesiges Netz aus Kästen betrachtet, jedes mit einer bestimmten Erinnerung, wie im Diagramm rechts oben gezeigt. Tatsächlich ist es eher ein Eisenbahnnetz, in dem einige Bahnhöfe oder Weichen öfter benutzt werden als andere, wie links oben gezeigt.

AKTIVIERUNG/SYNTHESE-HYPOTHESE

Synthesizer *geben sonst bedeutungslosen Energiebeschüssen Bedeutung.*

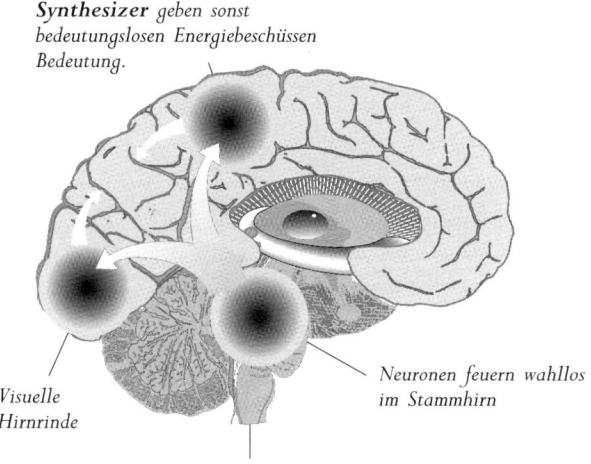

Visuelle Hirnrinde

Neuronen feuern wahllos im Stammhirn

Blockierte Körperbewegung

PSYCHOANALYTISCHE TRAUMTHEORIE

Verschlüsseler *symbolisieren und verkleiden die wahre Bedeutung der Bilder und Traumereignisse*

Wache Erfahrung

Unterbewußte Wünsche, die durch wache Ereignisse entstehen, werden im Traum zensiert.

Oben: *Das alte psychoanalytische Modell bezieht die Fremdartigkeit der Träume auf den inneren Zensor, der unakzeptable unterbewußte Wünsche verkleidet. Das Aktivierung/Synthese-Modell basiert auf dem physischen Gehirn, die Fremdartigkeit der Träume wird dem typischen physiologischen Wesen der REM-Schlaf-Entwicklung zugeschrieben.*

mationen erzeugt. Das Gehirn scheint sich mit der äußeren Welt zu beschäftigen, indem es Vorstellungen davon bildet. Es macht sich dann selbsttätig daran, diese Vorstellungen, die es als Wahrheiten ansieht, auf die äußere Welt zu übertragen. So daß man sagen könnte, daß der innerlich geschaffene Traum dem Bewußtsein als das äußere Universum präsentiert wird.

Frühere Forscher nahmen an, das Gehirn befände sich während des Schlafes in einer Art Ruhezustand, und mußten zu ihrer Überraschung feststellen, daß das Gehirn dann im Gegenteil aktiver zu sein scheint als im Wachzustand. Es gibt nicht nur Aktivitätsspitzen, sondern es kann während der Träume offenbar auch ein größeres Spektrum an Bildern gesehen werden. Der schiere Einfallsreichtum der fremdartigen Ereignisse und der bizarren Bilder, die in Träumen vorkommen, übersteigt oft unsere Erfahrung der wachen Welt. Man hat festgestellt, daß sich kreative Lösungen für schwerlösbare Probleme der wachen Welt im Schlaf leichter finden lassen.

Hobson und McCarley nahmen an, daß uns der Traumschlaf von einem »Traumzustands-Generator« angetrieben wird, der im Stammhirn sitzt und den Traumzustand im Schlaf periodisch einleitet. Sie zeigten, daß die Perioden, in denen der Generator eingeschaltet wurde, mit den REM-Phasen übereinstimmten. Zugleich werden sensorische Reize und motorische Äußerungen gehemmt, was den Körper während des REM-Schlafes teilweise lähmt. Die Hirnrinde wird dann in jeder REM-Phase mit innerlich erzeugten Impulsen aus dem Stammhirn überschüttet. Unter diesem Bombardement versucht die Hirnrinde, in dem halb wahllosen Beschuß eine Bedeutung zu erkennen und bekannte oder bizarre

Bilder so gut wie möglich einzupassen. Mit anderen Worten: Es interpretiert die wahllosen Bombardements als Träume.

Hobson führt diese Idee noch weiter aus. »Ich glaube, daß das Träumen Zeichen eines genetisch bestimmten, funktional-dynamischen Abbildes des Gehirns ist, das dazu da ist, die Schaltkreise des Gehirns, die unser Verhalten unterstreichen, aufzubauen und zu testen – Erkenntnis und Bedeutungszuweisung eingeschlossen. Ich glaube auch, daß dieses Testprogramm für die normale Gehirn-Geist-Funktion notwendig ist, daß man sich aber nicht an seine Produkte erinnern muß, um seine positiven Auswirkungen zu spüren.« In anderen Worten: Der Inhalt der Traumbilder hat überhaupt keine psychologische Bedeutung.

Leider scheint das Phänomen des Klartraums in diese Theorie eine Schneise zu schlagen. Denn wenn die Aktivierung/Synthese-Annahme – daß nämlich die Hirnrinde weitgehend passiv Traumbilder aus einem eher wahllosen Bombardement von Impulsen aus dem Stammhirn entstehen läßt – stimmen würde, wie könnte ein Klarträumer dann die Fortentwicklung seines Traums kontrollieren? Und warum gibt es so viele Berichte eines erhebenden Gefühls bei der Entdeckung, daß man luzid träumt, was auf eine höhere Wahrnehmung schließen läßt, und nicht auf wahllose Stimulierung?

Hobson überarbeitete seine frühere Theorie vor kurzem und räumte die tiefe psychologische Bedeutung von Träumen ein. Er nahm an, daß die Aktivität des Stammhirns als Schalter von einer Traumepisode zur anderen dienen könnte.

Eine seltsamere Theorie wird von dem Nobelpreisträger Francis Crick aus dem Salk Institute in La Jolla, Kalifornien, und seinem Partner Graeme Mitchison aus Cambridge vorgetragen. Sie behaupten, die Funktion der Träume sei es, »bestimmte unerwünschte Interaktionen der Netzzellen im zerebralen Cortex zu löschen. Wir postulieren, daß dies während des REM-Schlafs durch einen umgedrehten Lernmechanismus geschieht, so daß die Spur des unbewußten Traums im Gehirn geschwächt und nicht durch den Traum gestärkt wird.«

Die Vorstellung einer Art umgedrehten Lernens mag andeuten, daß das komplexe assoziative Netzwerk der Neuronen im REM-Schlaf durch eine so riesige Menge hereinkommender Informationen überlastet werden könnte. Der Neo-Cortex könnte dann von Wissenschaftlern als »Schmarotzer« bezeichnete Gedanken entwickeln, die wie ein Virus in einem sonst ordentlichen Erinnerungshaushalt wirken. Die Forscher schlossen daraus, daß wir tatsächlich »träumen, um zu vergessen.«

Doch erneut paßt dies zwar zu unserer Vorstellung vom normalen Träumens, jedoch nicht zu jeglichem Klarträumen. Der Träumer kann in jede Richtung gehen, die er will, und entweder den Traumbildern folgen, die vergessen werden sollen, oder sich ganz neue Erzählungen ausdenken, die er während des Wachseins ausgewählt hat. Denn Versuche in Traumlabors haben gezeigt, daß der Träumer in überraschendem Ausmaß entscheiden kann, was er träumen will.

Die zwei Forscher mußten, wie Hobson und McCarley vor ihnen, ihre ursprünglichen Vorstellungen überarbeiten, und sagten, daß nur der bizarre Trauminhalt das Ergebnis aufkommender Schmarotzergedanken sei, und das »Träumen, um zu vergessen« nun »Träumen, um die Phantasie zu reduzieren« heißen müsse. Damit sind wir wieder bei der ursprünglichen Frage: Wozu dienen Schlaf und Traum? Was ist ihre Funktion? Obwohl Schlaf auch Ruhe bedeutet und wir uns danach gekräftigt und erfrischt fühlen, gibt es anscheinend keinen physiologischen Grund dafür, warum Schlaf effektiver sein sollte, als sich einfach hinzulegen und auszuruhen. Schlaf und Traum müssen eine andere Funktion haben, die noch herauszufinden ist. Und wir wissen, daß die Natur nicht so unpraktisch ist, und einen biologischen Zustand schafft, der den meisten Säugetieren eigen ist, ohne einen anderen Zweck damit zu verfolgen, als dem Gehirn Gelegenheit zum Abschießen wahlloser Feuerwerke zu geben.

Jonathan Winson bietet uns als Ergebnis seiner Forschungen über die Erinnerungsprozesse während des Schlafs an der Rockerfeller-Universität eine Theorie an, die die vernünftigste Erklärung für das Träumen der Säugetiere zu sein scheint. Er nimmt an, daß Träumen »einen Schlüsselaspekt beim Erinnerungsprozeß darstellt. Bei besonderen Untersuchungen des Theta-Rhythmus bei subprimaten Tieren ergab sich ein entwicklungsgeschichtlicher Hinweis auf die Bedeutung von Träumen. Sie scheinen das nächtliche Protokoll eines grundlegenden Erinnerungsprozesses von Säugetieren zu sein: die Methode, durch welche Tiere Überlebensstrategien ausarbeiten und gegenwärtige Erfahrungen im Lichte dieser Strategien auswerten.«

Es scheint, daß der REM-Schlaf oder Traumschlaf vom Stammhirn ausgeht, das auch für die Erzeugung der Theta-Wellen im Hippocampus oder dem »Seepferdchen« verantwortlich ist, welches, gemeinsam mit dem Neo-Cortex, wahrscheinlich die Nervenbasis für den Erinnerungsspeicher bildet. Es gibt eindeutige Hinweise darauf, daß der Theta-Rhythmus während des REM-Schlafes die Erinnerungen verschlüsselt (siehe Seite 46).

Dies würde auch zu den herrschenden Theorien passen, daß sich der Nicht-REM-Schlaf vor zwei-

hundert Millionen Jahren entwickelte, als warmblütige Säugetiere neben kaltblütigen Reptilien auftauchten, während der REM-Schlaf und wohl auch das Träumen erst fünfzig Millionen Jahre später entstanden, als diese »Übergangssäugetiere« keine Eier mehr legten, sondern lebendige Nachkommen gebaren.

Wie in dem gegenüberliegenden Diagramm gezeigt wird, scheint sich die Natur zu dieser Zeit für die Software REM-Schlaf entschieden zu haben, um die Menge der benötigten Hardware nicht zu vergrößern, die nötig war, um Erfahrungen auszuwerten und neue Informationen zu speichern. Der stachelige Ameisenfresser, ein eierlegendes Säugetier (Monotrem), gestattet uns Einsicht in diesen Ablauf. Monotreme waren die ersten Säugetiere, die sich aus den Reptilien entwickelten, und der Ameisenfresser spiegelt das Dilemma wider, das die Natur bei seiner Gestaltung hatte. Um Erinnerungen zu schaffen, die beim zukünftigen Überleben helfen sollten, benötigt der Ameisenfresser eine große, verschlungene Vorderhirnrinde. Im Verhältnis zum restlichen Gehirn ist ihre Größe wirklich spektakulär und insofern größer als bei allen Primaten, einschließlich des Menschen. Doch der Ameisenfresser hat keinen REM-Schlaf, so daß er offenbar auch nicht träumt. Theta-Rhythmen treten auf, wenn das Tier Nahrung sucht und sich in seinem Territorium orientiert oder sich für das Überleben erinnert, doch es gibt keine Theta-Rhythmen während es schläft, weshalb es in dieser Zeit keine Informationen aufbereiten kann. Doch wenn der Ameisenfresser seine Vorderhirn-Hardware dazu hätte benutzen wollen, solche Erinnerungen festzuhalten und höhere Fähigkeiten zu entwickeln, hätte seine Hirnrinde so groß sein müssen, daß sie in keinen Schädel gepaßt hätte.

Durch die Entwicklung des REM und der Erzeugung von Theta-Wellen während der Schlafphase konnten die neuen Säugetiere Informationen aufbereiten, die für ihr Überleben grundlegend waren,

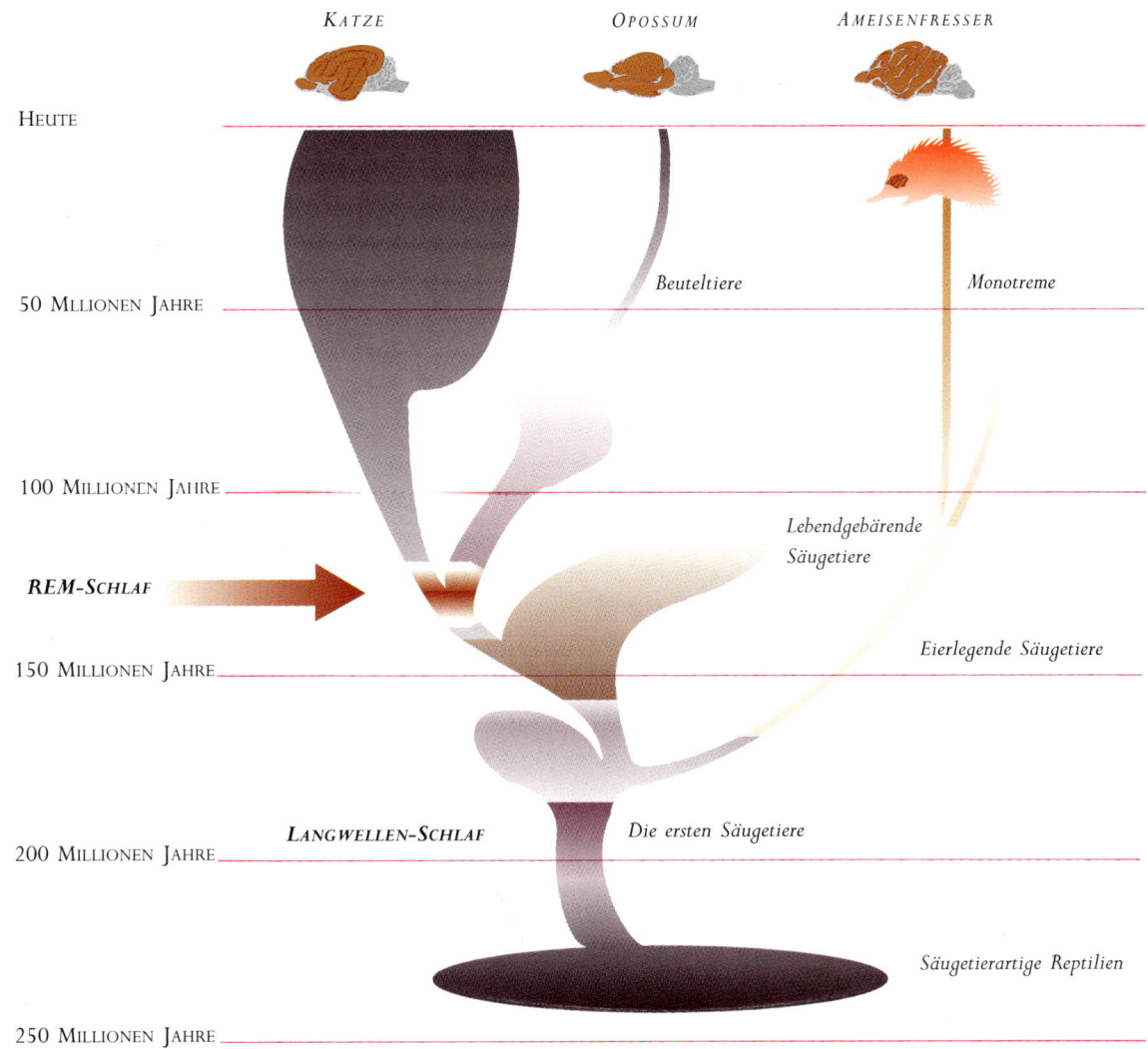

VERGANGENE ZEIT

KATZE   OPOSSUM   AMEISENFRESSER

HEUTE

50 MILLIONEN JAHRE   Beuteltiere   Monotreme

100 MILLIONEN JAHRE

Lebendgebärende
Säugetiere

REM-SCHLAF

Eierlegende Säugetiere

150 MILLIONEN JAHRE

LANGWELLEN-SCHLAF   Die ersten Säugetiere

200 MILLIONEN JAHRE

Säugetierartige Reptilien

250 MILLIONEN JAHRE

Der Stammbaum der Säugetiere *zeigt das Auseinanderlaufen von Samenträgern und Beuteltieren gegenüber den eierlegenden Monotremen. Die ersten Säugetiere müssen einen traumlosen, langwelligen Schlaf gehabt haben. Erst fünfzig Millionen Jahre später entwickelte sich der REM-Schlaf. Der Ameisenfresser, ein lebendes Beispiel für die andere Beschaffenheit der Monotreme, hat überhaupt keinen REM-Schlaf. Die Natur scheint eine Alternativlösung für die Theta-Wellen geschaffen zu haben, die im REM-Schlaf für die Erinnerung zuständig sind, indem sie »Hardware« anstelle von »Software« entwickelte. Dieses Tier hat eine im Verhältnis zum restlichen Gehirn enorme Vorderhirnrinde, die relativ gesehen größer ist als die aller anderen Säugetiere, einschließlich der des Menschen, es hat aber nicht auch mehr Lernprogramme des Träumens.*

(Diagramm des Originals von Jonathan Winson.)

wie das Auffinden von Nahrung oder der Jagd- und Fluchtwege — alles Tätigkeiten, die mit Theta-Rhythmen verbunden sind. Während des Träumens werden diese Informationen wieder hervorgeholt, um in die ältere Erfahrung eingepaßt zu werden und eine ständig verbesserte Verhaltensstrategie zu ermöglichen.

Während die Wissenschaftler offenbar wirklich nicht wissen, wozu die Natur den Schlaf geschaffen hat, können wir vor dem Hintergrund dieser Entwicklungsgeschichte immerhin vermuten, warum wir träumen. Der Traum könnte einen Erinnerungsmechanismus darstellen, den wir von niederen Wesen geerbt haben und der dazu da ist, die überlebensnotwendigen Informationen während des REM-Schlafs hervorzuholen und einzuprägen. Diese angesammelte Information könnte genau das große Unterbewußtsein sein, das Freud angenommen hat. In diesem Erinnerungsspeicher wäre die Information vor allem sinnlich — dies paßt zu unseren Träumen, die eher nonverbal und visuell sind.

Ein wahrscheinlicher Vorteil des neu entwickelten Schlafens und Träumens hat damit zu tun, daß Nachkommen mit Hirnen geboren werden müssen, die klein genug sind, um durch den Geburtskanal zu passen — und nicht groß genug, um in der Welt zu bestehen. Doch wenn der Organismus die Gebärmutter verlassen hat, wird dieses Manko auf phänomenale Weise ausgeglichen, denn das Gehirn vergrößert sich innerhalb des ersten Lebensjahres erheblich. Während der ersten Wochen nach der Geburt wächst das Gehirn prozentual besonders stark. Und in diesen ersten Wochen erfährt das Kind täglich neun oder zehn Stunden des REM-Schlafs. Manche Neurophysiologen nehmen an, daß diese interne Stimulationsquelle das Kind darauf vorberei-

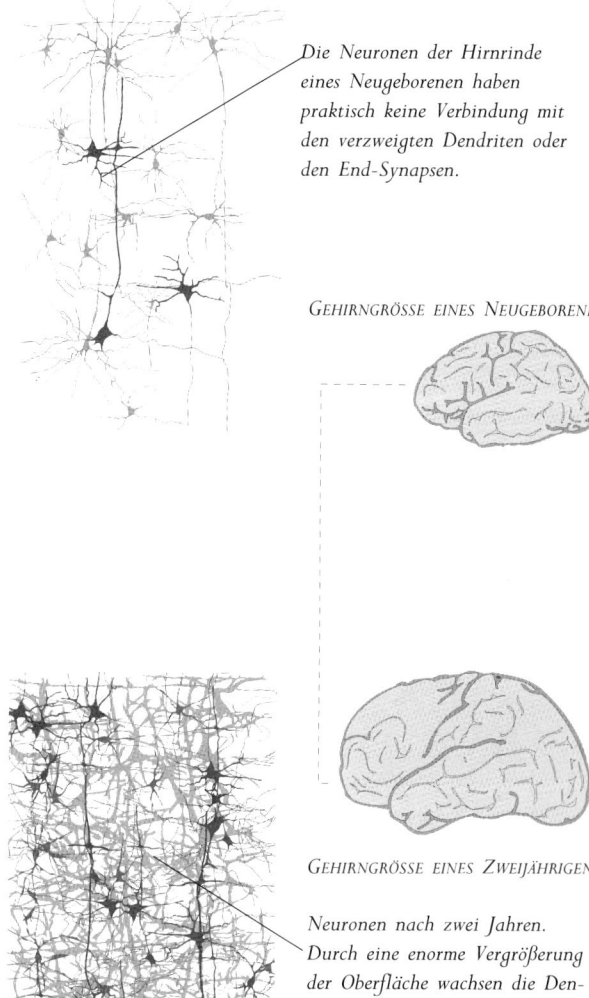

Die Neuronen der Hirnrinde eines Neugeborenen haben praktisch keine Verbindung mit den verzweigten Dendriten oder den End-Synapsen.

GEHIRNGRÖSSE EINES NEUGEBORENEN

GEHIRNGRÖSSE EINES ZWEIJÄHRIGEN

Neuronen nach zwei Jahren. Durch eine enorme Vergrößerung der Oberfläche wachsen die Dendriten der Hirnrinde (die feinen Verästelungen des Hauptnervenstrangs) und die Zellen vervielfachen sich. Dies ist die Zeit der synaptischen Entwicklung.

Wachstum der Zellen in der Hirnrinde. *Es scheint, daß das phänomenale Wachstum verbundener Zellen während der ersten zwei Jahre durch besonders viel REM-Schlaf ermöglicht wird.*

tet, was es bald in seiner wachen Umgebung erfahren wird, und das erstaunliche neurologische Wachstum des Gehirns selbst stimuliert. Träume sind auf jeden Fall die perfekte Art, das Instinktverhalten ohne eine dazu nötige Motorik zu üben.

Bei Erwachsenen könnte diese Fähigkeit zum Lernen und Erinnern beibehalten worden sein. Aber die Natur ist sehr ökonomisch. Sie liefert nicht nur ein Werkzeug zum Lernen, welches in der friedlichen Ruhe des Nestes oder Heims benutzt werden kann, sondern auch die Ruhe für einen ganz speziellen Teil des Gehirns. Aber welcher Teil braucht diese Ruhe?

Es ist bekannt, daß die meisten Neuronen im Gehirn offenbar gar keine Ruhe brauchen. Der ruhebedürftigste Hirnbereich, der von Hobson und McCarley entdeckt wurde, ist der Stoffwechselbereich, welcher die Neurotransmitter über die Nervenenden synthetisiert und versorgt. Es scheint, daß die aminergischen Neuronen des Stammhirns am ehesten zur Verringerung der Transmitter dienen, denn diese Zellengruppen verringern ihre Aktivität während des Schlafs erheblich und fallen während des REM-Schlafs auf ihr niedrigstes Niveau. Es scheint auch, daß sich diese Neurotransmitter aufgrund ihrer Untätigkeit nicht erneuern oder von der Tätigkeit des Tages ausruhen, sondern daß sie für den nächsten Tag konserviert werden.

Die funktionelle Bedeutung dieser aminergischen Neuronen hängt mit den Fähigkeiten der Kritik und des Lernens zusammen. Die Abwesenheit, Ruhe oder Unterdrückung dieser Neuronen würde perfekt dazu passen, daß man in einem Traum ein vollkommen unkritisches Bewußtsein besitzt, das die bizarrsten Ereignisse, die vor einem geschehen, hinnimmt, ohne zu fragen, wie so etwas überhaupt möglich ist.

Wenn die aminergischen Neuronen im REM-Schlaf abgeschaltet sind, sind alle unsere Muskeln ebenfalls gehemmt. Dieses Phänomen tritt bei den Schlafzyklen aller Säugetiere auf. Es scheint dies eine weitere erstaunlich ökonomische Methode der Natur zu sein, die Muskeln nicht nur auszuruhen und die Transmitter zu konservieren, sondern im Traum auch die physische Tätigkeit zu hemmen.

Doch wenn diese kleinen aminergischen Neuronen, die so empfindlich sind, daß sie ermüden, ihre synaptische Tätigkeit bis zum kommenden Tag einstellen, warum wird dann jede Nacht von anderen Neuronen und dem restlichen Gehirn ein solches Festival gefeiert? Die Aktivierung/Synthese-Hypothese nimmt an, daß die größeren und offenbar nichtermüdenden Neuronen feuern, um sicherzustellen, daß der Hirnzyklus in Gang bleibt. Damit wäre die intensive Betriebsamkeit des Hirns während des REM-Schlafs nichts anderes als ein Wartungsprogramm, das die Hirnkanäle freihält.

Doch wieder einmal stellt die Natur klar, daß eine solche Wartung nicht nur die Hauptstraßen freihält; es verändert auch die Leistungsfähigkeit des Gehirns durch gesteigerte Aktivität, Verfolgung von Erinnerungsspuren, vergleichendes Überprüfen von Informationen, rezeptives Lernen und die Entwicklung von Lösungen für Probleme der Wachzeit.

Die beste physiologische Erklärung für das, was innerhalb des Gehirns geschieht, wenn wir einen luziden oder einen nicht-luziden Traum haben, wird wahrscheinlich immer noch durch die Aktivierung/Synthese-Hypothese geliefert. Dies könnte man am besten folgendermaßen zusammenfassen:

Im Traum steigen Bilder im Gehirn auf, obwohl es keine Sinnesreize von außen gibt. Solche Halluzinationen sind Ergebnis der Tätigkeit des sensomotorischen Hirnschaltbrettes, welches das Stammhirn mit anderen subcorticalen Zentren und den motorischen Neuronen der zerebralen Hirnrinde oder dem Vorderhirn verbindet. Wenn die höheren Neuronen des visuellen Systems in der gleichen Weise angeregt werden wie im Wachzustand, wenn sie »sehen«, werden sie die Information weitergeben, als käme sie von der äußeren Welt. Mit anderen Worten: Unseren Neuronen wird vorgetäuscht, die Signale kämen von außen. Das Gehirn kann seinen wahren Zustand nur aus dem Zusammenhang erkennen, und da die meisten Wahrnehmungen aus unserem wachen Bewußtsein herrühren, nimmt das Gehirn im REM-Schlaf an, daß der Zusammenhang der normale des Wachzustands ist.

Weil die kleineren aminergischen Neuronen während der REM-Phase in irgendeiner Weise gehemmt sind oder sich einfach ausruhen und auf den nächsten Arbeitstag warten, verliert das Gehirn jegliche Fähigkeit, mit anderen Zusammenhängen zu vergleichen und nimmt daher das fremdartigste Verhalten seiner inneren Geschehnisse hin, da es immer noch glaubt, es habe mit einem Zusammenhang »da draußen« zu tun. Das Gehirn schreibt den intern gegebenen Signalen Bedeutung zu, weil es keinen von außen kommenden Eindruck gibt, sondern nur Erinnerung, auf die es baut. Weil das Gehirn seine normale Fähigkeit verloren hat, auf Zusammenhang und Selbstbezug zu achten, besitzt es keine innewohnende Stabilität, die ihm sagt, daß man im Traum halluziniert. Nur wenn die Fähigkeit zur Selbstüberprüfung aus irgendeinem geheimnisvollen oder zufälligen Grund plötzlich innerhalb einer Halluzination erwacht, finden wir uns in einem Klartraum wieder. Irgendwie haben es die aminergischen Neuronen dann geschafft, ihre Hemmung abzuwerfen, und sind plötzlich wach.

Normalerweise kommt es zum REM-Schlaf, wenn das Abfeuern der aminergischen Neuronen gedämpft wird. Diese scheinen die Befehle an das Vorderhirn zu modulieren oder zu kontrollieren,

und einer dieser Befehle könnte sein, sich an eine bestimmte Erfahrung zu erinnern. Während des REM-Schlafs schicken diese Neuronen keine Nachrichten. Dies führt zu der Annahme, daß ein Schläfer bei sofortigem Erwachen aus dieser Phase heraus fähig sein müßte, sich an seinen Traum zu erinnern und ihn aufzuschreiben. Gibt es jedoch eine Lücke von nur einigen Sekunden zwischen Erwachen und dem Versuch, sich an den Traum zu erinnern, wird er wahrscheinlich verloren sein. Diese Zusammenfassung liefert immer noch keine richtige Antwort auf die Frage, warum wir träumen und wer die Fäden zieht. Aber wir wissen, daß das Träumen eine natürliche Tätigkeit des Gehirns ist, und keine Nachricht der Götter. Und so können wir nun fragen, welche Aufgabe die Gehirnaktivität selbst hat.

Das Gehirn ist mit Sicherheit ein wunderbares und extrem leistungsfähiges biologisches Werkzeug. Es dient zum Überleben unseres Organismus und schafft dies auf der höchsten Ebene durch die Anpassung an äußere Veränderungen, die vollkommen unerwartet sind und bei denen uns unsere eher instinktiven, reflexiven und angewöhnten Reaktionen wenig nützen. Dies ist als unser reflexives Bewußtsein bekannt. Diese kreative Wahrnehmung ist dieselbe Erkenntnisfunktion, die wir in Klarträumen finden. Und wie Stephen La Berge einsichtig bemerkt: »Luzide Träumer sind auf diese Weise fähig, anstelle von reflexivem Handeln reflektierend zu handeln. Das Wichtige für Klarträumer ist ihre Befreiung vom Zwang der Gewohnheit.« Damit könnte er beinahe einen Mystiker zitieren, der sich über den Gewohnheitszwang äußert, unsere wache Welt auf eine solch fixierte und unveränderliche Art und Weise zu sehen. In Klarträumen vermögen wir

Diane, von Ludwig Schwarzer, 1972. Die Frage bleibt, wer oder was tatsächlich träumt. Gibt es einen »Traumschöpfer« in einer bestimmten Region des Gehirns, oder sind Träume nur das halluzinatorische Ergebnis unserer Deutung wahlloser Befeuerung im Stammhirn?

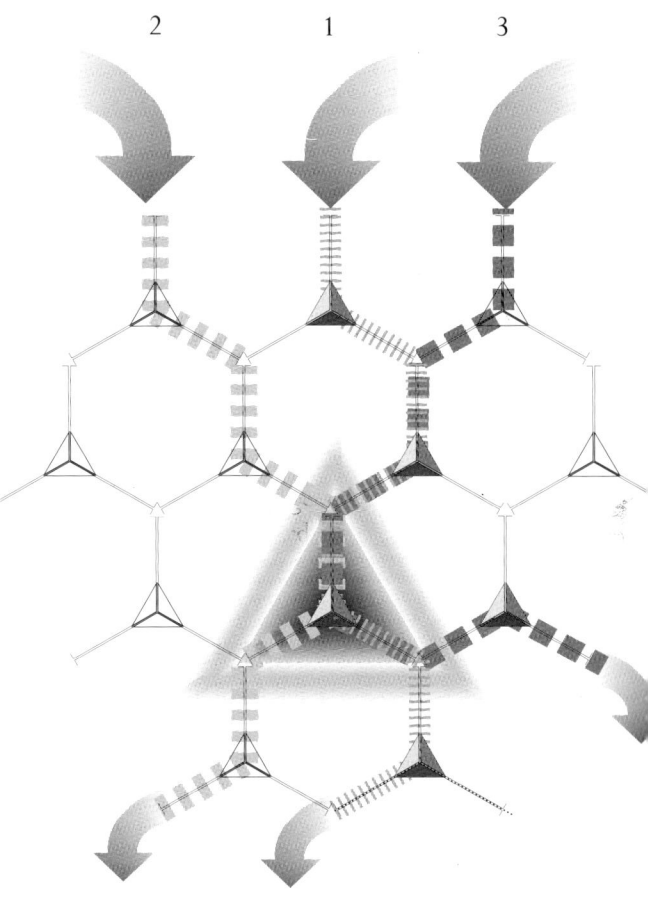

über den Trauminhalt nachzudenken. La Berge fährt fort: »In diesem Licht besehen, scheint klares Träumen keineswegs eine bloße Abnormalität oder bedeutungslose Besonderheit zu sein. Es repräsentiert eher eine hohe Anpassungsfunktion, das am höchsten entwickelte Ergebnis von Millionen Jahren biologischer Evolution.« Bravo!

Die neueste Theorie darüber, wie der Geist arbeitet, ist sowohl die radikalste und aufregendste von allen, denn sie basiert erstmalig auf Biologie. Der Nobelpreisträger und Wissenschaftler Gerald Edelman und sein Team glauben, daß das Gehirn kein biologischer Computer, sondern ein sich entwickelndes Ökosystem konkurrierender Zellen ist. Edelman folgt hierin Charles Darwin, der das Gehirn als den komplexesten Organismus bezeichnete, welcher sich durch einen Prozeß der natürlichen Auslese an seine veränderte Umgebung anpaßt. Genau wie die Arten lernen müssen, sich jeder Veränderung anzupassen, um nicht zu verschwinden, nimmt Edelman anhand dieses neuralen Darwinismus an, daß »neurale Auslese« dem Gehirn hilft, sich an seine veränderte Umgebung anzupassen.

Durch diesen spektakulären Sprung erkennen Edelman und seine Kollegen, wie Neuronen ihre Verbindung untereinander aufbauen, damit etwa Aktionen, auf die mit Wohlbefinden oder Schmerz reagiert wird, in diesem Moment in ihren neuralen Verläufen gestärkt werden, während die anderen an Bedeutung verlieren. Diese Theorie des Überlebens der nützlichsten neuralen Verzweigungen und ihrer fortlaufenden Fähigkeit, sich zu »reproduzieren« oder auszubreiten, kann auf die nächtliche Aktivität des schlafenden Gehirns übertragen werden. Während des REM-Schlafs spielen die neuralen Pfade, die bereits gestärkt wurden, die Ereignisse des Tages noch einmal ab, und dies erweitert Wege zu Straßen

Oben: Das Hirn kann als ein Prozeß »nervlicher Auswahl« angesehen werden, wobei bestimmte Zellen wegen der Anzahl ihrer Möglichkeiten, Verbindungen zu weiteren aktiven Zellen zu bilden, anderen vorgezogen werden. Diese Zellen sind es, die sich ausbreiten und neue Kontakte knüpfen, während andere neben diesem Pfad gar nicht wachsen. Träumen scheint eine Methode zu sein, neue Wege und Strategien (2), die sich auf wache Erfahrungen gründen (1), auszuprobieren, die — wenn sie von folgenden wachen Erlebnissen bestätigt werden (3) — die Nervenwege erweitern und Straßen und massive Verbindungszellen aufbauen.

(siehe Diagramme), während gleichzeitig Verbindungen geschaffen werden, die am nächsten Tag getestet werden können — entweder überleben sie oder sie gehen dahin. Das Schöne an dieser eleganten Theorie ist, daß es zu dem paßt, was wir von der Natur wissen und was man von Träumen erwartet.

2   1   3

Abgesehen von Luzidität sehen wir, daß Nicht-Klarträume biologische Bedeutung haben, weil sie uns erlauben, für unsere Wachumgebung zu üben. Die Einzelheiten und der Inhalt sind unwichtig, aber der alles umfassende Prozeß ist höchst wichtig. Wenn man vom psychologischen Standpunkt aus über die Bedeutung der Träume spricht, hängt dies vom einzelnen Traum ab, denn nicht alle Traumtypen sind ein und dasselbe. Während Freud glaubte, daß Träumen eine notwendige Kommunikation für das überladene Unterbewußtsein ist und die modernen Therapeuten behaupten, es sei ein innerer Prozeß für psychologisches Wachstum, Veränderung und Umformung, hält La Berge es eher für ein nicht interpretiertes Gedicht. Daß wir alle nächtliche Dichter sind, scheint Sinn zu haben – manche Träume sind allerdings kaum mehr als inkonsequente Knittelverse, manche intelligente Limericks, während andere gar erhabene Epen darstellen. Im Klartraum können die Dichter bewußt Form, Versmaß und Ende verändern, und damit den Effekt auf ihr Traumpublikum steuern – das sie selbst sind. Wenn das Gehirn die physikalische Basis des Geistes ist, und wenn Bewußtsein ein Synonym für diesen Geist ist, wie Hobson und McClarey so deutlich erklären, dann stellt sich als nächstes die Frage, was zuerst da war: das beobachtende Bewußtsein oder der Geist.

Viele mystische Kulturen behaupten, daß das bezeugende Bewußtsein in der frühen Kindheit in die Falle geht, indem es sich mit Erinnerungen aus dem Gehirn identifiziert. Und so, wie wir uns in unseren Gedanken oder Träumen verlieren, ohne uns bewußt zu machen, daß wir träumen, verliert sich der »Zeuge« irgendwie im Labyrinth des Geistes. Dieser Verlust der Klarheit und Wachsamkeit bewirkt eine Identifikation mit den Gedanken, Vorstellungen und den Wahrnehmungen. Er ist die Basis für das falsche und ich-bezogene Selbstgefühl, ähnlich dem Traumschauspieler, der über seine nächtliche Bühne geht. Es könnte sein, daß Klarheit oder Wachsamkeit dem ursprünglichen Stadium des bezeugenden Bewußtseins am nächsten ist.

Geben die physiologischen Theorien irgendeinen Hinweis darauf, wo der geisterhafte Schöpfer innerhalb unserer Traummaschine seinen Sitz hat? Es scheint einen allgemeinen Konsens unter den Forschern darüber zu geben, daß der Traumprozeß im Stammhirn beginnt, das offenbar auslösende Nachrichten an den Hippocampus und den Neo-Cortex schickt. Dies führt zur Entwicklung von Theta-Wellen im Hippocampus, die zum Erinnern offenbar notwendig sind. Den Physiologen zufolge ist der Traumschöpfer selbst ein innerer Erinnerungsmechanismus. Für manche ist er der Geist des REM, ein Barde, der seine Lieder an die Hirnrinde schickt, während andere immer noch glauben, daß es gar keinen Traumschöpfer gibt, sondern nur einen regellosen Ausbruch einer lauten Wartungsgruppe, die aus dem Wald des Stammhirns hervortritt. Doch es sieht immer noch so aus, als ob wir, wenn wir die eigentlichen Schöpfer unseres Traumreiches finden wollen, hinter diese physiologischen Theorien unserer Tage blicken müssen. Trotzdem bieten sie mögliche Begründungen für das, was offenbar passiert, und sie können als Trittbrett benutzt werden, wenn wir das Wesen des Klartraums selbst untersuchen.

TRAUM-FOKUS

Wenn wir nach der Untersuchung der physiologischen Basis für Träume bei einer etwas mechanistischen Erklärung für unseren Schlafprozeß angekommen sind, liefert uns diese Methode doch immerhin einen willkommenen psychologischen Ausgleich. Sie zeigt, daß man das Thema und den Ausgang des Traums beeinflussen kann.

Wählen Sie ein Thema, für das Sie sich während ihrer Wachzeit interessieren. Es könnte ein ungelöstes Problem sein, das Sie beschäftigt, eine Krise in Ihrer Beziehung, oder die Sorge über Ihre Gesundheit. Welche Form es auch hat, verwenden Sie während des Tages einige Zeit darauf, die verschiedenen Facetten der Situation in Betracht zu ziehen. Wenn Sie das Problem in Ihrem Geist ausgebreitet haben, erklären Sie sich selbst, daß Sie in Ihren Träumen eine Lösung finden und daß Sie sich beim Aufwachen daran erinnern werden.

Schreiben Sie am nächsten Morgen auf, woran Sie sich erinnern. Vielleicht merken Sie, daß Sie sofort einen klaren und offensichtlichen Traum von dem bestimmten Thema hatten, das Sie ausgewählt haben. Doch es kann sein, daß die Traumbilder subtiler und weitschweifiger sind. Die Sorge über Ihre Gesundheit könnte Ihnen zum Beispiel Bilder einer Stadt oder einer komplexen Maschine anstelle eines fleischlichen Körpers liefern. Dann könnten Sie mit der Lösung Ihres Problems aufwachen, ohne sich daran zu erinnern, überhaupt davon geträumt zu haben. Erwarten Sie keine sofortigen Ergebnisse, aber innerhalb einer Woche sollten Sie einen Erfolg verbuchen können.

Wenn Sie dieser einfachen Vorgabe folgen, werden Sie schnell herausfinden, daß regelmäßige Übung Ihr Erinnerungsvermögen für Träume verbessert und Ihnen bei der Lösung täglicher Probleme, bei der Klärung mancher verzwickter oder verwirrender Situationen helfen wird.

Die ist eine der kreativsten Arten, mit Ihrem nächtlichen Träumer zu kommunizieren, und wenn Sie ein harmonisches Verhältnis zu dieser inneren Identität aufbauen und zudem festlegen können, welche Programme Sie träumen wollen, ist klares Träumen bereits in Reichweite.

Oben: **Schirm** (Ausschnitt) von Tohaku, Japan, 1590. Gegenüber: **Der Traum des Herrschers,** Wasserfarben, China. Die Legende erzählt vom Herrscher Kao T'soy, der während der Shang-Dynastie lebte und von einem Mann träumte, der ihm bei der Herrschaft über das riesige chinesische Reich helfen könnte. Er ließ ein Abbild malen und schickte Suchtruppen aus. Als ein Mann gefunden wurde, der dem Bild ähnelte, ernannte ihn der Herrscher zu seinem Ersten Minister.

Teil II

REISENDER
ZWISCHEN DEN WELTEN

6. KAPITEL

Die vier Tore

7. KAPITEL

Träume von Macht

8. KAPITEL

Träume von Ganzheit

9. KAPITEL

Träume vom Tod

10. KAPITEL

Träume vom Erwachen

Ittal, aus dem Gangan-Distrikt, Orissa, Indien. Dies zeigt die
luzide Traumreise des Schamanen Gamru zu Ehren seiner Frau.
Das Haus ist das ihrer Lieblingsgottheit, und die Liebenden werden
in einer vereinigenden Umarmung gezeigt. Ihre Vereinigung wird
von zwei Traumkindern gesegnet, die auf einem Elefanten reiten.

6. KAPITEL

DIE VIER TORE

Warum sieht das Auge etwas deutlicher im Traum
als der Geist, wenn er wach ist?

Leonardo da Vinci

Obwohl es so viele verschiedene Typen klarer Träume gibt wie Träumer, ist es nützlich, sie innerhalb ziemlich offensichtlicher allgemeiner Begriffe zu untersuchen, da jede Klasse ihr eigenes Milieu besitzt, das durch die Haltung des Träumers festgelegt wird.

Jeder, der mit offenen Augen in einen Traum hineinstolpert, stellt plötzlich fest, daß sein Leben über alle Vorstellungen hinaus verändert ist. Allein die Tatsache, die Fäden über dem Traumtheater in der Hand zu halten, dessen Puppen in seltsamen Dramen mitwirken, mit bizarren Drehbüchern in einem immer weiter verlaufenden Stück, verändert für alle Zeiten die Vorstellung des träumenden und wachenden Selbst. Wie sich diese Metamorphose äußert, hängt vom Hintergrund des Träumers ab.

Wenn man in einer Gemeinschaft australischer Ureinwohner Klarträumer ist, wird man zu einem *Karadji*, einem »klugen Mann«, Schamanen oder einer weisen Frau. Dann ist man jemand, der dem »Luftseil« folgt. Wenn Sie in einer tibetisch-buddhistischen Umgebung aufgewachsen wären, könnten Sie die Anleitung eines Lama oder Traum-Yogis suchen, der Ihre Suche nach dem spirituellen Ziel anleiten würde. Wenn Sie in einer nordamerikani-

schen oder europäischen Gemeinschaft leben würden, die Heiler und Therapeuten hoch bewertet, wird dies Ihre Ziele beeinflussen und festlegen, wie Sie das Traumreich betreten.

Wenn wir träumen, tun wir dies nie in einem einzigen Zustand. Es gibt offenbar eine Anzahl unterschiedlicher und veränderlicher Bewußtseinszustände, die wir erfahren, von denen unsere normalerweise vagen und unspektakulären »Abfall«-Träume nur die erste Stufe einer bemerkenswert visionären Treppe sind. Die englische Psychologin Mary Arnold-Foster, die sich selbst beibrachte, in Träumen aufzuwachen, schrieb schon 1921, daß »es Träume und Träume gibt, und wir müssen uns von der Vorstellung lösen, daß sie sich alle ähneln.«

Beim klaren Träumen ist dies ein besonders guter Rat, aber es ist immer noch schwierig zu erkennen, ob es das Wesen des Traums ist, das sich verändert, oder das Verhalten des Träumers. In dem Fall, den wir untersuchen wollen, werden wir sehen, daß ein einziger Einfluß durch Veränderung der Betonung auf mindestens vier verschiedene Arten interpretiert werden kann. Wenn gerade

Das Zauberreich, von René Magritte, 1953. *Ausschnitt aus einem Wandgemälde des Spielzimmers in Knocke-Heist/Le Zoute, Casino.*

erwachte Träumer die lebendige und klare Welt des Klartraums erforschen, sehen sie manchmal ein blendend helles Licht. Der sufische Mystiker des fünfzehnten Jahrhunderts, Shamsoddin Lahiji, erlebte dieses kosmische Licht in einem Klartraum und hatte das Gefühl, daß »das ganze Universum in seiner Struktur aus Licht besteht.« Er spricht von Lichtstrahlen, die sich in ihm versammelten und ihn nach oben trugen. Nachdem er die von ihm so bezeichnete Sphäre der Sphären erreicht hat, ist er mit Licht bedeckt, ohne jegliche Beschaffenheit oder Ausdehnung. Sein Selbst ist einfach zerstört; er scheint zu existieren aufgehört zu haben. »Doch«, fährt er fort, »als ich meine Über-Existenz in Gott gefunden hatte, sah ich, daß ich selbst dieses absolute Licht war. Was immer das Universum ausfüllt, bin ich. Außer mir gibt es nichts. Das Wesen an sich, das Universum bin ich.«

Mit dieser Erleuchtung konfrontiert, mag ein Sufi-Mystiker, der bereits bestimmte, auf seiner Kultur innerhalb des islamischen Glaubens beruhende spirituelle Erwartungen und Hoffnungen hat, seine Erfahrung auf diese Weise deuten. Ein Nordamerikaner, der sich etwa mit der ganzheitlichen Therapiebewegung beschäftigt, könnte dasselbe Energiephänomen als ein jungianisches mythisch-poetisches Ereignis bezeichnen, das tief ins kollektive Unterbewußtsein reicht. Das Licht könnte dann als Fontäne der Erdgöttin angesehen werden, die ihre heilenden Ströme auf den Träumer niederregnen läßt. Ein Schamane oder Zauberer würde das ganze Energiephänomen wahrscheinlich mit Begriffen aus der Geisterwelt erklären.

Ein Sterbender, noch ohne jede Erfahrung mit todesnahen Zuständen, würde das Licht auf wieder andere Art deuten. Es gibt beispielsweise eine bemerkenswerte Ähnlichkeit in den Berichten todesnaher Erfahrungen, die folgendermaßen zusammengefaßt werden können:

Der Tote scheint über seinem Körper zu schweben, um dann in einen Tunnel in Richtung auf ein blendendes Licht gezogen zu werden. In dieser lichterfüllten Welt gibt es ein überwältigendes Gefühl des Friedens und der Ekstase, und der Tote trifft Lichtwesen, die ein Gefühl großer Liebe und Wärme ausstrahlen. Gelegentlich wird die ganze Episode von wunderschöner Musik und Bildern der schönsten Landschaften, Bergen und sich weithin ausdehnenden Wiesen begleitet – ein wirkliches Paradies.

Im *Tibetischen Buch der Toten* können wir die Anweisungen, die in das Ohr des Toten geflüstert werden, kurz so zusammenfassen: Jetzt strahlt das reine Licht vor dir; erkenne es. In diesem Moment ist dein Geisteszustand reine Leere, er hat kein Wesen, keine Farbe oder körperliche Beschaffenheit. Diese reine Leere ist das Wesen des weiblichen Buddha. Doch dieser Geist ist nicht nur Leere, denn er glitzert auch rein und pulsierend, und das ist das Wesen des männlichen Buddha. Diese beiden sind unzertrennlich, sowohl das pulsierende Licht als auch die Leere in Form einer großen Masse von Licht. Wenn du dieses reine Wesen als deinen Geist erkennst, ist deine Befreiung gesichert.

Man kann nicht wirklich sagen, daß diese vier Arten von Erfahrungen eindeutige Typen klarer Träume sind, eher sind es klassische Versuche oder noch besser Tore, durch die der Träumer offenbar weitgehend parallel verlaufene Erfahrungen betritt. Jedes Tor führt zu einem Hauptweg oder leitet uns, um Freuds berühmten Begriff zu verwenden, auf den »Königsweg zum Erwachen«.

In vielen Fällen — besonders dort, wo die Person keine Einführung erhalten hat oder nicht zu einer spirituell ausgerichteten Kultur gehört, die klar umrissene Pläne oder einfache Handlungsschemata besitzt — ist der Träumer ein einsamer Reisender. Er vertraut nur seiner Eingebung und wird bei manchen der bizarren Geschehnisse auf seinem Weg zurückfallen. Manche tibetisch-tantrischen Schulen verwenden sogar das Hilfsmittel schrecklicher und grauenvoller Götter und Dämonen, um ihre Zöglinge in der Luzidität zu erschrecken. Wenn diese solche Monster in ihren Träumen sehen, wird ihnen bewußt, daß sie träumen.

Nachdem sie ihr Ziel erreicht haben, lassen die Traummeister die armen Novizen des luziden Traums allein mit den Folgen — sieben Meter hohe Traumdämonen, wildentschlossen zu unaussprechlichen Taten, weil sie entdeckt wurden.

In Indien scheint dieser Prozeß weniger erschreckend abzulaufen. Hier verwenden die Yogis Techniken der Atemkontrolle und *Prana*, um ein Bewußtsein im Traum zu sichern. Doch für viele von uns gibt es keinen Führer in den luziden Zustand. Deshalb ist es sinnvoll, die vier Tore zum Traumreich zu untersuchen. Jedes hat sein Gebiet und eine sehr bestimmte Landschaft, die Sie von Ihren Reisen her wiedererkennen können. Und auch wenn Sie selbst noch keine Luzidität erfahren haben, werden Sie wahrscheinlich doch ein positives Gefühl für die Landschaft entwickeln, in der Sie sich am meisten zu Hause fühlen. Die vier Reiche, die wir untersuchen wollen, sind: Träume von Macht, Träume von Ganzheit, Träume vom Tod und Träume vom Erwachen.

Gegenüber: *Zielscheibe. Sogar in dieser abstrakten Zielscheibe können wir assoziierte Bilder erkennen, wenn wir sie nur einige Momente ansehen. Es ist leicht zu erkennen, wie wir Informationen »einfüllen« und Bilder je nach Kultur und Hintergrund erschaffen. Oben:* **Tanzender Schamane,** *Ausschnitt einer Buchmalerei aus dem fünfzehnten Jahrhundert, Türkei.*

TRÄUME VON MACHT

Eulen-Totem,
vom Bug eines Tlingit-Kanus, Nordkanada. Es überrascht nicht, daß schwer faßbare Nachtvögel wie Eulen in der ganzen Welt mit dem Tod, dem Geisterreich und Träumen in Verbindung gebracht werden.

Dieses »Tor zur Macht« wird von dem Schamanen, Zauberer, dem Medizinmann, klugen Mann oder der Hexe am häufigsten benutzt. Keiner dieser Begriffe beschreibt ihr Tun zutreffend. Das Wort »Berufung« tut es noch am besten. Ein Schamane ist jemand, der gerufen oder auserwählt wurde, weil er bestimmte psychische oder spirituelle Gaben oder Talente besitzt – und der sich doch oft schreiend und strampelnd gegen seine Berufung wehrt. Seltsamerweise erhalten viele ihre Berufung nach einer schweren Krankheit – eine bemerkenswerte Parallele zu den Erfahrungen von Psychopathen und Schizophrenen. Die Täuschungssymptome der Psychosen bei Geisteskranken sind dieselben, denen ein Schamane begegnet, der jedoch irgendwie lernt, die Traumwelt in seine Wirklichkeit einzubauen. Auch der angesehene Religionshistoriker Mircea Eliade schreibt in seinem Buch *Schamanismus*:

»Der Schamane ist nicht nur ein kranker Mann; er ist vor allem ein kranker Mann, der geheilt wurde, dem es gelungen ist, sich selbst zu heilen. Oft, wenn die Berufung durch eine Krankheit oder einen epileptischen Anfall entdeckt wird, gleichen die Initiationsriten des Bewerbers einer Heilung.«

Diesen oft zögerlichen Medien gelingt es durch Trance, Visionen oder klares Träumen, verschiedene Universen und Reiche zu betreten. Für den Schamanen ist der Kosmos voller Götter und Geister, Energien und Wellen, die alle miteinander verbunden sind. In ekstatischen Trancezuständen oder klaren Träumen kann er nach seinem Willen durch oft unbekannte Gebiete reisen. Im Grunde ist der Schamane ein Vermittler zwischen den Arten von Lebewesen, ein »Reisender zwischen den Welten«, der sich für seinen Stamm, Klan oder für sein Volk einsetzt, und der Inhalt und die Methode seines Klartraums wird durch die Überlieferungen und Bedürfnisse jener Menschen bestimmt, denen er dient.

Die innerliche »Traumreise«, die ein australischer *Karadji* bei den Ureinwohnern seines Kontinents macht, ist eine Pilgerreise, die für Schamanen überall auf der Welt typisch ist. Sein Traumpfad ist voller psychischer Schrecken und heimlicher Gefahren, die umgangen oder überwunden werden müssen. Viele dieser bedrohlichen Bewohner des Geisterreiches scheinen grausame Kräfte zu besitzen, die den Träumer zerstören sollen, wenn er nicht die innere Festigkeit oder Sicherheit besitzt, ihnen zu widerstehen. Die Gefahren sind so real, daß der Träumer der Anleitung eines älteren Magiers bedarf. Nur solche Lehrer kennen die sicheren Pfade tief in die Träume hinein, abseits derer die Träume wirklich gefährlich sein und sogar zu Tod oder Wahnsinn führen können. Einer der

Schamanen des Tamang-Volkes aus Nepal erklärte dem Anthropologen Larry Peters, wie
er in den höchsten Himmel reise, um den
örtlichen Schamanen-Gott Ghesar Gyalpo
zu treffen – das Training, das dieser *Bom-
bo* erhalten hatte, ist Teil der wohl ältesten
Tradition des Klartraums auf der Welt
und geht Tausende von Jahren zurück; es
ist dieselbe schamanistische Tradition, die in
Tibet zusammen mit dem mystischen Buddhismus übernommen wurde.

»Ich ging in einen wunderschönen Gar-
ten, wo Blumen in vielen Farben standen.
Es gab auch einen Teich und goldfarben
glitzernde Bäume. Neben dem Teich stand
ein sehr hohes Gebäude, das bis zum Himmel reichte. Es hatte eine goldene Treppe von
neun Stufen, die nach oben führte. Ich er-
klomm die neun Stufen und sah Ghesar Gyal-

po oben auf seinem
weißen Thron sitzen,
der mit Seelenblumen
bedeckt war. Er trug
weiße Kleidung, und sein
Gesicht war ganz weiß.
Er hatte lange Haare und
eine weiße Krone. Er
gab mir Milch zu trinken
und sagte mir, daß ich
viel *Shakti* erhalten werde, damit es zum Wohle
meines Volkes verwen-
det werden könne.«

Links: **Kleine Eule,** *von M. Catesby, achtzehntes Jahrhundert.*
Oben: **Porträtmaske** *der Haida von den Queen-Charlotte-Inseln,
Kanada.*

TRÄUME VON GANZHEIT

Das zweite Tor der Träume führt eher den Königsweg Freuds zum Unterbewußtsein hinunter als zum Erwachen. Die Tatsache, daß Traum-Workshops und Therapien im westlichen Kulturkreis wie Pilze aus dem Boden schießen, belegt sowohl die Faszination, die von unserer inneren Traumwelt ausgeht, als auch das an Verzweiflung grenzende Bedürfnis, alle Aspekte einer Persönlichkeit in ein gesundes und ganzheitliches Ganzes zusammenzufassen. Die Teilnehmer vieler solcher Workshops, die sich mit Selbstverwirklichung befassen, umgehen vollkommen die traditionelle Figur des professionellen Analytikers. Wie ein Do-it-yourself-Traumarbeiter etwas lapidar sagte: »Früher gehörten Träume ausnahmslos den Wahrsagern oder den Psychiatern. Heute gehören Träume dem Träumer.«

Dies trifft vor allem auf Klarträume zu, denn die Möglichkeit, bewußt diesen Königsweg zu gehen und sich zu entscheiden, welchen der Seitenwege man untersuchen möchte, während man sich bewußt ist, daß all diese Bilder lebenswichtige Hinweise auf die Gesundheit des Inneren geben, stellt eine unglaubliche Gelegenheit für die eigene Entwicklung dar.

All die persönlichen Traumsymbole sind für den Träumer greifbar, und auch die psychologische Wachtechnik kann direkt auf die inneren Szenen angewandt werden. Eine Technik wie die Gestalttherapie Fritz Perls’, in der man seine Träume im Wachzustand noch einmal durchläuft und sie aus jedem Blickwinkel und in jeder Rolle durchspielt, kann von einem luziden Träumer selbst angewandt werden. Der Träumer kann Sichtweisen verändern, Symbole auswechseln, von jedem Mitspieler erfahren, was er in diesem Traum ist und was er darstellt. Die Möglichkeiten sind offenbar unbegrenzt.

Wenn Psychologen mit ihrer Annahme recht haben, daß Träume vor allem Reflexionen unseres inneren Geistes sind, dann muß jedes Element innerhalb des Traums ein untrennbarer Aspekt des Selbst sein. Wenn dies so ist, dann spielt jedes dieser Elemente eine Rolle in der Strategieprobe, die sich mit der Einstellung auf den nächsten Tag befaßt oder mit der Lösung bestehender Probleme. Wenn man sich der Teile bewußt ist, die dort herumhuschen, ist man sicherlich auf dem »Königsweg zur Integration«, wie Fritz Perls es nannte.

Gustav Jung hatte viele mächtige Träume, die er in dem sogenannten »Roten Buch« zusammentrug, das zu Recht das berühmteste Traumtagebuch in der Geschichte darstellt. Obwohl er nicht viele Klarträume niederschrieb, besitzt dieses Beispiel alle Kennzeichen eines Menschen, der sich am Rande des bewußten Eintretens in diesen Zustand befindet.

»Ich ging allein einen kleinen Weg durch eine hügelige Landschaft. Die Sonne schien, und ich hatte einen weiten Blick in alle Richtungen. Dann kam ich zu einer kleinen Kapelle am Wegrand. Zu meiner Überraschung gab es kein Bild von der Jungfrau auf dem Altar, auch kein Kreuz, sondern nur einen herrlichen Blumenstrauß. Aber dann sah ich, daß auf dem Boden vor dem Altar ein Yogi im Schneidersitz saß und meditierte. Als ich ihn genauer betrachtete,

merkte ich, daß er mein Gesicht hatte. Ich bekam einen heftigen Schreck und erwachte mit dem Gedanken: ›Aha, er ist also derjenige, der in mir meditiert. Er hat einen Traum, und ich komme darin vor.‹ Ich wußte, daß ich nicht länger existieren würde, wenn er aufwachte.«

Gegenüber: **Makrokosmischer Mann,** *von einer Illustration der Vision der deutschen Äbtissin Hildegard von Bingen, bekannt als »Sybille vom Rhein«. Viele ihrer Visionen erschienen ihr im Schlaf und werden für besonders mächtige Klarträume gehalten.*

Oben: **Mandala-Yantras,** *Tibet. Jung betonte die Bedeutung der Mandala als grundlegendes Symbol der Integration und Ganzheit, die sich in individuellen Träumen und kollektiven Mythen wiederfinden.*

TRÄUME VOM TOD

Dies ist paradoxerweise das Tor zum »Königsweg der Wiedergeburt«. Keine andere Kultur hat der Reise, die die Verstorbenen angenommenerweise antreten, so viel Aufmerksamkeit gewidmet wie die Tibeter. Das *Tibetische Buch der Toten* basiert seltsamerweise, anders als sein ägyptisches Gegenstück, überhaupt nicht auf dem Tod. Man könnte es besser das *Tibetische Buch der Träume* nennen. Ursprünglich entstand es aus der Verbindung der exotischen, dämonischen Schamanenkulturen des alten Bön-Volkes, das in Tibet weiterbestand, und den meditativen Vorstellungen der indischen Buddhisten.

Aus dieser ungleichen Verbindung entstand ein ganzes Traum-Yoga, das seinen Höhepunkt in der Zeit zwischen dem achten und zwölften Jahrhundert erreichte, als die meisten Todespraktiken entwickelt wurden. Diese befaßten sich mit der psychischen Kraft, die von den Verstorbenen zurückgelassen wird, und dem *Bardo* oder der Kluft, die sich beim Sterben auftut. Hier trifft der Verstorbene auf das gesamte illusorische Gebilde, das er im Leben darstellte und bewahrte. Im Moment des Sterbens, so nimmt man an, stellen wir fest, daß das ganze Gebilde unseres Universums selbstgemacht ist. Im Tod sehen wir uns dieser Tatsache in sechs Schritten gegenübergestellt.

Doch die Erfahrung des »Bardo« ist eine Erleuchtung, die die Basis des Daseins zu sein scheint. Es gibt zwei traditionelle Vorstellungen. Im tibetisch-tantrischen Weg versucht der Yogi durch klares Träumen den Tod bereits zu proben. Dies wird durch Eindringen in das wahre Wesen der Welt erreicht, und zwar durch die Erkenntnis, daß es sich nur um einen weiteren Traum handelt. Indem er in den nächtlichen Träumen bewußt wird, erkennt der Träumer allmählich, daß die normale wache Welt im Grunde aus genau demselben Stoff besteht wie die Träume. Im Augenblick des Todes wird dies dem Verstorbenen bewußt, der — wenn er nicht durch die Wucht dessen, was nur seine eigene Vorstellung von Hölle und Himmel ist, überwältigt wird und aufhört, sich mit den Bildern und Geschehnissen zu identifizieren — sein eigenes wahres Licht erkennen und nicht in den Wachtraum hinein wiedergeboren werden wird.

Eine andere Kultur, die der Dzogchen, deren Ursprünge zurückgehen bis zu den alten Bön, der ältesten einheimischen Schamanenreligion Tibets, sieht klares Träumen nur als zweitrangigen Effekt an, der sich aus den Übungen des natürlichen Lichts ergibt. Die Dzogchen gehen direkt zur Helligkeit des »Bardo« über und ignorieren die luziden Ablenkungen beinahe völlig. Sie glauben, daß sie nicht nach Erleuchtung suchen müssen, da sie bereits erleuchtet sind und dies nur vergessen haben, indem sie sich mit der Welt der Erinnerungen und Geschehnisse identifiziert haben. Sie müssen nur in ihren Übungen daran erinnert werden, und der grundlegende natürliche Zustand der Erleuchtung ist da, wie er immer gewesen ist. Niemand muß verwandelt werden, nur erhellt.

Obwohl sie sich nur wenig mit bewußten Träumen befassen, glauben sie, daß ihre Meditationen sehr viel mächtiger und wirkungsvoller sind, wenn sie träumen, weil sie im Wachzustand zu viele nebensächliche Ablenkungen erfahren. Die Techniken, die sie benutzen, sind im Grunde identisch mit denen des Erwachens.

Aufstieg der Seligen, von *Hieronymus Bosch.*
Dieser Ausschnitt aus Boschs berühmtem Bild beschreibt das allgemein erfahrene Phänomen bei todesnahen Erlebnissen: ein Tunnel mit einem hellen Licht am Ende. Für einen Christen sind es Engel aus Licht. Für jemanden östlichen Glaubens kann es das Licht Buddhas, Krishnas oder Mahaviras sein.
Unser Gehirn fügt willig Informationen aus Erinnerungen eigener Erwartungen ein.

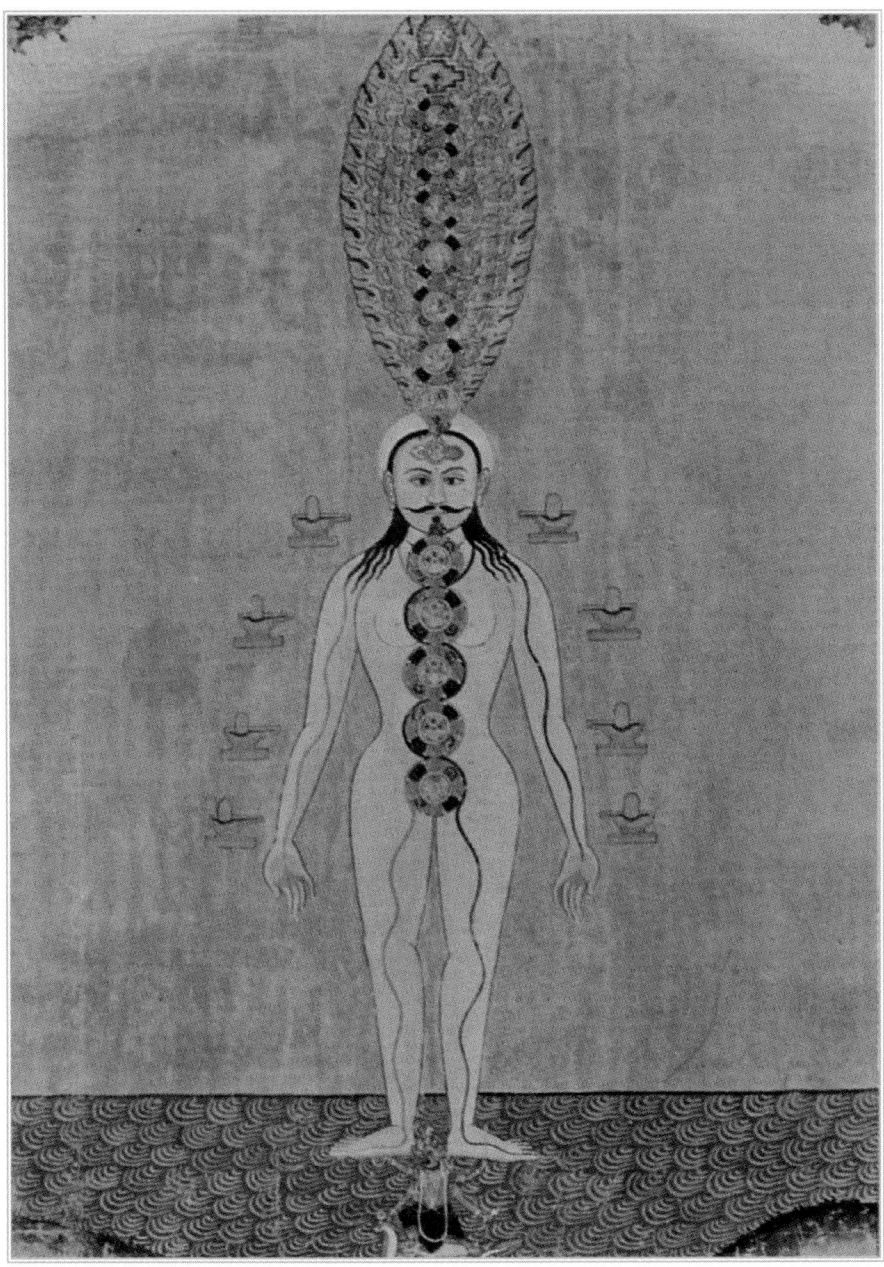

Yogi und Energiezentren, *Rajasthan, achtzehntes Jahrhundert.*
Die östliche Vorstellung von den Bewußtseinsgeheimnissen ist so
rigoros wie die der westlichen Wissenschaft. Doch jede spirituelle
Disziplin hat verwirrend unterschiedliche Karten der inneren Welt.
Oben sind die psychischen Zentren dargestellt, die nach dem
indischen Tantra im ätherischen Körper des Yogi erscheinen. Der

Text des Bildes listet dreißig Chakras auf; nur die sieben Haupt-
Chakras werden gezeigt. Andere Disziplinen, wie bestimmte Formen
des Buddhismus, nennen nur fünf Chakras, die mit den fünf Decken
oder Körpern verbunden sind. Von unten nach oben gelesen, sehen
wir das Muladhara, Svadhisthara, Manipura, Anahata, Visuddha,
Ajna und Sahasrara.

TRÄUME VOM ERWACHEN

Ein wirklicher Traum vom Erwachen führt durch das vierte Tor zum Königsweg der Wirklichkeit. Es ist der Weg, auf dem Sie am ehesten den Mystiker und den Weisen treffen werden.

Nach der alten Philosophie der hinduistischen Vedanta besitzen wir drei Hauptbewußtseinszustände. Diese sind Wachen, Träumen und bilderloses Schlafen. Es gibt einen vierten Zustand, *Turiya*, der alle drei vereinigt und das letzte Ziel aller Träume des Erwachens ist. Jeder dieser Zustände kann in volle Luzidität übergehen und wahrscheinlich das gesamte menschliche Potential bündeln.

DIE FÜNF SCHILDE

In den klassischen Texten der Vedanta wird gesagt, daß das Selbst von fünf Körpern umgeben wird, die als *Nahrungs-, Lebens-, Geist-, Denk-* und *Freudenschild* bezeichnet werden. Der Nahrungsschild ist der physische Körper, der Sitz des Wachzustands. Der Lebensschild ist jener, der die inneren Kräfte der Lebenskraft und die äußeren Gefühle festlegt. Geist- und Denkschild sind Quellen des Trennens und Erkennens, die eine Person in »ich« und »mein« aufteilen. Der Lebensschild und die Schilde des Geists und des Denkens fassen den feinen Körper zusammen, den Sitz des Traumzustands. Der Freudenschild soll die anderen Schilde im Wach- und Traumzustand projizieren. Alle Schilde verschmelzen im tiefen Schlaf in diesem flüchtigen Schild.

Dies ist nur eine Art, die Traumkörper zu beschreiben. Anstelle von fünf Schilden kennen tantrische Kulturen und die Sufis aus dem Nahen Osten sieben luzide Traumkörper. Diese Körper ähneln den fünf beschriebenen, sind jedoch in einer Hierarchie spirituellen Bewußtseins angeordnet, nämlich als der physische, ätherische, astrale, mentale, spirituelle, kosmische und der nirwanische Traumkörper. Jeder Traumkörper träumt offenbar nach seinen eigenen Regeln und innerhalb seiner spezifischen Reiche. Der Klarträumer erforscht langsam jede Ebene und nähert sich der nirwanischen, wobei die Traumwelten ein immer größeres Maß an »Wirklichkeit« bekommen.

Der zugrundeliegende Traumkörper ist der *physische*. Er besitzt seine eigenen schlichten projizierten Phantasien, seine eigenen körperbezogenen Träume der Wunscherfüllung. Dies sind zum Teil die »Abfall-Träume«, denen wir in vorangegangenen Kapiteln begegnet sind. Im Klartraum findet man sie in sexuellen Phantasien oder anderen Wünschen, die der Träumer in der wachen Welt unterdrückt hat. Nach den Tagebüchern luzider Reisender wandelt sich die Befriedigung sexueller, materieller oder anderer körperlicher Wünsche schnell in Verwunderung, besonders über den Traumzustand selbst, und aktiviert auf diese Weise die anderen Traumkörper.

Der *ätherische* Körper wird am ehesten bei außerkörperlichen Erfahrungen eingesetzt. Wenn der Träumer in einem nicht-luziden Zustand ist, wird das ätherische Reisen nur als ein Traum erinnert, doch wenn man wach und bewußt wird, kann der Träumer seinen Körper überallhin dirigieren.

Der *astrale* Körper kann in die Vergangenheit reisen und mit dem Besuch von Jungs kollektivem Bewußtsein gleichgesetzt werden, obwohl er sehr oft mit dem ätherischen verwechselt wird.

Der *mentale* Körper kann sowohl in die Vergangenheit als auch in die Zukunft des Träumers reisen, und im Falle eines Schamanen in die Vergangenheit oder Zukunft seines Volkes. Dies ist außerdem der Körper der Macht, der von Zauberern und Schamanen benutzt wird. Es ist ohne Zweifel der gefährlichste Traumkörper von allen, denn es heißt, er könne alles verwirklichen, was der Träumer wünscht. Was bedeutet, daß der Träumer ständig auf der Hut sein muß, um keine Traumexistenzen zu schaffen, die von Dämonen bis zu Buddhas reichen können.

Wenn ein Zen-Meister seinem Jünger erklärt: »Wenn du einen Buddha auf dem Weg triffst – töte ihn!«, dann spricht er von dem falschen Weg des mentalen Körpers; ein Weg, der leicht in die wache Welt führen kann. Diese Überlieferung des Visualisierens und Beeinflussens ist einer der Hauptpfade der tibetischen Sekte, deren Gründer Milarepa ist. Er konnte bewußt träumen und jede Figur schaffen, die er wollte. Doch um diesen Zustand zu erreichen, meditierte er über acht Jahre lang in der Einsamkeit einer zugemauerten Höhle. Solch geradlinige Disziplin, begleitet von der Hilfe Marpas, eines der größten Meister unserer Zeit, unterscheidet sich sehr von dem flüchtigen Versuch eines modernen Träumers, der sich aus reiner Neugier mit einer unerforschten Region befaßt.

Der *spirituelle* Körper soll fähig sein, die Ewigkeit zu betreten, wo, wie Christus einmal über das Königreich des Himmels sagte, »es keine Zeit mehr gibt.« Dies ist wahrscheinlich das Reich der archetypischen Mythen, die Grundlage der kollektiven Träume sind. In dieser Region gibt es keinen Unterschied zwischen Traum und Wirklichkeit, dem Mond oder seiner Spiegelung auf dem Wasser.

Der *kosmische* Körper träumt vom Unendlichen hinter Zeit und Raum. Dies ist das Reich des sogenannten »Großen Traums«, wo Ding und Geist eins werden. Dies ist der Körper, den der sufische Mystiker Shamsoddin Lahiji vielleicht benutzt hat, als er das Reich des Lichts sah.

Der letzte, der *nirwanische* Traumkörper ist derjenige, der nur von einem erleuchteten Wesen beschrieben werden kann, einem Buddha, einem Mevlana Rumi oder einem Lao-tzu. Sogar diese sagen alle etwas anderes darüber aus. Dieser Körper soll gleichzeitig von nichts und allem »träumen«; von Geräusch und Stille. Es gibt keine Zweiheit, nur den Moment, der sich entfaltet und wieder verschwindet.

Der fließende, flüchtige Gegenpart zu unserem physischen Körper wird oft »astrale Projektion« genannt. Genaugenommen gibt es viele dieser Körper, wie wir gerade gesehen haben. Der ätherische ist der erste und wahrscheinlich der einzige, den die meisten Menschen in einer außerkörperlichen Erfahrung oder in einem Flugtraum erfahren.

Der Traumkörper, den – in mystischen oder psychischen Begriffen – die meisten Klarträumer zu bewohnen scheinen, sobald sie etwas erfahrener sind, ist der astrale Körper. Jene Träumer, die sich nicht mit dem östlichen oder westlichen Jargon der Esoterik auskennen, nennen ihn den »Traumkörper« oder sogar den »zweiten Körper«, und dies scheint ein viel einfacherer und pragmatischerer Begriff zu sein, der auch verhindert, eine Kultur mit unbekannten Begriffen und Konzepten zu übernehmen, die sowieso nicht in unsere Erfahrung passen.

Wie westliche Klarträumer in Labors bestätigt haben, scheint dieser zweite Körper dazu fähig zu sein, andere Existenzdimensionen zu erforschen – wie die östlichen Mystiker behauptet haben.

Während die meisten außerkörperlichen Erfah-

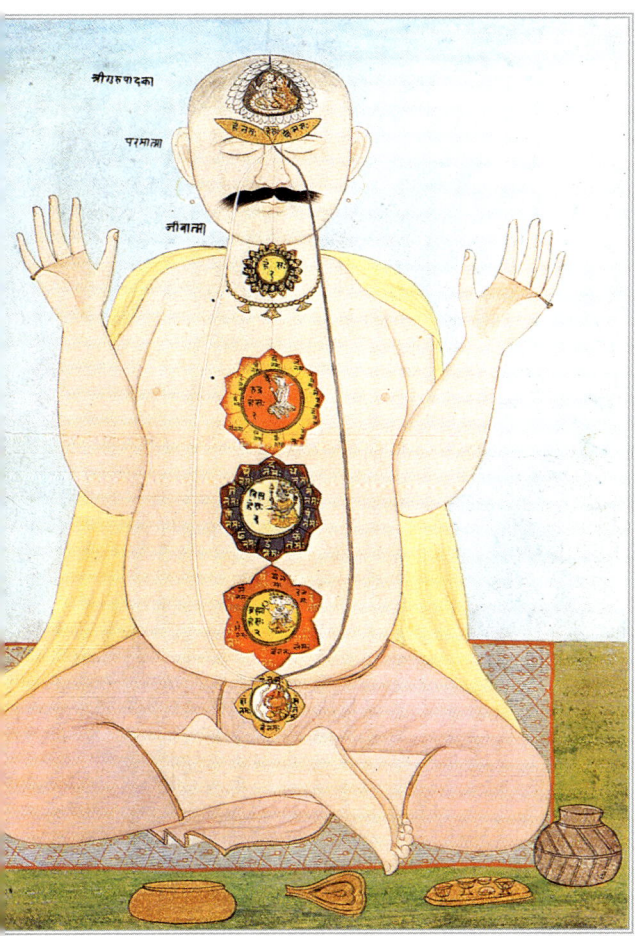

Chakras im feingewirkten Körper, Diagramm vom Himachal Pradesh, Indien, um 1820. Während der Osten die größte Kultur bezüglich des Verständnisses der Natur des Bewußtseins und der feinen Energiezentren besitzt, beginnt die westliche Wissenschaft und Neurobiologie zum Wissen darüber beizutragen. Viele Zustände, wie außerkörperliche Erfahrungen, die einst für die Domäne derjenigen gehalten wurden, die sich ekstatischen religiösen Praktiken verschrieben, sind tatsächlich für jeden erfahrbar. Und viele der exotischeren und visionäreren Zustände ähneln verdächtig luziden Träumen.

rungen von Menschen des westlichen Kulturkreises das Ergebnis von Zufällen waren und die meisten auf ähnliche Art Klarträume erfahren, gibt es viele Techniken, die einer Person erlauben, ihr Bewußtsein aus dem physischen Körper, den wir für real halten, in einen eher geistigen Organismus zu verpflanzen. Dieser Traumkörper erlaubt einer Person, durch die Decke zu fliegen, einen Freund in seiner normalen Umgebung zu besuchen oder die Perspektive radikal zu verändern und bizarre Wesen von anderen Ebenen zu sehen, die sogar einen mythischen und legendären Rang zu haben scheinen.

Nach Untersuchungen paranormaler Erfahrungen in den Vereinigten Staaten haben vierzig Prozent der Befragten eine außerkörperliche Erfahrung (oder OBE, out-of-body-experience) gemacht oder glauben, daß sie plötzlich einen zweiten, nichtphysischen Körper annahmen. Viele dieser Befragten halten den astralen Gegenpart für das wirkliche Selbst und den physikalischen Körper für nichts anderes als eine Hülle für das wahrnehmende Bewußtsein. Je nach religiösem Hintergrund wird der zweite Körper als ein spirituelles höheres Selbst oder als Seele verstanden.

Astrale oder ätherische Projektionen des zweiten Körpers, die man normalerweise in einer außerkörperlichen oder todesnahen Erfahrung erlebt, ähneln Träumen; und vor allem ist diese Projektion in ihrer Klarheit und ihrer offenbaren Wirklichkeit beinahe untrennbar von und oft zu verwechseln mit klarem Träumen.

Nachdem Oliver Fox ein Treffen mit einem Freund auf der astralen Ebene verabredet hatte, lag er im Bett, als sein Freund plötzlich »in einer eiförmigen Wolke aus intensivem blauweißem Licht erschien und neben dem Bett stand und mich

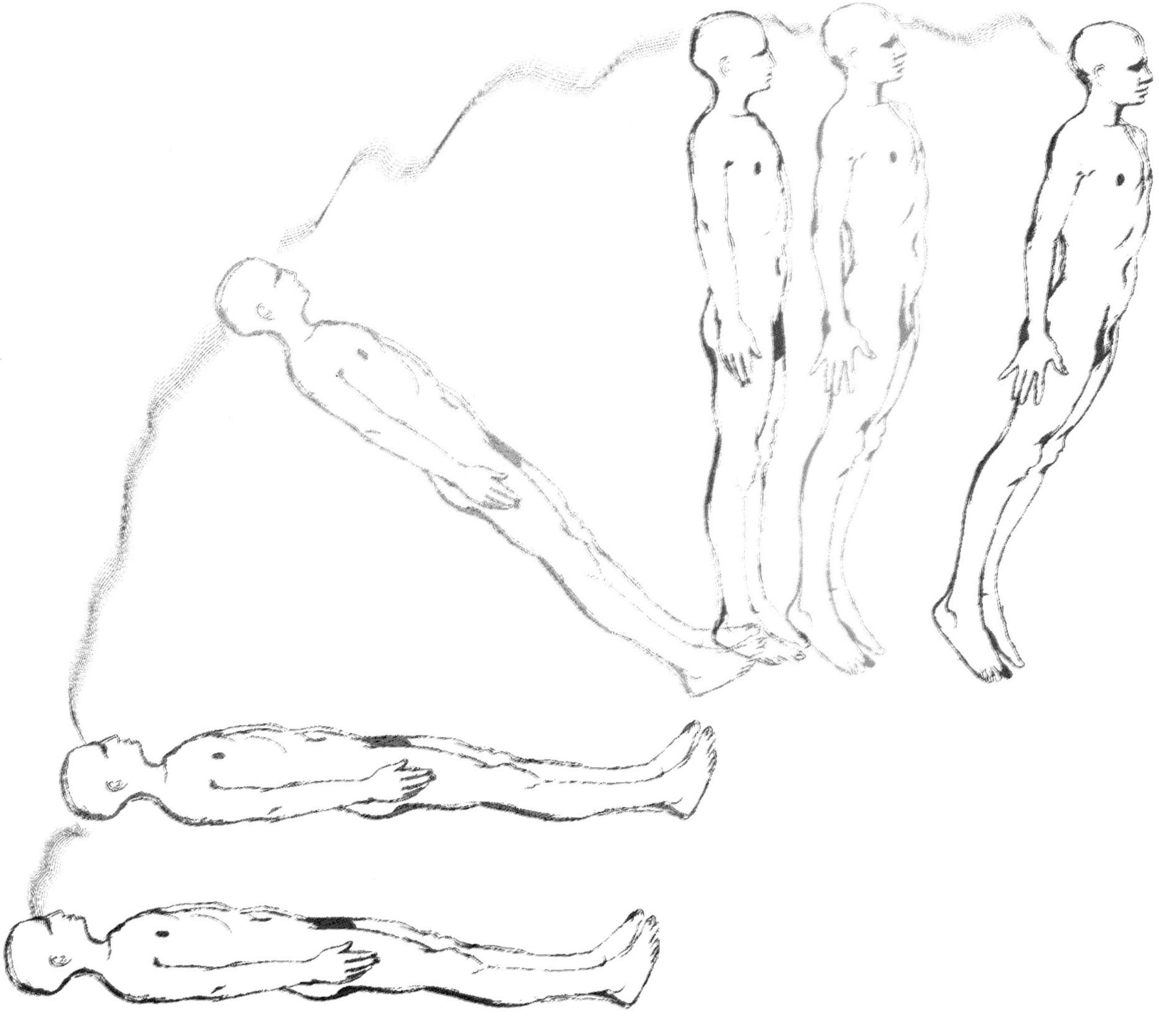

Links: **Sylvan Muldoon.** *1929 wurde ein Buch mit dem Titel »Die Projektion des Astralkörpers« veröffentlicht. Die Autoren Hereward Carrington und Sylvan Muldoon behaupteten, daß astrale Reisen für jeden möglich seien, wenn der Wille stark genug sei.*

Oben: **Die Projektion des Astralkörpers** *in der Vorstellung der Autoren, die behaupteten, daß »Der Astralkörper mit dem physischen Körper während des wachen Bewußtseins zusammentrifft, sich im Schlaf aber mehr oder weniger zurückzieht und normalerweise über ihm schwebt, weder bewußt noch kontrolliert.«*
Muldoon entwickelte Methoden für Astralprojektionen, die der Technik der »Zirbeldrüsen-Tür« ähneln (siehe S. 98–99), doch er sagte, daß zum Astralkörper ein silbernes Band führt und bei Durchtrennung sofortiger Tod eintritt. Die Zeichnung zeigt, wie sich der Astralkörper aus dem physischen Körper auf dem Bett erhebt. Nach Muldoon richtet sich dieser körperlose Körper in etwa zwei Metern Höhe abrupt auf und kann sich dann ungehindert bewegen. Doch im Rückblick ähneln seine Berichte denen jedes luziden Träumers.

anblickte. Er trug eine weiße Robe.« Er fuhr fort:
»Ich sah, daß innerhalb des blauweißen Drumher-
ums Farbstreifen zu erkennen waren.«

Gelegentlich sieht man den Traumkörper eines
anderen als eine eiförmige, goldfarbene Masse. Der
irische Seher George Russell erzählt:

»Erst erschien ein Licht, und dann sah ich, daß
es aus dem Herzen einer großen Figur kam, deren
Körper offenbar aus halbtransparenter oder schil-
lernder Luft geformt war, und durch den Körper
lief ein strahlendes, elektrisches Feuer, dessen Zentrum das Herz zu sein schien. Um den Kopf dieses
Wesens und durch sein wallendes, strahlendes
Haar, das über den Körper wehte, wie lebendige
goldene Strähnen, war eine flammende, flügelartige
Aura.

Vom Wesen selbst schien Licht in jede Richtung
zu strömen; und das Gefühl, das ich bei dieser Vision hatte, war außerordentliche Leichtigkeit, Freude
oder Ekstase.«

Da viele außerkörperliche Erfahrungen durch den
Traumzustand ermöglicht werden, ist das einfache
Prinzip, aufgrund dessen eine Projektion des zweiten Körpers gelingen soll, daß der Körper untätig
wird, während der Geist wach bleibt. Eine tiefe
Entspannung des physischen Körpers, gefolgt von
einer bewußten Reise des zweiten Körpers kann
denselben luziden Zustand wie im Traum einleiten.

Eine wunderschöne Methode wurde von Oliver
Fox entwickelt, der sich selbst unterrichten mußte,
da es niemanden in seiner direkten Umgebung gab,
der ihn anleiten konnte. Er entwickelte in den drei-
ßiger Jahren eine Technik, die so wirkungsvoll wie
leicht umsetzbar ist. Da sie für ein westliches Publikum geschaffen wurde, hat sie viele Vorteile gegenüber den obskureren Methoden des Fernen Ostens.
Diese ähnelt der Methode, die in Schiwas einhun-
dertzwölf Tantra-Techniken vorkommt.

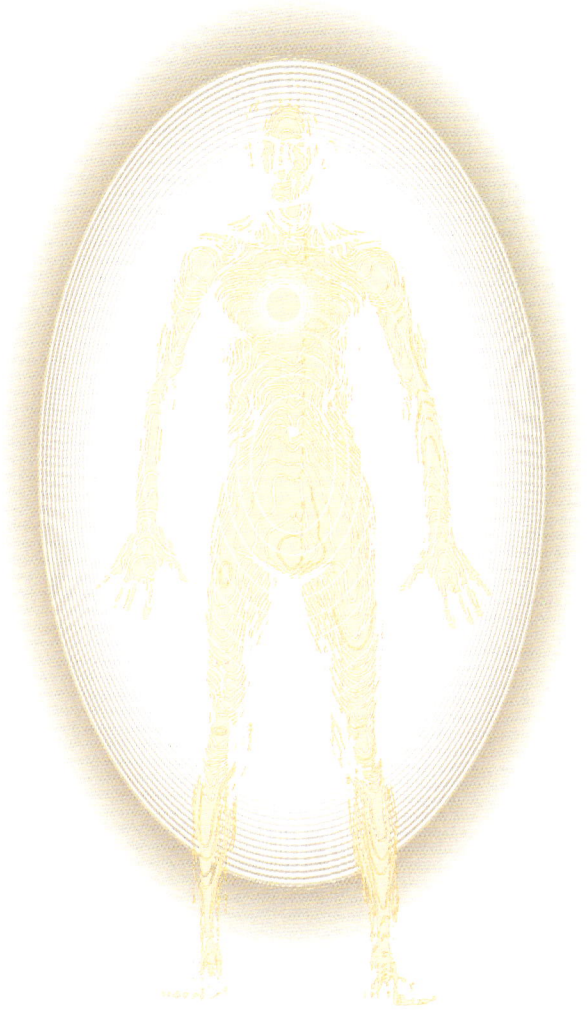

*Es gibt einfach zu viele unabhängige Berichte von Mystikern und
Sehern, die Menschen als ovale oder eiförmige Wesen aus Licht
gesehen haben, als daß man sie ignorieren könnte. In vielen schamanistischen Berichten, wie denen von Carlos Castaneda, die dieser als
die authentischen Lehren eines Yaqui-indischen Zauberes, Don Juan,
bezeichnet, sind die leuchtenden Sphären wohl die wahre Natur
unseres Körpers. Jedes unserer Leucht-Eier soll mit einem Netz aus
Lichtfäden verbunden sein, die im Osten »Haare von Schiwa«
heißen. Durch Verschiebung des Zentrums dieser Fäden soll der
Schamane fähig sein, andere Wirklichkeiten und Reiche zu besuchen.*

DIE TÜR DER ZIRBELDRÜSE

Die Person sollte den Körper entspannen und sich dann eine Falltür in seinem Gehirn vorstellen. Das Atmen sollte tief und regelmäßig sein und die Augen nach oben auf einen Punkt zwischen den Augenbrauen gerichtet werden. Nach einer Weile macht sich eine gewisse ruhige Taubheit im ganzen Körper breit, die wahrscheinlich bei den Füßen beginnt. Manche empfinden dies als muskuläre Verspannung, die anfangs schmerzvoll sein kann, vor allem im Kieferbereich. Man fühlt einen Druck im Kopf, doch wenn die Person durchhält, wird bleiches Licht das Zimmer erhellen, begleitet von Lichtblitzen und einem ansteigenden Ton. Dieser Ton kann eine beinahe betäubende Lautstärke erreichen.

Die Person kann nun das Gefühl erleben, zwei Körper zu besitzen: einen statischen äußeren Körper und einen eher fließenden inneren Körper, der im ersten gefangen zu sein scheint. Der Trick dabei ist, sich mit aller Kraft vorzustellen, wie der fließende Körper durch die Falltür im Gehirn herauskommt. Das unkörperliche Selbst versammelt sich an der Zirbeldrüse, als wolle es sich darauf vorbereiten, durch die Tür zu springen. Diese Zirbeldrüse (Epiphyse) sitzt im Zentrum des Gehirns und wurde lange Zeit mit dem dritten Auge gleichgesetzt. Man glaubte einst, sie sei der Sitz der Seele.

Das Licht um die Person wird nun sehr hell, und der Ton steigt allmählich immer weiter an, bis man die Tür durchschreitet und mit einer Art »Plop« durch die »Tür in der Zirbeldrüse« hindurchgelangt. Der Ton wird leiser, das Licht ruhiger, und der Schüler, so beschreibt Fox, »kann leichtfüßig aus seinem Bett steigen und davongehen und seinen in Trance befindlichen Körper hinter sich auf dem Bett lassen.«

Die Ebene, die der zweite Körper bewohnt, scheint sich nach der Regel »Was du dir vorstellst, bekommst du auch« zu richten. Es ist genau dasselbe Reich des Willens, das man in kontrollierten Klarträumen findet.

Ein anderer Erforscher der inneren Dimensionen, der seine eigene Methode nach dem Motto »Schwimmenlernen oder Untergehen« finden mußte, war Robert Monroe, der einige Zeit später mit Dr. Charles Tart in der Abteilung für Psychologie der Universität von Kalifornien arbeitete. Monroe wurde während seiner außerkörperlichen Erlebnisse beobachtet. Man fand heraus, daß dabei die Wellen des Gehirns denen im Traum ähnelten. Sie wurden von REM-Mustern begleitet, obwohl seine außerkörperlichen Erfahrungen, anders als beim Träumen, beinah sofort eintraten und nicht dem normalen Schlafzyklus folgten.

Seine ersten Erfahrungen waren faszinierende Besuche bei Freunden, die seine Anwesenheit nicht bemerkten, und Erforschungen seiner bekannten Umgebung, die er später »Ort I« nannte. Langsam zog eine weitere Ereignisebene seine Aufmerksamkeit auf sich, die er folgendermaßen beschrieb:

»Eine Ungeheuerlichkeit, deren Grenzen unbekannt sind, die für den begrenzten, bewußten Geist unfaßbare Tiefen und Dimensionen hat. In dieser Riesenhaftigkeit liegen all die Aspekte, die wir mit Himmel und Hölle assoziieren.«

Er nannte dieses Reich »Ort II«. Dies ist ein Ort, an dem die Zeit nicht linear verläuft und in einem gewissen Sinn überhaupt nicht existiert. Es gibt nur ein »Jetzt«, in dem das, was man sich vorstellt oder denkt, sofort geschieht. Er glaubte, daß es eine Dimension sei, deren Bilder vom Geist verschiedener Personen geschaffen würden, welche im Traum, in Gedanken oder im Tod Zugang dazu hatten.

Das Geheimnis der goldenen Blume, China. Dies ist eine taoistische Abhandlung darüber, wie man das Licht in sich selbst kreisen läßt, um den Hauptgeist durch das Viereck zwischen den Augen (die Tür der Zirbeldrüse) zu entlassen und das Herz von der materiellen Welt zu befreien. 1. Sammeln des Lichts. 2. Entstehung eines neuen Wesens im Ort der Macht. 3. Abspaltung des Geist-Körpers zur unabhängigen Existenz. 4. Das Zentrum

Monroe ist der Meinung, daß dieser Ort II die natürliche Umgebung des zweiten Körpers ist.

Die Techniken von Fox und Monroe ähneln denen des Hermetic Order of the Golden Dawn aus dem neunzehnten Jahrhundert, bei denen man den Körper entspannt und ein helles weißes Licht sieht, das sich die Wirbelsäule entlang bis zu den Füßen bewegt. Es wird dann in Form eines Wirbels durch den Körper nach oben bis zum Kopf geleitet und hinterläßt dabei den Körper untätig und schlafend. Schließlich ist nur noch der Kopf wach, wenn der Erfahrene eine Dämmerzone zwischen Schlaf und klarem Traum betritt. Die magische Visualisierung wird dann von einem Konzentrieren auf verschiedene Symbole und Farben für jedes der vier Elemente und für den Geist begleitet. Diese richten den Geist auf jenen Ort, an den die Person gehen möchte.

Nachdem wir die Existenz der vier Tore zur luziden Wachheit und die Möglichkeit untersucht haben, daß der Träumer tatsächlich einen zweiten Körper verwendet, um innerhalb dieses Ortes zu reisen, können wir jedes der Tore und die Königswege, die von ihnen wegführen, einzeln untersuchen.

7. KAPITEL

TRÄUME VON MACHT

*Ich bin daran gewöhnt zu schlafen
und in meinen Träumen
dieselben Dinge zu sehen,
die Wahnsinnige sehen, wenn sie wach sind.*

Meditation über die Erste Philosophie
René Descartes

Viele Personen, die auf den so unterschiedlichen aber vergleichbaren Gebieten der Religion, Anthropologie und Psychiatrie arbeiten, haben oft gesagt, daß es eine bemerkenswerte Ähnlichkeit zwischen dem Innenleben eines traditionellen Schamanen und demjenigen vieler Patienten mit psychologischen Störungen gibt. Oft kommt die Berufung des Schamanen – der Punkt, an dem die Person erstmals seine Befähigung beweist, in andere geistige Dimensionen zu reisen – zu einer Zeit großen Unglücks oder schwächender körperlicher oder geistiger Erkrankung. Der Unterschied zwischen der Behandlung, die der traditionelle Schamane oder die weise Frau in ihrer Gemeinschaft und die der lapidar so genannte Schizophrene in unserer westlichen Gesellschaft erfährt, kann als Unterschied zwischen einem »Durchbruch« und einem »Zusammenbruch« beschrieben werden. Sowohl der Schamane als auch der psychisch Kranke scheinen Erfahrungen mit einem erschreckenden Zustand zu machen, der oft kosmischen Ausmaßes ist und in dem die Person von bedrohlichen Mächten der Götter und Dämonen umgeben und sogar durchdrungen wird. Sie

müssen beschwichtigt, bekämpft oder besprochen werden, will man überleben.

Für den Zauberer und den psychisch Kranken bestehen die ganze Natur und ihre parallele geistige Welt aus Geistern, Göttern und Mächten, und jedes Ding besitzt sein eigenes Leben und seinen Platz in der kosmischen Anordnung der Dinge. Doch während der Medizinmann und der Patient fähig zu sein scheinen, zwischen den verschiedenen Reichen und Zuständen hin und her zu reisen, ist es nur dem Schamanen gelungen, die verschiedenen Reiche und ihre natürlichen Gesetze in seinem Bewußtsein zu vereinigen. Die große Krankheit, die todesnahen Rituale oder die geistigen Qualen, die den Schamanen in diese anderen Reiche befördert haben und aus denen er schließlich wieder hervortritt, haben eine heilende und einführende Wirkung.

Man wundert sich daher nicht, daß in früheren Gemeinschaften solche befremdlichen Zustände wie Epilepsie und Schizophrenie als Ausdruck der geistigen Welt angesehen wurden und eine Person damit als Vertreter der Geister galt. Doch nicht alle, die diese Tendenzen zeigten, wurden auch Schamanen. Nur diejenigen, denen es gelang, die Phantome der

Schamane, *Sibirien, 1900. Gegenüber: Schamanen-Rassel*
der Haida von den Queen-Charlotte-Inseln. Schamanen werden oft
wegen ihrer Fähigkeit zu Klarträumen ausgewählt. Da die Traumwelt
eine größere Wirklichkeit vermittelt, erscheint die wache Welt
immer mehr wie ein Traum.

inneren Welt zu beherrschen, wurden als »berufen« angesehen. Durch diese spontane Berufung, die normalerweise durch Traum oder visionäre Traumzustände erfolgte, trägt der Schamane übernatürliche Kräfte in sich und kann ein Tunnel, ein Verbindungsstück zwischen den verschiedenen Ebenen der Existenz sein.

Interessant für unsere Untersuchung ist, daß animistischer Schamanismus (lat. animus = »Seele«) nicht nur offensichtlich die älteste Form spiritueller Berufung darstellt, welche jeder religiösen oder mystischen Entsprechung viele zehntausend Jahre vorausgeht, sondern wohl auch aus der Traumerfahrung hervorging. Träume jeder Art zeigten, daß das Bewußtsein menschlicher Wesen unabhängig von einem physischen Körper existieren konnte. Dies bedeutete, daß sich die primitiven Menschen als zwei nebeneinander bestehende Wesen verstanden: eins, das während des Tages als waches Wesen lebte, und eins, das während der Nacht als träumende Seele hervorkam; letzteres Wesen war fähig, außerhalb des Körpers geistige Reisen in unbekannte Reiche der Macht zu unternehmen. Was in unserem momentanen Kontext fasziniert, ist, daß viele dieser schamanistischen Erfahrungen ihren Ursprung in dem natürlichen Prozeß klarer Träume haben.

Rechts: **Ein Geisterwesen,** *Bild auf Borke, 1914, West-Arnhem-Land, Nordaustralien. Gegenüber:* **Der Flieger,** *von John White. Ein Bild eines Schamanen aus dem sechzehnten Jahrhundert, Virginia. Klarträume befähigen den Träumer zum Fliegen. Das Gefühl der Schwerelosigkeit und der geistigen Freiheit wird ganz natürlich in das wache Leben mit hinübergenommen. Bei dieser nächtlichen Reise hat dieser Schamane in seiner eigenen Vision seine materielle Identität in einen Vogel verwandelt.*

REISENDER ZWISCHEN DEN REICHEN

Es ist erfrischend, für eine Weile die Gehirntheorien mit ihren flachen, physiologischen Konzepten des Traumselbst zu verlassen und statt dessen über die magischen Traumerfahrungen des Schamanen nachzudenken.

Die Stämme der Menangkabau in Indonesien glauben, daß die wahre Lebenskraft, das *Sumanghat*, den Körper im Traum und bei ernsten Krankheiten verläßt. Der Schamane oder *Dukun* muß sein Bewußtsein in das Traumreich projizieren, um die bösen Geister, die eine Person bewohnen, zu beschwichtigen oder anzugreifen.

Die nomadischen Chukchee aus dem nordöstlichen Sibirien glauben, daß Krankheit durch den Verlust der Seele entsteht. Jedoch können Geister in Träumen dazu bewegt werden, dem Schamanen dabei zu helfen, sie ihrem Besitzer wiederzugeben.

Es gibt Schamanen in Sibirien, deren Methoden noch vor denen der tibetischen Meister und ihrem Buch, dem *Tibetischen Buch der Toten,* entstanden. Die Schamanen der Goldi leiten sterbende oder tote Personen im bewußten Traum durch die Reiche der Anderwelt und nehmen Kontakt mit lange verstorbenen Verwandten auf, die als Willkommenspersonen für den gerade Verstorbenen auftreten sollen. Ähnliches wird von den Karo Batak aus Malaysia berichtet. Wenn ein Mensch stirbt, führt die Schamanin die Seele in einem Klartraum in das Land der Toten.

Amerikas Ureinwohner greifen bei ihren Visionen alle auf bewußtes Träumen zurück, wobei sie ihre Totemtiere treffen, die persönliche Geheimnisse oder solche des Stammes, der Heilung, Omen und psychische Feinde oder Fremdlinge aufdecken.

Aus einem Bericht jesuitischer Priester, die unter den Huronen lebten, erfahren wir, daß »der Traum oft bei ihren Beratungen den Vorsitz hat; Verkehr, Fischen und Jagen werden normalerweise von seiner Erlaubnis abhängig gemacht, beinahe so, als wolle man ihn zufriedenstellen. Nichts ist für sie so wichtig, daß sie es nicht willig für einen Traum hergeben würden. Er schreibt ihre Feste, ihre Tänze, ihre Lieder, ihre Spiele vor – in einem Wort, der Traum tut alles und ist in Wahrheit der Hauptgott der Huronen.«

Dies ist keinesfalls eine Ausnahme, denn auf verschiedene Arten hielten alle amerikanischen Ureinwohner den Traum für das Zentrum des Lebens und für die Quelle und den Grund aller Angelegenheiten des Geistes. Sie sahen den Traum als die Reisen des inneren Wesens in eine andere Welt an, die so wirklich und greifbar waren, daß jedes Ereignis dort ein ähnliches in seinem Wachzustand zur Folge haben würde. Ein Krieger, der im Traum von einer Schlange gebissen wurde, suchte wiedererwacht einen Heiler auf, der ihm helfen sollte. Und wie die Ureinwohner Australiens ein Lied oder einen Tanz im Traum lernten, den sie mit dem Rest des Stammes teilten, so erhielten Irokesen, Cherokees, Cheyenne, Schwarzfüße, Crow oder Navajo ihre persönliche Traumanleitung für das Tragen eines Totems oder die Wahl einer Heilpflanze. Manche Träume bezogen sich auf das Leben des ganzen Stammes und schenkten der Gruppe Lieder, Tänze, Heilungen und komplexe Sandbilder.

Klarträume von Macht wurden besonders verehrt, denn sie zeugten von großen geistigen Fähigkeiten für den Stamm und brachten dem Träumer

Achtung. Ein Ritual für die Sicherung eines Machttraums war die Suche nach der Vision. Dies war normalerweise ein ziemlich verwirrendes und schwieriges Ritual, welches oft den Schritt von der Kindheit zum Erwachsensein darstellte. Es schloß normalerweise Fasten, Isolation, gefährliche Umstände zum Zwecke des Schlafentzugs oder durch Drogen eingeleitete Zustände ein. Viele Stämme glaubten, daß eine erfolgreiche Visionssuche wichtig für die volle Reife jedes Gruppenmitgliedes sei. Eine weitere Methode war das »Ausbrüten« von Träumen, das Isolation, Meditation und das Schlafen in heiligen Machtstätten mit sich brachte.

Für Menschen wie die Irokesen war der Traum ein Kern des Lebens, untrennbar von allem täglichen Tun. Der Traum erklärte dem Stamm und dem einzelnen sein Verhalten und die Bedeutung dahinter. In Kulturen, in denen Träume derart hoch bewertet wurden, beeinflußt die Macht der Mythen das wache Reich, und die geistige Wirklichkeit wird durch das Verhalten der Gesellschaft ausgelebt.

Im Gegensatz dazu scheint unsere westliche Vorstellung vom Leben verarmt und bruchstückhaft, das Weltliche und das Heilige sind für immer getrennt. Viele von uns sind schrecklich unempfänglich für das Wesen persönlicher Träume und unserer kollektiven Träume, die wir als Mythen kennen. Die meisten unter uns sind blind für die unglaublich inhaltsreichen Visionen und Anregungen der Traumwelt, ob diese Welt nun durch luzide Augen gesehen wird oder nicht, und sind auf diese Weise von der Quelle abgeschnitten, aus der unsere Gesellschaft hervorging.

Obwohl viele der nordamerikanischen Stämme Kräuter verwendeten, um Visionen zu unterstützen – wie Beifuß, das Traumkraut – haben die Stämme Zentral- und Südamerikas einen noch größeren Vorrat an halluzinogenen Pflanzen, um einen trancearti-

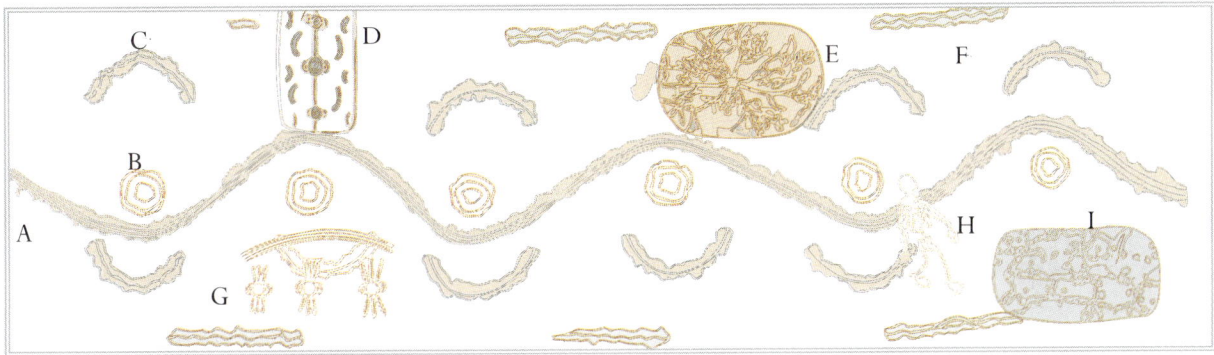

gen luziden Traum zu bewirken, in dem sie vollkommen bewußt und wachsam bleiben können.
Peyotl, heilige Pilze, Cannabis und Beifuß werden
ebenso benutzt, wie das Getränk mit dem Namen
Bhang in Indien. Schamanismus scheint in subtropi-
schen Regionen eine exotischere und psychedelische-
re Note zu haben als im Norden, doch das zugrundeliegende Prinzip ist dasselbe: im Traum und in
Trance luzid zu bleiben.

Traum eines Possum-Geistes, *von Tim Japaljarri und Clifford
Possum Japaljarri, Papunja, Zentralaustralien. Dieser spektakuläre
Traumbericht zeigt das ganze Gebiet und die Erlebnisse eines Klarträumers, der sie malte. Nur wenige Traumbilder sind so zugänglich
und präzise.*

A. Traum-Reiseroute
B. Rastplatz in der Geistreise
C. Wind bricht für die Corroboree-Männer
D. Traum eines alten Mannes
E. Träumender Yam   F. Fließendes Wasser   G. Zeltplätze
H. Tote Geisterfigur   I. Träumende Sonne und Mond

TRAUMTOD UND WECHSEL DER GESTALT

Von allen Völkern besitzen die australischen Ureinwohner wahrscheinlich die meiste schamanistische Kenntnis der Traumwelt. Ihre Kultur soll über 40.000 Jahre alt sein und stellt damit den ältesten bekannten spirituellen Weg dar. Der Schamane, *Karadji* oder »weise Mann« glaubt, daß Krankheit oder Unglück durch magische oder animistische Ereignisse hervorgerufen wird, die oft mit den geheimnisvollen Geistern der zugrundeliegenden »Traumzeit« verbunden sind. Träume verbinden die Ureinwohner Australiens mit ihrer sogenannten Traumzeit, einem ursprünglichen Zustand, der die Erschaffung der Welt zu Beginn der Zeit beschreibt.

Wie bei vielen Schamanen besteht auch die Aufgabe des Karadji darin, zwischen der ursprünglichen Welt und der seines Stammes zu vermitteln. Seine Initiation scheint ein archetypischer und beinahe allgemeingültiger Prozeß zu sein. Im Traum oder in Trance wird die Person getötet oder stirbt. Bei den Arunta in Nordaustralien wird er von den Geistern der Traumzeit auserwählt, die eine unsichtbare Lanze nach ihm werfen, welche ihn durch Hals und Zunge festnagelt, sowie eine andere, die seinen Kopf von Ohr zu Ohr durchbohrt. Seinem Traumkörper werden dann neue innere Organe gegeben und Kristalle an seinen Handgelenken und am dritten Auge befestigt, die später die Quelle seiner magischen Kräfte sein werden. Diese Art von Tod und Wiedergeburt scheint ein unerläßlicher Teil der Schamanenwerdung in beinahe allen Kulturen zu sein.

Die Regenbogenschlange ist ein für die Ureinwohner Australiens wesentliches Bild. Es heißt, sie sei einmal ein Regenbogen gewesen, der als riesige Schlange zur Erde hinabgestiegen sei und deren großer Körper Wege und Ströme, Berge und Flüsse erschuf, die sich nun über das Land ziehen. Sie bot zwei Jungen in ihrem Rachen Schutz vor dem Regen, verschluckte sie jedoch aus Versehen, worauf sie in regenbogenfarbene Lorikeets verwandelt wurden und zum Himmel stiegen. Dies ist das Symbol der Ureinwohner Australiens für die Verwandlung.

Der Karadji lernt von den *Rai* oder Geistern, durch bewußtes Träumen mit einem inneren Auge zu sehen, und die Formalisierung vieler der »Röntgen«-Bilder der nördlichen Stämme deuten auf diese Fähigkeit hin. Ein Mitglied der Yaralde erzählt:

»Wenn du einen Mann dort drüben im Lager allein sitzen siehst, dann störe ihn nicht, denn wenn du es tust, wird er dich 'anknurren'. Spiele nicht in seiner Nähe, denn er sitzt dort allein in Gedanken, um zu sehen. Er sammelt diese Gedanken, damit er fühlen und hören kann. Vielleicht legt er sich dann hin, damit er im Schlaf sehen kann.«

In Indonesien wird dem Schamanen im Traum der Kopf geöffnet. Sein Hirn wird herausgenommen und sorgfältig gewaschen, um ihm eine klare Vision zu ermöglichen; Goldstaub wird in seine Augen gestreut, damit er die Seele sehen kann, stachelige Haken werden an seinen Fingern befestigt, mit denen er eine wandernde Seele einzufangen vermag, und ein Pfeil wird in sein Herz gestochen, damit er Mitgefühl für die Kranken und Leidenden empfindet.

Die Ureinwohner Australiens sind also die luziden Träumer mit der längsten Geschichte; die tibetischen Schamanen tragen den Prozeß jedoch in ein ausgedehnteres Reich der Mystik. Hier beschäftigt sich der schamanistische Mönch oft mit dem Weg zum Tod und hilft den Verstorbenen dabei, das Andere Reich zu betreten. Die tibetische Tradition der Zauberer ist älter als die Religionen des Hinduismus und Buddhismus, und viele ihrer Praktiken wurden in die buddhistischen und sogar taoistischen Vorstellungen aufgenommen. Ihr größter buddhistischer Heiliger, Milarepa, war ursprünglich ein großer Zauberer, der – wenn die Berichte über sein Leben stimmen – sogar Hagelschauer und andere spektakuläre Effekte hervorrufen konnte. Wir werden diese Kultur im nächsten Kapitel besonders beleuchten, weil zur Zeit Milarepas, im Tibet des zwölften Jahrhunderts, eine berühmte Schule von Traummeistern entstand, die offenbar klares Träumen als Methode der Meditation einsetzten, um den Prozeß der Erleuchtung zu beschleunigen.

In der tibetischen Welt der Schamanen wird die Person – im Gegensatz zum Mystiker – fast immer durch einen Traum »erwählt«, und dieser Traum ist immer luzid und bewußt. Die Wirkung eines solchen Traums war normalerweise so mächtig und überwältigend, daß die Person in ihrer alten Wesensart sterben mußte, um in ein vollkommen neues Wesen verwandelt zu werden. Viele Personen der westlichen Welt, die das erste Mal einen Klartraum haben, berichten, es gebe nichts Vergleichbares in ihrem wachen Leben, und sie fühlen sich durch das Ereignis grundlegend verändert.

Bei den vielen Berichten über magisch-schamanistische Erfahrungen können die meisten mit der drastischen, jedoch natürlichen Funktion des Klartraums erklärt werden. Und indem wir dies annehmen, verringern wir auf keine Weise den Rang schamanistischer Erfahrung.

Gegenüber: ***Blitzfrau***, *von Bilinyarra Nabegeyo, 1974, West-Arnhem-Land.* Oben: ***Felsmalerei*** *des Ureinwohner-Mythos der Traumzeit, Cape Peninsula, Australien.*

GÖTTER, GEISTER UND FREUD

Während die Erfahrung eines Klartraums eine Person in ihrer Einstellung vollständig wandeln kann, scheint die Transformation des Wahrnehmungsprozesses langsamer abzulaufen. In einen Traum hineinzugelangen und in ihm aufzuwachen, hat nicht zwingend eine klare Vision des Phänomens zur Folge. Man trägt das Programm seiner Kultur und Gemeinschaft in die Traumwelt hinein und projiziert es dann auf diese Welt.

Wenn ich zum Beispiel als Mensch des westlichen Kulturkreises einen bewußten Traum habe, trage ich keine Vorstellungen von Göttern und Geistern mit mir hinein, so daß es sehr unwahrscheinlich ist, solche zu sehen. Ich habe jedoch Vorstellungen über Träume und wie sie beschaffen sind und kenne die psychologischen Deutungen von Jung oder Fritz Perls oder von solchen Mystikern wie Chuang-tzu mit seinem Schmetterlings-Paradoxon. Und so wird meine Wahrnehmung des Traums eine ganz andere sein als die eines Stammesschamanen in Sibirien. Seine Verantwortung gilt dem Stamm, während sich mein sehr selbstsüchtiges westliches Interesse darauf richtet, was mit mir passiert.

Betrachten wir noch einmal den wunderschönen Bericht des nepalesischen Schamanen der Tamang, den wir bereits untersucht haben. Als der Träumer die Stufen erklommen hatte, gab der alte Ghesar Gyalpo »mir Milch zu trinken und sagte mir, daß ich viel Shakti erhalten werde, damit es zum Wohle meines Volkes verwendet werden könne.«

Betrachten Sie diesen Absatz und stellen Sie sich einen Moment lang vor, Sie hätten selbst diesen Traum, in dem die Zutaten die gleichen bleiben, aber nun mit der Wahrnehmung Ihres eigenen kulturellen Hintergrunds betrachtet werden. Ohne das Verantwortungsgefühl des Schamanen verliert der Traum seine Bedeutung. Wenn Sie bewußt wahrnähmen, was geschieht, würden Sie wahrscheinlich ganz anders als der Schamane handeln. Doch ein großes Geschenk angeboten zu bekommen und zu hören, daß Sie große spirituelle Kräfte haben werden, mit denen Sie anderen helfen können, kann dennoch eine vollständige Veränderung ihres täglichen Lebens darstellen. Viele Berichte von phantastischen Besuchen Außerirdischer oder von UFOs klingen verdachtig nach klaren oder zumindest halb-klaren Träumen. Wenn Wahrheitsgehalt und der Eindruck von Wirklichkeit eines bewußten Traums sogar einen Veteranen auf diesem Gebiet zweifeln läßt, ob er wach ist oder träumt, dann ist es sehr viel wahrscheinlicher, daß jemand, der auf eine solche Erfahrung nicht vorbereitet ist und nichts über dieses Phänomen weiß, glaubt, daß er von kleinen grünen Männern besucht wurde.

Wenn Sie bereits einige Erfahrungen mit der bemerkenswerten Wirklichkeit des bewußten Träumens gemacht haben und etwas psychologisches Wissen besitzen, können Sie feststellen, daß die Nachricht von Ghesar Gyalpo anstatt von einem himmlischen Besuch auch von einem Aspekt Ihrer selbst hätte kommen können, dessen Sie sich nicht bewußt waren und der aus irgendeinem geheimnisvollen Grund plötzlich an die Oberfläche Ihres Bewußtseins trat. Durch diese Einsicht wird das Gefühl der Metamorphose keineswegs beeinträchtigt, sondern vielleicht sogar verstärkt.

Oben: **Schamanentrommel,** *Dänemark.* Gegenüber: **Tauchvogel-Maske,** *kanadische Indianer. Der Vogel steht im symbolischen Zusammenhang mit den Traumreichen.*

DER BLICK DES ZAUBERERS

Viele Berichte stellen darauf ab, daß die Wirklichkeit in den Augen eines Schamanen oder Zauberers als Energie und Bewußtsein und nicht als Materie erscheint, und der Geist, der diese Energie wahrnimmt, wird als Muster und nicht als Substanz verstanden. Was Schamanen mit den Weisen gemeinsam haben, ist der Wunsch, hinter die Wahrnehmung der täglichen Umgebung zu schauen, in der wir alle gefangen sind. Denn wir scheinen uns in einer einzelnen, jedoch gemeinschaftlichen Vision eines stabilen physischen Universums eingekapselt zu haben, in dem das Ursache-Wirkungs-Prinzip herrscht.

Für einen Hellseher oder jemanden, der sehen kann, erscheinen wir alle hoffnungslos eingeschlossen in einem Energiefeld, das von unserer ganzen Gesellschaft und ihrem Glauben unterstützt und gefestigt wird. Die Tatsache, daß wir alle die Welt in derselben Weise sehen, liegt einfach daran, daß wir mit derselben »Software« programmiert wurden. Unsere Erwartungen werden gegenständlich belohnt. Und die Form, in die wir unsere Sicht vom Universum einpassen, scheint uns davon abzuhalten, es je anders zu sehen.

Natürlich kann man finden, daß der Hellseher in einem anderen Feld genauso gefangen ist wie wir. Und natürlich stimmt das. Doch die Mystiker und Magier versuchen, aus jedem Wahrnehmungskäfig auszubrechen, und benutzen dazu bemerkenswert ähnliche Werkzeuge. Der Weise und der Zauberer unterscheiden sich darin, daß der Schamane andere, geistige Welten sucht, aus denen er Macht und Energie für sich und seine Gemeinschaft bezieht, wogegen sich der Mystiker nur mit den Geheimnissen des Seins beschäftigt und mit der sich daraus ergebenden Zerstörung des Gefühls, vom Rest der Existenz getrennt zu sein. Damit sucht der eine Flüchtling neue Welten und ihre Unterschiede, während der andere die Unterscheidung zu vermindern sucht. Doch für beide gründet sich das Universum ganz allein auf Energie.

Der mystische Künstler William Blake sagte einmal: »Energie ist Freude«, und es sei nur unsere Festlegung, wonach wir die Bedeutung von Dingen dieser Energie zuschreiben.

Diese Tendenz, Energiebündeln Bedeutung und Form zu geben, scheint eine einfache Überlebensfunktion zu sein, doch es ist zu hoffen, daß wir manchmal mehr als nur ein Überlebensmechanismus sind. Aber unsere lange Geschichte der gesellschaftlichen Programmierung, die in Darwins Gesetz vom Überleben des Stärkeren gipfelte, scheint eine Naturwahrnehmung geschaffen zu haben, welche wiederum die Natur unserer Wahrnehmung geschaffen hat. Wir nehmen einfach nur das wahr, was wir wahrzunehmen gelernt haben.

Wenn das stimmt, könnten die ältesten Texte, die davon ausgehen, daß die Welt nichts als Illusion und Traum ist, recht haben. Die alten Seher glaubten, daß die Energie der Existenz wirklich genug ist, doch unsere Deutung oder Beschreibung ist unsere vollkommen eigene Schöpfung.

Dieses Sich-Verlassen auf eine Beschreibung von »Dingen« muß für das Überleben unserer Art not-

wendig gewesen sein, da es unseren Vorfahren erlaubte, die Welt in den dualistischen Begriffen von »Nahrung« und »Nicht-Nahrung«, Gefahr und Sicherheit zu sehen. Doch nach Tausenden von Generationen, die die Welt auf diese Weise wahr-

Gegenüber: *Medizinmann der Sioux* beim Opfern einer Gabe an die Geheimnisse des Landes.
Oben: *Amerikanischer Schamane.*
Beide Photographien aus The North American Indian, 1907–1930, von E. Curtis.

nahmen, haben wir als soziale Spezies eine derart stark angewöhnte Erwartung, wie die Welt sein sollte, daß wir sie nicht mehr auf andere Weise zu sehen vermögen. Wir wurden alle darauf programmiert zu glauben, daß die Welt aus Dingen besteht und nicht aus einem unendlichen Gewebe miteinander verbundener Energien.

Wann immer wir einen Durchbruch erreichen und einen kurzen Blick auf die Welt in anderen Begriffen erhaschen, fällt unsere normale Vorstellung einer soliden und physischen Sicherheit in sich zusammen. Wir sind ohne grundlegendes Umprogrammieren nicht fähig, die Welt irgendwie anders denn als das festgefügte Universum zu sehen. Und auch wenn es einigen Pionier-Schamanen gelingt, in eine andere Ebene auszubrechen, tragen sie oftmals dennoch ihre alten Deutungsgewohnheiten mit sich hinein. Ein Karadji sieht aus diesem Grund eine Sonnenfrau, eine Blitzfigur oder Mimi-Geister, während eine Person in einem luziden Traumlabor die Erdgöttin, einen Engel oder einen weisen alten Mann sehen mag.

Es scheint, daß wir im Traum manchmal aus dieser Zwangsjacke festgelegter Wahrnehmung aussteigen und die Gelegenheit wahrnehmen können, andere Reiche zu besuchen oder unsere Zwangslage aus einem übergeordneten Blickwinkel zu sehen.

Selbst dann schaffen wir es, eine Vision mit unseren Vorstellungen als Christen, Moslems, Buddhisten oder Freudianer zu verdecken. Und so ist es ebenso unbekannt, daß moslemische Heilige und Mystiker jemals in ihren Träumen von Allah oder von himmlischen Besuchen buddhistische Divas gesehen haben, wie etwa, daß hinduistische Brahmanen christliche Engel sahen.

Wenn es stimmt, daß die meisten von uns in der eigenen Kultur gefangen sind, ist es nur ein kleiner Schritt zu der Annahme, daß wir die Welt rund um uns so wahrnehmen und erschaffen, daß sie dazu paßt. In psychologischen Begriffen heißt das einfach, daß wir die Welt um uns herum projizieren, was zumindest eine vernünftige Möglichkeit ist. Doch der Mystiker und der Zauberer scheinen etwas noch viel Ursprünglicheres zu meinen. Sie behaupten, daß wir fähig sind, Welten aus greifbarer Materie zu schaffen. Unsere Träume und Wünsche können verwirklicht werden. Wenn dies der Fall ist, sind wir alle für die Welt verantwortlich, in der wir uns befinden. Was wiederum die unerklärlichen, magischen und wunderbaren Ereignisse erklären könnte, die ein Schamane, ein Heiler oder Heiliger sichtbar machen können — von heiliger Asche oder Schweizer Uhren aus den Händen des indischen Heiligen Satya Sai Baba bis zu den außerordentlichen Operationen, die von indonesischen Heilern durchgeführt werden.

Wie wir bereits gesehen haben, beschreiben Hellseher die Energiewelt oft als Netze oder Lichtfäden. Manche Berichte gehen noch weiter und erklären die Fäden nicht nur als Energie, sondern als Bewußtsein. Jedes Individuum, das als Energiefeld gesehen wird, besteht aus einem runden oder eiförmigen Licht, dessen Strahlen aus seinem Zentrum zu kommen scheinen. Viele Beschreibungen erwähnen eine Bündelung der Energie in einer Art Brennpunkt der Strahlen eines netzartig beschaffenen Raums. Die Verortung dieser Strahlen hängt von der Kultur ab, zu der der Beobachter gehört.

Viele östliche Kulturen lokalisieren den Punkt, an dem sich die Lichtfäden treffen, zum Beispiel rechts vom Herzen; manche sind der Meinung, er befinde sich am dritten Auge, während die Schamanen aus Mittelamerika sagen, er liege ungefähr dreißig Zentimeter hinter dem Körper auf Schulterhöhe. Abgesehen von diesen Unterschieden scheinen sich alle darin einig, daß der Energiekörper eines menschlichen Wesens aus Licht besteht und daß irgendwo an der Peripherie der Aura der zentralen Kugel ein *Punkt der Wahrnehmung* oder Punkt der Aufmerksamkeit als kleineres, aber sehr viel helleres Glühen erscheint.

Hier stellen wir zum ersten Mal Parallelen zu den neu-wissenschaftlichen Theorien eines holographischen Universums fest, die in Teil III untersucht werden sollen. Für den Moment wollen wir nur festhalten, daß die meisten mystischen und schamanistischen Kulturen glauben, daß dieser Punkt aufmerksamer Wahrnehmung dafür verantwortlich ist, welche Ebene, welches Reich oder welche Welt das Individuum erlebt. Die erlebten Reiche scheinen davon abzuhängen, welche der Millionen Lichtfäden um uns von dem Bündel fokussiert werden. Wenn

Gegenüber: **Mandalas.** *Jung ermutigte seine Patienten dazu, als Teil ihrer Therapie zu malen. Er glaubte, daß solche Mandalas die Aufmerksamkeit des Patienten fesselten und tiefere, archetypische Bilder anregten, die als befreiende und integrierende Kraft in der Psyche wirkten. Oben: Jungs eigenes Bild aus seinem Tagebuch, das den archetypisch beflügelten und weisen alten Mann zeigt, der ihn in seinen Träumen besuchte.*

sich der Wahrnehmungspunkt von seiner Position wegbewegt, erlebt die Person ein völlig anderes Reich. Es scheint, daß die Mystiker und Schamanen, während die Physiker immer noch über die Möglichkeit eines parallelen Universums theoretisieren, dieses bereits seit langem erforscht und es sorgfältig kartografiert haben. Dies würde den Glauben all jener Kulturen erklären, daß in allen Initiationsriten die alte Person sterben muß, damit die neue geboren werden kann. Mit anderen Worten: Damit eine neue Vision der Wirklichkeit möglich ist, muß sich der Wahrnehmungspunkt des Individuums an einen anderen Ort der großen Matrix aus Licht und Energie bewegen. Um ihn aus seiner gewohnten Stellung zu bewegen, die durch die gesellschaftlich-kollektive Vorstellung von der Natur geschaffen und von ihren Programmierungseinrichtungen fest verankert wurde, muß der angehende Seher seine Vorstellung klären, indem er alles verlernt, was ihm einprogrammiert wurde. Deshalb müssen die Schamanen als Mitglieder der Gesellschaft sterben – wodurch die Programme symbolisch oder tatsächlich aus ihrem Geist gelöscht werden –, um eine neue Gestalt annehmen zu können.

Normalerweise bedarf es eines psychologischen Hammerschlags von beträchtlicher Wucht, um die Wahrnehmungsgrenzen zu durchbrechen, und dies würde erklären, warum es so viele Geschichten von ziemlich ruppigem Verhalten der Meister gibt und ein solches Vertrauen auf seiten der Jünger.

Nach einer oft ungeheuren Anstrengung kann der Jünger einige der erlernten Wahrnehmungsprogramme fallen lassen. Sofort wird der Aufmerksamkeitspunkt beweglich und gleitet von seiner bisherigen geheiligten Position fort. Danach macht er

einen Sprung zu einem neuen Ort. Dort wird er sich mit Millionen neuer Lichtsträhne in einer neuen Ordnung vereinigen und sich eine neue Welt oder ein neues Universum eröffnen. Das Universum kann auf verschiedene Arten erfahren werden, je nach natürlicher Fähigkeit, Übung und sozialem Hintergrund. Diejenigen, die mit bestimmten Techniken vertraut sind oder in bestimmten Schulen meditiert haben, können nun diese Reiche als das sehen, was sie wirklich sind: Licht, Energieflüsse, Bewußtsein und Schwingungen. Dies ist das volltönende Universum, von dem die Tibeter aus der Tradition der Dzogchen sprechen, wenn sie ihre »Übung des natürlichen Lichts« machen. Es ist das Reich des Bardo, das im *Tibetischen Buch der Toten* mit solcher Genauigkeit beschrieben wird.

Doch viele Individuen deuten die Energieflüsse und -bündel immer noch als gewohnte Objekte. Ein strahlendes Licht kann zu einem Autoscheinwerfer oder dem Strahler eines Vortragssaals werden, und diese Deutungen sind dann mit einer projizierten Weltvorstellung verfestigt.

Es wird behauptet, daß viele der intensiveren und transformierenden Träume, die wir haben, von einer Bewegung im Aufmerksamkeitspunkt während des Schlafes abhängen. Denn im Traum scheinen wir keine so gefestigte Wahrnehmung mehr zu haben, und unser Aufmerksamkeitspunkt bewegt sich so frei bei Kindern, deren Punkte sehr beweg-

*Oben: **Der Morgenstern.** Ein Perlenschmuck der Crow-Indianer, Zentralebene Amerikas. Rechts: **Tanzkleid** der Arapaho-Indianer, das einen Halbmond und eine Schildkröte zeigt. Diese symbolisieren die materielle, wache Welt, die von den Krähen, den Elstern und den Sternen der Traumreiche bezwungen wird, die das tiefere Universum der amerikanischen Indianer darstellten.*

Alle Mystik-Schulen, ob sie von einem Weisen oder einem Zauberer gegründet wurden, haben Methoden, die durch klares Träumen systematisch den Aufmerksamkeitspunkt verschieben können. Die Wachsamkeit des Träumers wird dann mit recht stabilen, aber gänzlich anderen Energiebündelungen der Welten verbunden. Diese Welten sollen so wirklich wie unsere eigene sein, und es gibt zahllose Beschreibungen der festen Überzeugung des Träumers, etwas viel Wirklicheres als einen Traum erlebt zu haben.

In der Welt der Mystik gibt es offenbar zwei verschiedene Wege zu Freiheit und Erleuchtung: den Weg des Willens und den Weg der Hingabe. Beim ersten sind Disziplin und Kontrolle unerläßlich. Die bloße Wiederholung bestimmter Willensübungen bezwingt langsam aber sicher den bewußten Geist, der die Illusion unseres alltäglichen Seins festhält. Der Geist scheint dem Durchhaltewillen am Ende nicht standhalten zu können. Schließlich gibt er nach, auch wenn es die Person sehr erschöpft.

Auf dem Weg der Hingabe versucht man nicht zu kämpfen oder gegen den Strom zu schwimmen, sondern folgt eher der Strömung. Beide Wege führen schließlich zum selben Erwachen. Der wesentliche Unterschied zwischen dem Zauberer und dem Mystiker liegt in der Gegensätzlichkeit der Wege. Durch die Macht des Willens und der Vorstellung sucht der Schamane Freiheit, indem er unzählige Energiewelten durchschreitet, während der Mystiker lernt, sie einfach zu umgehen, weil er sie als faszinierende, aber unnötige Ablenkungen begreift.

Ich befinde mich nun in einer Zwickmühle, denn paradoxerweise unterscheiden sich die Methoden des Willens vollkommen von der Form des Mystizismus, der ich folge. Meine eigene Suche unter Leitung eines Meisters steht ganz im Gegensatz zum Weg des Willens. Doch der Weg übt eine große Faszination auf mich aus. Mein eigener Führer zog mich gnadenlos mit meiner Neigung zu esoterischem Abfall auf. Je sehender ich wurde, desto mehr Spaß

lich sein sollen – ehe das soziale Programm ihn festlegt. In Träumen, so sagt man, können wir uns frei in andere Reiche bewegen, und dies wird durch die vielen Berichte von luziden Visionen, die von Heiligen, Schamanen, Mystikern und Sehern geliefert wurden, untermauert.

Oben: *Die Göttin Kali. Fragment einer Arbeit aus dem neunzehnten Jahrhundert. Diese schreckliche Göttin scheint eine seltsame Wahl für solch ohnmächtige Verehrung, wie* **Ramakrishna** *(gegenüber) sie übte. Doch er war ein einzigartiges religiöses Genie, der mit praktisch allen spirituellen Wegen experimentierte.*

machte es ihm, mir diese Neigungen aus dem Kopf zu schlagen. Der Weg des Willens ist der Weg der Esoteriker und befindet sich am anderen Ende des Spektrums, auf dessen gegenüberliegender Seite der Weg des Tao liegt, der Weg des Flusses oder, wie es passender heißt, der Weg der Strömung.

Der Zauberer und der Schamane benutzen den Willen. Der Wille schickt den Zauberer über Grenzen, durch die Klapptür seines inneren Verlieses. Er kann den Leser in die äußeren Welten des träumenden Selbst schicken. Er ist trotz allem das Thema der meisten Methoden in diesem Buch.

Und doch, nachdem wir uns mit einigen der außergewöhnlichsten visionären Phänomene befaßt haben, die es in diesen Domänen gibt, nachdem wir Einsicht in das Wesen der Wirklichkeit und derer um uns herum erhalten haben, kommt hier ein Punkt, an dem solche Talente und Visionen zur Last werden können, anstatt zu befreien. Das ist das Problem des Schamanen. Das normale alltägliche Ego bläht sich zu einem massiven spirituellen Monster auf. Doch je aufgeblasener es wird, desto schwieriger ist es, es wieder herunterzuholen – besonders für den Besitzer! Die Theorie hinter diesem Weg scheint zu sein, daß das Ego, je kristallener es wird, desto leichter zu zerstören ist. Doch es bedarf eines Meisters mit einem mächtigen Hammer.

Sogar der große indische Mystiker Shri Ramakrishna war so mit der Visualisierung und Verwirklichung der Göttin Kali beschäftigt, daß er im Zustand des dritten Auges stecken blieb. Er sah sie überall, im Traum und im Wachzustand. Ihr Bild war so lebendig und wirklich wie die physische Welt um ihn herum. Sein eigener Meister befahl ihm, seine Vision fallenzulassen, doch Ramakrishna konnte es einfach nicht ertragen, seine geliebte Göt-

tin zu zerstören. Er brauchte Hilfe. Der alte Meister nahm einen Glassplitter von der Straße und machte einen tiefen Schnitt in seine Stirn, am Punkt des dritten Auges, und zwang ihn so aus dem ekstatischen aber illusionären Stadium heraus, um die Wirklichkeit der Situation zu erkennen. Eine solche Maßnahme mag schmerzhaft und brutal erscheinen, aber sie wirkte. Doch nur wenige von uns haben das Glück, einen solchen Meister an ihrer Seite zu haben – einen, der die Zustände vor uns durchlebt hat und die Gefahr kennt, im Hinterland unseres Geistes gefangen zu bleiben.

Nachdem wir einige der Gefahren dieses besonderen Weges umrissen haben, müssen wir uns fragen, ob es einen Weg gibt, klares Träumen zu erfahren, ohne an der spirituellen Krankheit zu erkranken. Wenn Sie eine der Haupttraditionen der Mystiker oder Schamanen untersuchen, werden Sie entdecken, daß es viele Wegweiser gibt, die solche Gefahren ankündigen und andere Wege vorschlagen. Diese Methoden sind so einfach und normal, daß es schwierig ist, sich vorzustellen, sie seien überhaupt spirituell, und mit Sicherheit sprechen sie das Ego nicht an, das sie verdrängen sollen.

Es gibt den Fall des Zen-Mönchs Hui Neng, der zu einem Meister ging, welcher ihn fragte, ob er etwas über die Wahrheit *wissen* oder die Wahrheit *sein* wolle. Als er das letztere wählte, schickte ihn der Meister als Reiswäscher in die Küche, ein niederer Rang, noch unter dem der jüngsten Mönche. Man sagte ihm, er solle den Meister nie wieder besuchen, sondern nur noch Reis für die Gemeinschaft waschen. Nach zwölf Jahren hatte er seine spirituelle Suche vollkommen vergessen, doch sein Geist hatte sich entspannt, so daß die Erleuchtung ganz von selbst geschah. Den bestrebten Mönchen

der Gemeinschaft fehlte, was er nun besaß: kein Bestreben.

Und doch bedarf es auch auf dem willenlosen Weg der Hingabe eines bestimmten Verhaltens. Wie soll man ein solches, scheinbar entgegengesetztes Ziel erreichen?

Durch die *Absicht*.

Absicht ist das Äquivalent zu Gurdjieffs Schwur für das Wesentliche und die Einstellung zum Leben, auf der Carlos Castanedas Lehrer Don Juan immer bestand. »Die Intention« ist ein Begriff, der durch ihn geprägt wurde, und was man auch immer von der fragwürdigen Wahrheit des Berichts über die Lehrjahre seines Zauberers halten mag, so sind die schamanistischen Prinzipien, die seinen Büchern zugrundeliegen, unzweifelhaft authentisch. Und die Absicht ist der zentrale Punkt, um den sie sich drehen.

Die zielgerichtete Absicht wird ein festes Verhalten. Dieser Gedanke wird als brennender Zweig in die tiefere Ordnung der Wirklichkeit geschickt. Die tiefere Ordnung weist eine Parallele zu den wissenschaftlichen Theorien der Neuen Physik auf, und wir werden bald diese tiefere Wirklichkeit betreten, aus der sich die manifestierten Welten zu einer sogenannten »belasteten Ordnung« entfalten. Dies ist die Basis aller Wesen, das Abbild der Wirklichkeit, aus der sich die dingliche Welt erhebt.

Normalerweise bombardieren wir diese belastete Ordnung mit einer Reihe verwirrter Gedankenketten, die in ihrer Natur oft völlig widersprüchlich sind. Das Ergebnis ist ein ebenso verwirrtes und erschreckendes Lebensmuster, das sich entfaltet. Doch wenn diese Gedanken zu einem einzigen Muster gebündelt werden wie ein Laserstrahl, wird das Ergebnis auf die gleiche gebündelte Weise hervortreten. In der Welt der Schamanen und Weisen werden wir für das verantwortlich gemacht, was wir ins Universum abgeben. Sie glauben fest an das Gesetz: »Wie wir säen, so werden wir ernten«. Und wie fremdartig und absurd es auch scheinen mag, glauben sie doch, daß sich die Welt nach unseren Vorstellungen verändert.

Daraus kann man schließen, daß es Willen und *Willen* gibt. Vielleicht ist es leichter, den Willen als pure Energie zu sehen, und vielleicht ist eine der Hürden des Mystikers, Schamanen und unvorsichtigen Lesers ein grundlegendes Fehlen von Energie. Um überhaupt zu visualisieren oder einen Schwur für das Wesentliche zu machen oder während des Schlafens bewußt zu werden, braucht man Energie.

Oberflächlich scheint es, daß eine meditierende Person, die still dasitzt und nichts tut, nicht mehr Energie benötigt als jemand, der einschlafen will. Doch dieses Nichtstun verschleiert eine enorme Energiemenge, genauso wie wir jetzt wissen, daß das Gehirn im Traum aktiver ist als beim Wachsein.

Die meiste Energie wird dafür verwendet, die Welt um uns herum zu festigen, und dabei entweicht die ganze Zeit Energie. Ein Zen-Meister namens Ikkyu nannte die Welt der Wünsche einmal den »undichten Weg«. Auf diesem verschwenden wir all unsere Energie, indem wir Wünschen hinterherjagen und die Illusion über unser Selbst festigen. Doch durch verschiedene Übungen gelingt es dem Schamanen und dem Mystiker, einige Lecks abzudichten, damit genug Energie für Meditation oder bewußtes Träumen da ist.

Das schlimmste Loch im Energiemuster ist das *Ego*, der falsche Sinn unseres Selbst, die soziale Maske jedes Individuums. Diese illusorische Persönlichkeit, von der wir glauben, sie sei unser wirkliches

Rassel in Kopfform, *Britisch-Kolumbien. Rituelle Objekte wie dieses wurden bei den Schamanen-Tänzen und -Zeremonien der Haida verwendet. Diese Darstellung ist gleichzeitig Mann und Vogel und zeigt den Schamanen als Reisenden zwischen wachem und geträumtem Reich.* Gegenüber: **Hundetotem** *der Sioux, amerikanische Ureinwohner.*

Selbst, benötigt ständig größte Aufmerksamkeit für seine selbsterschaffenen Dramen. Ständig wird daher Energie durch die Ego-Röhre gesogen, um das eigene Wertgefühl, den Wunsch nach Respekt, Liebe und Aufmerksamkeit zu befriedigen. Ohne diesen stetigen Abfluß hätten wir vielleicht genug Energie, um aus dem Gefängnis der täglichen Wahrnehmung zu entkommen, welches das monströse und illusionäre Selbst erschafft.

Wir werden im folgenden Kapitel auf das narzißtische Ego zurückkommen, denn in den Träumen erfährt das Ego oft eine erstaunliche Verwandlung.

Die folgenden ausgewählten Methoden sind den schamanistischen Überlieferungen entnommen.

SCHAMANISTISCHE METHODEN

VISUALISIERUNG

Bei der Visualisierung ist es immer gut, eine Aufnahme mit Trommelschlägen oder mit einem sich wiederholenden Geräusch zu haben. Vor dem Einschlafen entspannt man sich in der Dunkelheit oder mit einer Augenbinde und stellt sich vor, durch einen langen Tunnel auf ein Licht zuzugehen, das an seinem Ende leuchtet. Durch den Trommelrhythmus hat man das Gefühl, immer schneller durch den Tunnel gezogen zu werden. Wenn man das Licht erreicht hat, ruft man einen Freund oder Führer, der einem bei der Erforschung des zu betretenden Reiches helfen soll. Dies kann ein mystisches Wesen, ein Tier oder ein Geist sein. Lassen Sie sich beim Warten auf den Freund Zeit, und seien Sie nicht überrascht, wie er aussieht. Erlauben Sie, daß er in Ihrem Kopf Gestalt annimmt, und haben Sie keine Angst, wenn er eine erschreckende Verkleidung hat. Tatsächlich behaupten viele Schamanen, daß die Suche nach der Vision um so machtvoller sein wird, je erschreckender das Totemtier ist. Erlauben Sie dem Ereignis in Ihrer Vorstellung, sich vollständig zu entfalten, und wenn Sie glauben, daß dies geschehen ist, verabschieden Sie sich von dem Freund, bedanken Sie sich dafür, Sie in das Reich mitgenommen zu haben, und bitten Sie ihn, Sie im Schlaf wiederzutreffen. Kehren Sie durch den Tunnel zurück und erwarten Sie den Schlaf mit dem Entschluß, daß diese Sequenz im Traum fortgesetzt wird, daß Sie wieder darin mitwirken werden, aber daß Sie diesmal in dem Moment, da Sie den Freund sehen, sofort im Traum aufwachen werden.

Wenn es Ihnen so gelingt, einen Klartraum später in der Nacht auszulösen, dann verwenden Sie genau dieselbe Aufwachmethode im Traum. Die Macht und Wirklichkeit hat eine ganz andere Dimension als die der vorher geführten Visualisie-

rung im Wachzustand. Seien Sie also wachsam und vorbereitet, wenn ein sehr reales Totemtier oder ein Freund erscheint, um nicht ängstlicher zu sein, als wenn Sie einen Tagtraum erlebten. Vermeiden Sie es, den Traum über das Zusammentreffen mit ihrem Führer hinaus zu kontrollieren. Folgen Sie dem Traum so aufmerksam Sie können und bleiben Sie ein Zeuge, der weiß, daß alles nur ein Traum ist, der aber über die unerwarteten Ereignisse staunt. Doch denken Sie daran, daß es ein Traum ist, den Sie verändern können, wenn Ihnen die Richtung, die er nimmt, nicht gefällt.

Oben: *Mandan-Trommel* eines amerikanischen Ureinwohners, Nord-Dakota. Klarträumer beschäftigen Geister-Führer in ihren Visionssuchen, die Hilfe und Anleitung geben, Lieder und neue Tänze lehren und den Traumreisenden besondere Talismane geben. Motive, wie die vier Windrichtungen auf dieser Büffelhauttrommel, werden für die Erinnerung oder Wiederanregung der Erfahrungen verwendet. Rechts: *Holzmaske,* Ninnivak Island, Grönland. Viele Schamanen sind in den Reichen der Klarträume genauso zu Hause wie in der wachen Welt und unterscheiden nur selten, welche realer ist.

LICHTKÖRPER

Konzentrieren Sie sich in einem Klartraum auf Ihren Körper. Klären Sie, was für eine Art Körper Sie besitzen. Dies kann ohne Eile geschehen. Nehmen Sie sich Zeit, und wenn nötig, schauen Sie in einen Spiegel. Vielleicht sehen Sie bereits einen Energiekörper aus Licht, aber wenn nicht, können Sie sich leicht einen vorstellen, der sich dann manifestieren wird. Wie er erscheint, ist eine ganz andere Sache.

Wenn Sie ihn mit einem davon getrennten hellen Licht- und Energiebündel irgendwo am Rand einer zentralen Kugel sehen, konzentrieren Sie sich auf diesen Punkt und warten Sie ab, was geschieht.

Experimentieren Sie mit diesem neuen Körper, formen Sie ihn im Spiegel oder stellen Sie ihn neben sich, als wäre er eine Lichtskulptur.

Wenn Sie mit seiner Form zufrieden sind, versuchen Sie, ihn zu benutzen, indem Sie seine Aura betreten und durch seine Helligkeit hindurchsehen. Stellen Sie fest, von welchem Teil Ihrer neuen Anatomie aus Sie *sehen* können und genießen Sie, was Sie da sehen.

8. KAPITEL

TRÄUME VON GANZHEIT

... Was ist Leben?
Eine Lüge, ein Schattenfleck,
eine Fiktion, ein Glück? Eine Illusion?
Das ganze Leben ist ein Traum,
und Träume — welch ein Scherz —
sind wieder selbst nur Traum.

La Vida es Sueno (Das Leben ist ein Traum)
Calderon

Wenn wir uns auch in unserem Sessel zurücklehnen und über die Welt des Schamanen grübeln oder vielleicht sogar einige seiner Methoden ausprobieren, so können doch nur wenige von uns wirklich ein solch gefährliches und lebendiges Reich betreten, so fest stecken wir in unserer städtischen oder ländlichen Umgebung fest.

Wie stark unsere Bilder auch sein mögen, wir bleiben doch im besten Fall Sonntags-Schamanen, und schlimmstenfalls sachkundige Erzähler, die wahrscheinlich noch nicht einmal den Mond und seine Phasen bemerken und nicht sagen können, ob der Mond von links oder rechts aufgeht.

Wie kann der städtische Mensch die Erde unter den Straßen fühlen, oder die inneren Lebensgezeiten, die uns durch die Jahreszeiten drängen? Frauen fühlen in dieser Hinsicht mehr als Männer, denn sie tragen in ihrer Gebärmutter und in den Eierstöcken die Gezeiten. Doch trotzdem distanzieren sich die meisten von den Quellen des Lebens, die so wichtig für die Stammesgemeinschaften sind.

Doch der Mensch hat unerschöpfliche Quellen. Vielen von uns ist es gelungen, künstliche Wege zu finden, natürlich zu sein. Da uns die geteilte Erfahrung des Stammes fehlt, schaffen wir uns diese Umgebung durch Therapiegruppen und spirituelle Workshops. Da wir keinen Medizinmann haben und den Priester oft nicht anerkennen, wählen wir Psychologen, Psychoanalytiker, Therapeuten und Gurus.

Immer mehr Menschen haben das Gefühl, nirgendwo dazuzugehören oder führen ein Leben, das nur innerhalb einer künstlich geschaffenen Hackordnung einen Sinn ergibt. Es ist kein Wunder, daß so viele moderne Städter zu ihrem Therapie-Stamm laufen, der sich ihrer Probleme des inneren Wachstums annimmt und den Wunsch unterstützt, sich zum Besseren zu wandeln.

Zeichnung eines fünfzigjährigen Patienten, der an Schizophrenie leidet. Während der Klarträumer manche der Schwierigkeiten mit geisteskranken Patienten teilt, wenn er versucht, zwischen Wirklichkeit und Traum zu unterscheiden, lernt er durch die Natur der Luzidität, seinen inneren Monstern sicher gegenüberzutreten, da er weiß, daß er in einer nicht-bedrohten Situation ist und irgendwo sicher im Bett schläft. Der Schizophrene ist nicht so glücklich, da die Grenzen für ihn nicht so klar sind. Es heißt, daß die Trennlinie zwischen einem Mystiker und einem Verrückten nur eine Handbreit ausmacht.

Offensichtlich gibt es eine unwiderstehliche Bewegung, uns selbst zu verändern, unsere allzu menschlichen Schwächen in ein »höheres Selbst« auf feinere Ebenen des Bewußtseins zu heben oder einfach unser zerstückeltes oder vielfaches Selbst in ein einziges, leichter zu handhabendes Ganzes zu verwandeln.

Auch wenn wir alle Versuche, ein höheres Wesen zu werden, fallenlassen und uns einfach nehmen, wie wir sind, gibt es immer noch einige tiefsitzende Wunden, die geheilt und Teile, die zu einem Ganzen zusammengesetzt werden können.

In dieser verzweifelten Situation gibt es eine einfache Hilfe, die natürlich und frei verfügbar ist: klares Träumen. Es bedarf keiner Führer, keiner psychologischen Priester und keiner Therapie. Dabei sind Sie ganz auf sich gestellt und in sich.

Sogar die heftigsten Kritiker der Anwendung klarer Träume in der Therapie geben zu, daß sie ein unbestreitbares Potential von therapeutischem und psychologischem Wert besitzen. Doch man streitet immer noch über die Tatsache, daß man in einem Klartraum, in dem man bewußt das Material schürft, das unseren unbewußten Reichen entstammt, einen extrem gefühlsmäßigen Wandel erfahren kann. Die symbolischen und typischen Bilder, die sich in normalen, nicht-bewußten Träumen zeigen, können eine tiefgreifende Wandlung zu einem ungesunden Verhalten mit sich bringen, welches Klarträume ausschließen könnte.

Mir scheint es trotz all dieser Zweifel doch besser, die eigenen Traumszenarien betreten zu können und den Dämonen und Engeln des Geistes bewußt entgegenzutreten, um sich neu zu finden und neu einzuordnen, als sich irgendeiner vagen psychologischen »Obhut« anzuvertrauen, die funktioniert oder eben nicht. Luzidität bringt neues Verständnis, Einsicht und eine Metamorphose mit sich.

Während des letzten Jahrzehnts wurde klares Träumen in Therapien vielfältig angewendet. Man benutzte es, um wiederholt auftretende Alpträume zu bekämpfen, und zwar besonders bei Kindern, die fähiger als Erwachsene scheinen, in einen bewußten Traum zu gleiten.

Vor über zweihundert Jahren wurde der schottische Philosoph Thomas Reid von schrecklichen Träumen gequält. Er war entschlossen, sich von ihnen zu befreien. Er begann, sich beim Einschlafen daran zu erinnern, daß, was immer im Schlaf geschah, nur ein Traum war, und daß er wirklich nicht in Gefahr sei. »Nach vielen fruchtlosen Versuchen, sich bei Eintreten der Gefahr daran zu erinnern«, gelang es ihm, bewußt zu werden, »und oft, wenn ich in einen Abgrund glitt, erkannte ich, daß es ein Traum war, und sprang tapfer hinein«. Solche Methoden wurden mit Hilfe moderner Technik und Techniken weiterentwickelt. Heute kann jemand mit Schlafstörungen und wiederkehrenden Alpträumen lernen, im Schlaf einen Knopf zu drücken, wenn der Traum beginnt. Ein Techniker schickt dann ein Signal zurück, um den Träumer daran zu erinnern, daß er fähig ist, den Inhalt seines Traums zu ändern.

Dieselbe Wirkung kann bei aufgeschlossenen Personen durch einfache Hypnose erreicht werden.

Dem Patienten wird eine Anregung gegeben, die zu Beginn des Traums Luzidität auslöst, und er kann dann allem tapfer begegnen, was ihn bedroht.

Anstatt sich mit den Einzelheiten der dem Menschen innewohnenden Fähigkeiten oder mit den Theorien zu beschäftigen, die jenseits der verschiedenen Therapien inneren Wachstums liegen, schlage ich zwei geleitete Visualisierungen vor. Diese werden den Leser befähigen, eine teilnehmende Rolle beim Entdecken, Erkennen und Deuten der Symbole und Bilder in einem Tagtraum zu spielen.

Gegenüber: *Oh! Wie ich träumte von unmöglichen Dingen!* von William Blake. Dieser englische mystische Künstler soll die lebendigsten Träume gehabt haben. Viele davon scheinen Klarträume gewesen zu sein.
Oben: *Kürbis-Kleid*, von Morgenrot-Morgengran. Die Fähigkeit, Pflanze oder Tier zu werden, taucht oft in Klarträumen auf.

125

Golconde, Ausschnitt eines Bildes von René Magritte, 1953.

GELEITETE VISUALISIERUNG 1

Der geleitete Tagtraum ist eine extrem wirkungsvolle Technik, die der Person einen kleinen Eindruck davon gibt, wie klares Träumen sein kann. In Verbindung mit vielen der anderen, einfacheren Methoden, Luzidität auszulösen, sollte die Person nur noch wenig Mühe haben, die Grenze des Unbewußten zu durchstoßen. Man braucht dazu jedoch zwei Freunde, die einem helfen. Ideal ist es, wenn alle drei sich in den Rollen des Führens, Träumens und Notierens in diesem Mini-Traum-Workshop abwechseln.

Der Träumer sollte mit verbundenen Augen in einer bequemen Position auf dem Rücken liegen. Der »Führer« massiert vorsichtig die Stirn des Träumers entgegen dem Uhrzeigersinn. Dies beruhigt und entspannt den Körper auf geradezu wunderbare Weise und sollte ungefähr drei stille Minuten lang getan werden. Der Führer weist den Träumer dann leise an, sich vorzustellen, wie sich die Energie der Füße ungefähr zehn Zentimeter nach außen ausbreitet. Der Träumer sollte sich so wenig wie möglich bewegen und nur durch Bewegen eines Fingers anzeigen, wenn seine Vorstellung gelungen ist. Der Führer sagt dann, daß die Energie wieder auf ein normales Niveau zurückgebracht werden soll. Dasselbe geschieht mit dem Kopf: Die Energie strahlt zehn Zentimeter aus und wird dann wieder zurückgeführt. Dieser Vorgang wird wiederholt, doch jedesmal wird der Abstand vergrößert, erst auf zwanzig, dann auf dreißig Zentimeter, schließlich auf einen Meter. Jedesmal wird die Energie wieder zum Körper zurückgeführt.

Der Träumer wird dann angewiesen, die Energie einen Meter weit um den ganzen Körper herum auszudehnen und dann schließlich bis zu den Zimmerwänden. Wenn dies erreicht ist, wird die Person angewiesen, ihre Energie nach oben durch die Decke bis zum Dach des Hauses fließen zu lassen. Sobald die Person sich dies erfolgreich vorstellt, auf Befragen die Erfahrung als glaubwürdig und überzeugend bezeichnet, beginnt der Führer, die Aufmerksamkeit des Träumers zu lenken. Ist die Visualisierung noch nicht gelungen, setzt der Führer die Sitzung fort und fragt in Abständen, ob die Visualisierung klarer und wirklicher wird. Während der Sitzung wird dies dem Führer ohnehin intuitiv deutlich werden.

Es ist wichtig zu erkennen, daß dies ein in zwei Richtungen verlaufender Prozeß ist, bei dem die Fragen die Teilnehmer zwingen, sich ihrer Erfahrung bewußt zu werden. Die Träumer versinken normalerweise in einem Tagtraum, in dem die Aufmerksamkeit so von den Bildern und Gedanken gefesselt ist, daß sie verlorengeht und keine Wachsamkeit mehr besteht. Der Führer ist dazu da, die vollkommene Aufmerksamkeit im Träumer zu erhalten. Wenn die Person in einen Klartraum eintritt, wird dieselbe Art von Aufmerksamkeit nötig sein, um ein Zurückgleiten in ein nicht-bewußtes Träumen zu verhindern.

Eine Frage könnte sein, was der Träumer auf dem Dach sieht oder ob es nötig ist, sich umzudrehen oder nach oben zu steigen. Einzelheiten der Umgebung, die auf diese Weise entlockt werden, können als Möglichkeit verwendet werden, der Person bei der Visualisierung zu helfen, bis sie ein eigenes Traumleben anzunehmen scheint.

Normalerweise ist die Person nun bereit, überallhin zu gehen und alles zu tun, was sie möchte. Der Führer kann vorschlagen, zu anderen Orten zu fliegen, bekannten oder unbekannten, oder sogar bis zu den Sternen zu reisen. Versuchen Sie dem zu folgen, was das Beste zu sein scheint. Beharren Sie nicht auf einer Richtung, sondern führen Sie die

Person mit kleinen Vorschlägen, wobei Sie ständig sicherstellen, daß es etwas ist, was der Träumer möchte. Fragen Sie, was die Person anhat und ob sie es mag, und was sich an ihren Füßen befindet. Wenn sie Schuhe trägt, wie sie aussehen und welcher Epoche sie wohl zuzurechnen sind.

Oftmals erlebt der Träumer an diesem Punkt die erste Überraschung, denn die Füße können die eines Kindes sein oder schwarze Haut haben, obwohl die Person weiß ist, oder umgekehrt. Wenn der Tagträumer mit einer solchen Wendung des Ereignisses konfrontiert wird, während sich die Visualisation festigt, zeigt er vielleicht Abneigung dagegen, weiterzureden, und ärgert sich über jede Störung. Doch die Methode gewährleistet, daß er sich nicht im Traum verliert und vergißt, was passiert. Man sollte dies deshalb vor der Übung klären, um Komplikationen während der Sitzung zu vermeiden.

Aufgabe des Protokollschreibers ist es, alles festzuhalten, was gesagt wird. Dies geschieht am besten mit einem Aufnahmegerät. Es ist auch hilfreich, Beobachtungen gefühlsmäßiger Äußerungen oder Aufregung, die sich durch Bewegungen, Lächeln oder REM zeigen, festzuhalten. Jeder der drei Teilnehmer kann durch die Erfahrung gewinnen, also werden Sie nicht nachlässig, wenn die Traumbilder unscharf werden oder sich wiederholen. Höchstwahrscheinlich wird es viele Überraschungen und unerwartete Wendungen geben.

Versuchen Sie, den Träumer Zeitpunkt oder Zeitspanne seiner Bilder festlegen zu lassen, ihren genauen Ort, ob sich die Szene auf dem Land oder in den Bergen, in einer Stadt oder einem Dorf abspielt. Erlauben Sie ihm, die Einzelheiten der Gebäude, der Bäume, der Kleider, der Wesen oder Personen und ihres Verhaltens gegenüber dem Träumer zu beschreiben.

Stellen Sie einfache Fragen oder schlagen Sie vor, daß der Träumer die Szene aus einem anderen Blickwinkel oder sogar mit den Augen einer der Traumfiguren betrachtet. Manchmal überrascht es, wenn der Träumer in eine der Figuren seiner Landschaft eintritt und sich selbst betrachtet. Denn oft sieht das Bild des Träumers keineswegs so aus wie erwartet.

Die ganze Übung hängt ebensosehr von der Kreativität, dem Einfallsreichtum und dem Einfühlungsvermögen des Führers wie von der Phantasie des Träumers ab. Es ist daher wichtig für den Führer, sich interessiert zu zeigen. Ein gelangweilter Führer kann die ganze Sitzung zerstören, denn der Tagträumer befindet sich auf einer sehr sensiblen Ebene und ist beinahe übernatürlich empfindsam für die leiseste gefühlsmäßige Schwankung im Verhalten oder in der Stimme des Führers. Manchmal machen die Träumer Erfahrungen, die einem vergangenen Leben zu entstammen scheinen und die sehr lebendig und bedrohlich sein können. Wenn die Person ängstlich ist oder einem erschreckenden Bild ausgesetzt wird, sollte ihn der Führer sanft und bestimmt daran erinnern, daß er nicht hilflos ist und alles unter Kontrolle ist. Ein Schreckensbild kann entweder hingenommen und sorgfältig in allen Einzelheiten untersucht werden, oder es kann völlig des Tagtraums verwiesen werden. Durch Betrachten des Schreckens erfährt der Träumer oft Einsicht in seine versteckten Ängste – auch wenn das Ziel der Übung nicht ist, den Tagtraum zu deuten, sondern sich des Prozesses bewußt zu werden und sich daran zu gewöhnen, mit dem Traummaterial in einer sicheren und beschützten Umgebung umzugehen.

Am Ende der Sitzung ist es wichtig, den Träumer sanft und vorsichtig wieder auf den Boden zu bringen. Erinnern Sie ihn an den Rückweg, durch das Dach und in den Körper hinein. Wenn er wieder im Körper ist, erklären Sie ihm, daß Sie bis zehn zählen werden und der Träumer dann seine Augen öffnen wird.

Person in einer Landschaft, *von Premgit, 1992.*

Wald in den Downs, von Paul Nash.

GELEITETE VISUALISIERUNG 2

Diese Visualisierung wird am besten mit zwei Personen durchgeführt, von denen die eine führt und die andere mit geschlossenen Augen den Tagtraum beginnt. Verbalisierung ist im ersten Teil dieser Übung wichtig, denn sie hält den Träumer am Boden und bewahrt ihn vor ziellosem Umhertreiben, bei dem er sich verliert und alles vergißt. Wenn Sie diese Übung allein, nur mit Stift und Papier machen wollen, schreiben Sie nach dem Durchlesen jeder kurzen Anweisung alles auf, was Sie sehen, und zwar so deutlich und detailliert, wie Sie nur können, bis Sie angehalten werden, allein weiterzumachen. Am besten machen Sie diese Übung, ehe Sie schlafen gehen, entweder bei Kerzenlicht oder beim Schein einer Lampe, die gerade hell genug zum Schreiben ist.

Sie gehen auf ein kleines Waldstück zu. Es ist Frühling, und die Blumen auf den Wiesen und Feldern vibrieren vor Farbe und Leben. Das Waldstück liegt an einem Berg, und ein Weg verbindet es mit Ihrem Standort. Eine sanfte Brise trägt den kräftigen Duft junger Pflanzen und Kräuter herüber, und die Sonne wärmt Ihren Rücken. In der Ferne können Sie einen hohen Berg sehen, der in der klaren Luft glitzert.

Schließen Sie die Augen und stellen Sie sich die Szene vor. Wenn Sie sie in Ihrem Geist fixiert haben, schreiben Sie die Einzelheiten auf. Wenn Sie noch einmal hinsehen möchten, tun Sie es. Überlegen Sie, ob es eine bekannte Landschaft ist oder ob Sie noch nie dort gewesen sind. Gibt es Tiere, Vögel oder Menschen in der Landschaft? Sind Sie allein oder mit jemand anderem zusammen?

Sie gehen den Weg weiter in den Wald hinein und beobachten all die jungen Pflanzen unter den Bäumen.

Vielleicht wachsen Wiesenhyazinthen oder Schlüsselblumen zwischen den Bäumen. Vielleicht liegen Sonnenflekken auf dem Boden, oder die Bäume sind so hoch und dicht, daß der Wald ganz dunkel erscheint? Sie gehen ruhig herum und wissen, daß nichts Sie bedrohen oder stören kann, weil Sie während Ihrer Handlung vollkommen wach sind. Genießen Sie die Szenerie, wie immer sie aussieht, während Sie immer tiefer in den Wald oder das Wäldchen hinein gehen.

Schreiben Sie auf, was Sie fühlen, wenn Sie diesen Ort betreten. Ob er freundlich oder beunruhigend ist. Ob Sie andere Menschen oder Tiere um sich bemerken, ob diese beruhigend oder feindselig wirken. Denken Sie daran, daß Sie auf kein feindseliges Verhalten reagieren müssen, weil Sie alles unter Kontrolle haben und unsichtbar werden können, wenn Sie wollen. Wenn Sie Licht am anderen Ende des Waldes sehen, als würde der Weg dort weiterführen, hören Sie auf zu schreiben.

Sie treten jetzt aus dem Wald hinaus und stellen überrascht fest, daß Sie den Berg ein ganzes Stück hinaufgegangen sind. Sie bemerken, daß sich vor Ihnen der Eingang einer Höhle befindet und daß sich der Weg bis zum Gipfel des Berges hinaufwindet. Sie möchten sowohl die Höhle erforschen als auch bis zur Spitze weitergehen, die nicht so weit weg scheint, wie Sie erst dachten. Sie nähern sich der Höhle und sehen, daß Felsstufen in den Fels hineinführen, doch Sie können nicht gleich erkennen, wohin.

Entscheiden Sie sich, welchen Weg Sie nehmen wollen!

Beschreiben Sie die vor Ihnen liegende Szene mit den Gefühlen, die Sie empfinden, wenn Sie sich entscheiden, in den Berg hinein oder zu seiner Spitze zu gehen. Dann begeben Sie sich in die für Sie bequemste Position – hingelegt oder in einer meditativen Stellung – schließen Sie die Augen und folgen Sie dem Weg Ihrer Wahl. Kritisieren, analysieren oder bewerten Sie in keiner Weise sich selbst oder andere, die Sie vielleicht treffen. Machen Sie sich nur bewußt, daß Sie sich tief in einem Tagtraum befinden, wo immer er sein mag, während Sie sich daran erinnern, körperlich gleichzeitig an einem anderen Ort, in einer anderen Zeit oder Welt in Ihrem Zuhause zu sein. Paradoxerweise scheint dieser Körper zu schlafen, während sie wach auf dem Berg stehen. Erlauben Sie diesem Geschehen, sich zu entfalten, ohne die Ereignisse zu steuern. Sie bleiben ein Beobachter all dessen, was geschieht. Wenn Sie glauben, daß das Geschehen vorüber ist, kehren Sie langsam zu Ihrem Körper im Zimmer zurück. Seien Sie sich des Moments, in dem Sie den Traum verlassen, und wie Sie »aufwachen« so bewußt wie möglich. Schreiben Sie alles auf, solange es Ihnen noch frisch im Gedächtnis ist, und gehen Sie dann schlafen. Wenn Sie einschlafen, erinnern Sie sich daran, wie Sie in Ihre Visualisierung verfielen. Erinnern Sie sich auch daran, wenn Sie am nächsten Morgen aufwachen, wie Sie nach dem geführten Tagtraum in Ihren Körper zurückkehrten. Dies kann Ihnen eine tiefe Einsicht in den Wechsel zwischen Erwachen und Ihrem Traumzustand und umgekehrt geben.

Da dies eine recht leichte aber wirkungsvolle Technik ist, versuchen Sie, die Visualisierung mit verschiedenen Ausgängen und Szenarien zu wiederholen. Zum Beispiel können Sie auf einem Bürgersteig beginnen und auf ein bestimmtes Haus zuge-

hen. Sie können das Wetter, den Verkehr beobachten, ob die Läden geöffnet sind und wieviele Menschen sich auf der Straße befinden. Wenn Sie ein Gebäude betreten, können Sie auf den Dachboden oder in den Keller gehen und das Abenteuer an diesem Punkt beginnen.

Sie können auch in einer ganz anderen Epoche beginnen, in der Vergangenheit oder in einer angenommenen Zukunft. Eine ebenso wirkungsvolle Visualisierung ist es, auf einem geheimnisvollen See zu rudern und sich zu entscheiden, entweder zu schwimmen oder über den See zu fliegen. Welche Szene Sie auch möchten, erlauben Sie sich selbst, höher oder tiefer zu gehen. Die Symbolik ist vollkommen unwichtig. Beobachten Sie die Einzelheiten und die Komplexität des Inhalts und der Szenerie, der Personen und des Hintergrunds.

Doch seien Sie sich vor allem der Veränderungen jedes Zustands und der Beibehaltung des wachen Träumens bewußt. Was Sie aus dem Traum machen, hängt ganz von Ihnen ab. Sie werden Bilder sehen, die vollkommen überraschend und in jeder Hinsicht unvorhergesehen und einfallsreich sind. Sie werden wahrscheinlich darüber staunen, wie einfalls- und inhaltsreich das Traummaterial sein kann. Wenn Sie versuchen sollten, ein solches Erlebnis bewußt zu schreiben, würden Sie kläglich versagen, und doch wird jeder von Ihnen ein kleines Meisterwerk hervorbringen, wenn Sie diese einfache Methode anwenden, und das ohne jede Anstrengung.

Wenn Sie mit jemandem zusammenarbeiten, sollte er Sie nur durch die ersten drei Schritte geleiten, in denen Sie alles beschreiben, was Ihnen widerfährt; dann sollte er Sie in Ruhe das Ereignis vervollständigen lassen. Bei der Rückkehr können Sie ihm den Traum mitteilen, wenn Sie wollen.

Erlauben Sie dem Träumer, die Symbolik auf seine Weise zu sehen und zu deuten, ohne Druck oder Einmischung von Ihrer Seite.

Gegenüber: *Die Staffelei,* von *Micheline Boyadjian. Dieses kleine Bild zeigt das Dilemma des Visualisten und Träumers. Wer ist wer – der Körper oder der wandernde Geist?*

Oben: *Beschwichtigung alter Geister,* von *Albert Carl Willink. Wir sind in alptraumhaften Situationen normaler, nicht-luzider Träume oft hilflos. In geleiteten Visualisierungen und luziden Episoden können Traummonster als das erkannt werden, was sie wirklich sind, und der Teilnehmer erfährt Einsichten, Einheit und die Sicherheit, mit ihnen umzugehen.*

EIN WANDEL DER GESTALT

Fritz Perls, einer der scharfsinnigsten Psychotherapeuten dieses Jahrhunderts, näherte sich den Träumen von einem neuen Standpunkt aus. Er glaubte, wie Freud vor ihm, daß der beste Weg zum Unterbewußtsein der Traum sei, doch er fühlte auch, daß man nur selten durch rein intellektuelles Erkennen des Problems, das der Traum verkörperte, eine Heilung bewirken könne. Er glaubte, daß eine Person die Symbole des Traums besser aufdecken könne, wenn sie im Traum mitspiele und jede Rolle darin annehme, da jede Rolle einen Aspekt des Selbst darstelle. Seine Methoden der »Gestalttherapie« sind Grundlage der folgenden Technik. Sie kann, wie Perls es angestrebt hätte, beim Erwachen aus einem Nicht-Klartraum ausgeübt werden. Doch noch wirkungsvoller ist sie innerhalb eines Klartraums. Wir wollen zunächst untersuchen, wie man diese Methode in einem Nicht-Klartraum einsetzt.

Sie haben einen besonders starken Traum mit einer Reihe von Elementen. Lassen Sie uns annehmen, daß Sie in diesem Traum ein Haus betreten, das im Wald liegt. Es wirkt geheimnisvoll und leicht bedrohlich. Aus irgendeinem Grund glauben Sie, daß Sie jemanden dort treffen sollen, doch als Sie zur Eingangstür kommen, sind Sie nicht mehr so sicher. Auf Ihr Klopfen hin öffnet sich die Tür, und ein altmodischer Butler begrüßt Sie mit vollkommener Freundlichkeit. Sie treten ein, und er sagt Ihnen, daß Sie bereits erwartet werden. Sie steigen langsam die Haupttreppe hinauf, die sehr groß und mit Jugendstilmotiven wunderschön verziert ist. Sie glitzert, als schieße sie kleine Raketen ab. Als Sie den oberen Treppenabsatz erreichen, sehen Sie enttäuscht, daß überall nur altes Gerümpel, billiger Schmuck und nutzloser Kram herumstehen. Alles ist mit einer dicken Staubschicht und Spinnweben bedeckt. Sie tasten sich Ihren Weg durch all das Gerümpel, gehen den Flur weiter entlang, bis Sie zu einer verschlossenen Tür kommen. Sie haben Angst, sie zu öffnen, da Sie nicht wissen, was dahinter ist. Schließlich sammeln Sie genug Mut, öffnen die Tür und gehen hinein. Als Sie drin sind, erkennen Sie das Schlafzimmer des Hausherrn, das auf der Vorderseite des Hauses liegt.

Mitten im Zimmer steht ein riesiges Bett mit vier Bettpfosten, die schwer mit grauen, bauschigen Stoffen drapiert sind. Jemand liegt in dem Bett. Ein Buch liegt neben dem schlafenden Körper. Sie gehen leise ans Bett und betrachten das Buch. Sie wissen sofort, daß es das große Geheimnis enthält, nach dem Sie Ihr Leben lang gesucht haben. Sie prüfen, ob der Schläfer nicht erwacht, damit Sie es lesen können. Sie entdecken überrascht, daß Ihnen das Gesicht vertraut ist, aber Sie können sich nicht genau erinnern, wo Sie es schon mal gesehen haben. Sie blicken hoch in einen riesigen Spiegel an der Wand und sehen Ihr Spiegelbild. Es ist dasselbe Gesicht wie das des Schläfers! Sie erwachen.

Nun können Sie ein sogenanntes psychisches Theater betreten. Sie spielen die Rollen jedes Bildes im Traum. Sie werden zum Haus in seiner bewaldeten Umgebung und fühlen seine Größe, seine Geschichte, die Anzahl seiner Zimmer. Sie fühlen, ob es glücklich oder traurig ist, und welche Ereignisse seine Gefühle hervorgerufen haben. Sie blicken auf eine sich nähernde Person hinaus, die offenbar Angst davor hat, was Sie in sich bergen. Sie wissen vielleicht sogar, was die Traumperson vorfinden wird. Dann werden Sie zum Butler, zur Treppe, zum Schlafzimmer, zum geheimnisvollen Buch und zu der schlafenden Person auf dem Bett. Sie können herausfinden, was der Schläfer träumt.

Diese aktive Teilnahme nach dem Traumereignis ist typisch für die meisten modernen Therapie-Workshops, die noch weiter als der Begründer dieser Technik gehen oder sie abwandeln. Ein solches Mitspielen innerhalb eines Traumszenarios kann bei der Aufdeckung innerer Konflikte eine große Hilfe sein, besonders wenn vor einer Gruppe gespielt wird. Oft bietet ein solches Rollenspiel Einsicht in das Wesen des Problems des Patienten, und sie rückblickend abzuspielen kann Anspannungen lösen, Gefühle beruhigen und Teile zu einem Ganzen fügen.

Betrachten Sie jetzt den Traum, als wären Sie dabei bewußt gewesen. Nehmen wir an, daß Sie in dem Moment, in dem Sie das Haus sehen, bewußt werden und wissen, daß Sie träumen. Sie wissen, daß es ein Traumhaus in einem Traumwald ist. Sie wissen auch, daß Sie es mit einem Wink verscheuchen können. (Und hiervor haben viele Psychologen Angst, denn wenn der Träumer das Haus verscheuchen kann, könnte auch die psychologische Lehre aus dem Unterbewußtsein verlorengehen. Es ist jedoch ebenso möglich, daß die Lehre, wenn ein Bedürfnis danach besteht, in anderer Form nochmals angeboten wird.) In diesem Fall fühlen Sie die Spannung und Bedrohung von etwas, das in diesem Haus auf Sie wartet, und Sie sind neugierig. Doch die Angst verschwindet, weil Sie wissen, daß es bloß ein Traum und ein Teil von Ihnen ist.

Wenn der Butler sagt, daß Sie erwartet werden, könnten Sie fragen, wer Sie erwartet, und dies könn-

Gegenüber: **Fritz Perls** *schuf die »Gestalttherapie«, bei der der Teilnehmer jede Rolle in seinem Traum spielt und so überraschende Einsichten in die tiefere Natur der ersonnenen Bilder erhält.*
Oben: **Femme à la Rose**, *von Paul Delvaux, 1936. Das Thema eines Hauses oder einer Reihe von Innenräumen ist eine beliebte Vorgehensweise des Traumselbst. Der Innenraum kann den Körper oder das innere Selbst darstellen, was dem Klarträumer erlaubt, sein Haus zu untersuchen. Manche dieser Untersuchungen haben tiefe Einsichten in die Gesundheit von Körper und Geist gegeben.*

te Ihnen eine tiefere Einsicht in die Situation geben. Stellen Sie sich vor, er antwortet: »Das Gehirn.« Dies würde Sie darauf aufmerksam machen, was hinter der Bühne vor sich geht. Wenn Sie die Treppe hinaufgehen, werden Sie sie viel genauer untersuchen als in einem Nicht-Klartraum, und wenn Sie die Rolle der Treppe annehmen, erkennen Sie vielleicht, daß sie tatsächlich für das Stammhirn steht und daß Sie gerade im Begriff sind, Ihren eigenen Kopf zu betreten. Dann beginnt jedes Element, seinen Platz zu finden, denn wenn Sie das Schlafzimmer betreten, erkennen Sie es sofort als Vorderlappen des Gehirns und die grauen Vorhänge über dem Bett als dessen verschlungene Falten. Das Buch auf dem Bett verwandelt sich in eine schöne Seerose oder eine Zirbeldrüse, und anstatt aufzuwachen, versuchen Sie vielleicht, Ihr schlafendes Selbst auf dem Bett zu wecken.

Die Frage, die sich bei jedem nach dieser kleinen Übung stellt, ist: Wer oder was erschafft diese Szenarien, diese Träume? Viele von Ihnen stellen — wenn sie diesen Methoden folgen — vielleicht fest, daß die Kreativität der Visualisierung viel größer ist, als man sie vom Erfindungsgeist seines Bewußtseins erwartet hätte. Wenn man dann den Traumzustand betrachtet, wird die Frage noch geheimnisvoller. Manchmal sind die Bilder so fremd und unbekannt, daß man sie unmöglich aus der Erinnerung hervorgeholt haben kann. Wer oder was träumt sie dann? Ist es das Ego, der Geist, das Selbst, das wahllose Abfeuern des Gehirns, oder was? Um das Wesen dieser Frage im Zusammenhang mit dem ganzheitlichen Verständnis des menschlichen Wachstums und Potentials zu verstehen, müssen wir zuerst wissen, was eine Therapie bewirken soll.

Die meisten heutigen Workshops und Therapien streben eine Integration der Persönlichkeit an, indem sie entweder Jungs Königsweg zur Individuation des Selbst oder Perls' Weg zur Integration folgen. Das Problem ist, daß wir in unserer modernen und streß-geplagten Welt gar nicht wissen, wie eine gesunde und ganzheitliche Person aussehen soll, oder wer das Selbst ist. Die Psychologie des frühen zwanzigsten Jahrhunderts war auf die kranke Psyche ausgerichtet. Daher haben wir lauter Traumpsychologien für Kranke aber kaum welche für Gesunde.

Diese Einseitigkeit wird paradoxerweise durch die Tatsache verstärkt, daß die meisten modernen Therapien das Ziel eines ganzheitlichen menschlichen Wesens anstreben. Doch die Therapeuten sind offensichtlich in dem Dilemma gefangen, das durch den quasi-wissenschaftlichen Hintergrund der Psychoanalyse geschaffen wurde. Einfach um beruflich zu überleben, haben sie gelernt, so wissenschaftlich wie möglich zu bleiben und bewußt jede religiöse oder spirituelle Belastung ihres Konzeptes eines ganzheitlichen Menschen vermieden. Auf diese Weise finden wir eine große Lücke in den meisten ganzheitlichen Konzepten. Und diese Lücke wird immer offensichtlicher, wenn sich die Therapie ohne Einbeziehung religiöser oder spiritueller Größen auf eine psychologische Ganzheit richtet.

Wenn wir die Hinweise früherer oder »primitiverer« Kulturen — im Gegensatz zu unserem materialistischen und technologischen Lebensstil — betrachten, erkennen wir, daß Spiritualität, Religion und Magie die Basis des Lebens sind. Und wir sehen, daß man erst von einer ganzheitlichen Person sprechen kann, wenn sie ganz-heilig ist. Wir beobachten in unserer Kultur einen argen Verlust dieser Spiritualität, und dies drückt sich nirgendwo deutlicher aus als in unseren Vorstellungen vom Selbst.

Einer der witzigsten (es gibt kein größeres Kompliment) Psychoanalytiker des Jahrhunderts, der Begründer der eben betrachteten Gestalttherapie und unschuldige Urvater von Nachahmern in ganz Amerika und Europa war Fritz Perls. Doch selbst dieser Glanzpunkt seines Berufsstands stieß irgendwann gegen die unüberwindliche Wand am Ende des Therapie-Flurs, wie es so viele »Groupies« tun, die sich einer Gruppe nach der anderen anschließen, in der Hoffnung, schließlich den Horizont der Integration zu erreichen. Perls gab zum Ende seines Lebens zu, als er an seiner eigenen Krankheit arbeitete:

»Wenn ich mich auf meine schizophrene Ebene konzentriere, kann ich immer länger bewußt bleiben und die tausend Phänomene beobachten, die auftauchen. Doch dann schlafe ich entweder ein und werde so unruhig und aufgeregt, daß ich diese Aufregung oft nicht ertragen kann und verwirrt herumwandere, ohne verankert zu sein, weil ich an etwas beteiligt wäre.«

Er war ehrlich, ja; doch wie man am Ende der Therapie sehen kann und sogar beim Tod, gibt es immer noch ein Loch zu füllen, um das Ganze zu vervollständigen. Dies sagte er über das Ego:

»Endlich sehen wir das Bild von Gesundheit, Neurose und Psychose. Die extremen Fälle sind selten, und beinahe jeder bewegt sich bei allen dreien.

In Gesundheit sind wir mit der Welt und mit unserem Selbst, also mit der Wirklichkeit verbunden.

In einer Psychose haben wir keine Verbindung mit der Wirklichkeit, sondern mit *Maya*, einem Gebilde der Selbsttäuschung, welches das Ego umgibt, zum Beispiel durch die Symptome des Größenwahnsinns und das Gefühl der Wertlosigkeit.

Bei der Neurose findet ein ständiger Kampf zwischen Ego und Selbst, zwischen Selbsttäuschung und Wirklichkeit statt.«

Perls' Methode ist es, die Selbsttäuschung oder das Ego aus dem Ganzen herauszulösen und ihre Energie dem Selbst zur Verfügung zu stellen, damit der Organismus wachsen und seine natürlichen Anlagen voll ausschöpfen kann. Für Perls als Existentialisten — was so viele Therapeuten zu sein beanspruchen —, ist es das grundlegende Ziel, ein reales, glaubwürdiges und ganzheitliches Selbst zu sein. Aber was genau ist gemeint, wenn hier vom Selbst gesprochen wird?

»Das Selbst verkörpert den Traum. Das Selbst will die Dynamik integrieren und transformieren, die daraus entsteht, wie wir unser Leben leben oder nicht leben.

Es ist das Selbst, das die Probleme unserer Psyche in einem heilvollen Zusammenhang darstellt und die bewußte oder Ich-gesteuerte Seite der Persönlichkeit um Hilfe bittet.

Es ist das Selbst, das unsere Wachsamkeit, unser Verhalten und unsere Wahl in Frage stellt und

angreift, indem es dem Bewußtsein heilvollere Möglichkeiten anbietet. Dies tut es durch den Traum; den Traum, der uns mit Möglichkeiten schockiert, erstaunt und erfreut.«

Dies sind die Worte von Strephon Kaplan Williams, in vielerlei Hinsicht Perls' therapeutischer Nachfolger auf dem Gebiet der Traum-Workshops, die zwei Hauptanliegen an den Traum verbinden. Eines ist Jungs Reise zu Individuation und Ganzheit, während das andere die Veränderung des Traumzustands ist, die sich auf Methoden der Senoi-Stämme aus Malaysia — der sogenannten »Traummenschen« — gründet.

Doch das Selbst, von dem er und so viele seiner Mitarbeiter sprechen, ist ein schwieriger Kunde. Und klares Träumen erzwingt einen näheren Blick auf das Individuum, als wir das uns normalerweise gestatten. Die Vorstellung vom Selbst wurde teils den hinduistisch-vedantischen Schriften entnommen. Nach dieser Quelle ist die grundlegende Natur des menschlichen Wesens die letztliche Ganzheit oder *Atman*. Sie könnte auch buddhistische Natur, Tao oder christliche Natur genannt werden. Dies ist ein konfliktfreies Bewußtsein, glückselig und frei. Es schließt die ichbezogene Individualität ein und ist auch Basis aller Wesen; raumlos, zeitlos und allgegenwärtig. Es kann nicht geteilt werden, denn es ist ganz. Jede Teilung ist Illusion. Die Ganzheit des Selbst ist vor-existent, unteilbar und kann nicht verändert werden.

Dies indes paßt kaum zu dem Selbst, von dem Williams, Perls oder Jung zu sprechen scheinen.

Nach der vedantischen Philosophie sieht sich der Mensch einer Doppelbelastung gegenüber. Auf der einen Seite wollen wir alle ganz sein, und wir fühlen intuitiv, daß Ganzheit und Einheit die Basis unseres Seins sind. Doch das Dilemma ist, daß die Erlangung des transzendenten christlichen oder buddhistischen Bewußtseins eine Zerstörung dessen mit sich bringt, was wir als unsere anderen Selbst oder Egos kennen. Daher fürchten wir uns vor unserer eigenen buddhistischen Natur, und anstatt sie zu erkennen, schaffen wir dafür symbolischen Ersatz, und der irreführendste Ersatz ist das Ego. Wir ersetzen unser *Atman* durch unsere Egos und verhindern so, zu erkennen, daß wir bereits das sind, was wir suchen.

Dies ist meiner Meinung nach der Grund, weshalb so viele New-Age-Therapeuten frustriert sind, wenn sie niemals den Horizont der Individuation erreichen. Dies ist die Wüste der endlosen Horizonte, wo die meisten Therapeuten schließlich stillstehen.

Da Free John hat unsere Vorstellungen des Selbst als »Narziß« bezeichnet. Er blickt hinter jede Therapie, die sich mit dem ganzheitlichen Wesen beschäftigt, wenn er sagt, daß das Selbst

»... die Reduzierung der Welt auf die eigene geteilte Person ist.

Die traditionellen Wege sehen seine Erlösung entweder innerhalb oder außerhalb.

Aber es gibt keine Erlösung für Narziß.

Narziß muß sterben.

Erlösung ist Wirklichkeit, die nichts mit Narziß zu tun hat.«

Wenn wir tatsächlich die Wirklichkeit hinter den Träumen suchen wollen, müssen wir über die normalen Grenzen der Therapiezimmer hinausgehen und die Reiche des Geistes erforschen.

»Solange er Narziß ist, muß er sterben.

Es gibt nur eine Wirklichkeit, die nicht Narziß ist.

Daher ist Erlösung Wirklichkeit, die Verständnis bedeutet.

Verständnis ist die Abwesenheit von Narziß.

Wo Narziß nicht ist, ist nur noch Wirklichkeit.«

Wenn Ihnen dies zu ernst und dunkel erscheint, können Sie vielleicht mehr mit J. Krishnamurti anfangen, der das Ego einfach mit einer stumpfen Axt zerschlägt. Beide Mystiker mahnen uns zur Vorsicht, wenn wir sagen wollen, wer wirklich wer ist.

»Solange wir innerhalb des Geistes leben, muß es Komplikationen und Probleme geben; das ist alles, was wir wissen. Geist ist Empfinden, Geist ist das Ergebnis gesammelter Empfindungen und Reaktionen, und alles, was er berührt, muß Elend, Verwirrung und endlose Probleme schaffen. Der Geist ist der wahre Grund unserer Probleme, der Geist, der mechanisch Nacht und Tag, bewußt und unbewußt arbeitet. Der Geist ist das oberflächlichste Ding, und wir haben Generationen und unser ganzes Leben darauf verwendet, den Geist zu kultivieren, ihn immer schlauer, subtiler, gewitzter, unehrlicher und betrügerischer zu machen, was sich in jeder Tätigkeit unseres Lebens zeigt. Die Natur unseres Geistes ist es, unehrlich, betrügerisch und unfähig zu sein, den Tatsachen ins Gesicht zu sehen, und dies schafft Probleme. Dies ist das Ding, das das eigentliche Problem darstellt.«

Nach dem, was wir in der Therapie gelernt haben, scheint dieser »Betrüger« in Träumen vermeintlich ehrliche Nachrichten an den unehrlichen wachen Geist oder das Selbst zu geben!

Während es von existentialistischen und religiösen Therapeuten akzeptiert wird, daß das Ego schlecht und ein falscher Sinn des Selbst ist, ist die Terminologie des Selbst an sich nur vage. Damit will ich sagen, daß man sich nicht allzu schnell einen attraktiven ganzheitlichen Jargon angewöhnen sollte, weil er oft fehlleitet.

Eine der Lektionen, die man beim Betreten des Reiches der klaren Träume lernt, ist, daß das Selbst genauso ein Traum ist wie das Ego. Vielleicht schöner, goldener oder heller, aber dennoch ein Traum. In einem Klartraum jedoch findet man oft eine geheimnisvolle Qualität eines nicht identifizierten und wachsamen Bewußtseins, das wir im Moment den »Beobachter auf dem Berg« nennen wollen. Die-

ses beobachtende Bewußtsein ist das wahre Ziel der meisten Schulen. Klarträume haben sich als einfachste und wirkungsvollste Methode herausgestellt, es auf natürliche Art entstehen zu lassen.

Junges Mädchen mit Buch, von Boris Zaborov. In einem Klartraum haben wir ein geringeres Identitätsgefühl. Es ist leichter, in die Rolle eines anderen zu schlüpfen, in die Kindheit oder Jugendzeit zurückzukehren als sonst.

GANZHEITLICHE METHODEN

MILD

Dies ist die wirkungsvollste Methode von Stephen La Berge. MILD steht für Mnemonic Induction of Lucid Dreams (Eselsbrücke für das Auslösen klarer Träume) und ist die Einfachheit selbst. Sie gründet sich auf die Fähigkeit, einen Zusammenhang zu benutzen, um uns an etwas zu erinnern. Wenn ich den Knoten in meinem Taschentuch sehe, erinnere ich mich daran, meine KFZ-Steuer zu bezahlen. Wir bilden eine geistige Brücke zwischen dem, was wir tun wollen, und den künftigen Umständen, unter denen wir es zu tun beabsichtigen. La Berge weiter:

»Die Verbalisierung, die ich verwende, um meine Absicht zu organisieren, ist: 'Wenn ich das nächste Mal träume, will ich daran denken zu erkennen, daß ich träume.' Das Wenn und Was muß klar benannt werden.

Ich erzeuge diese Absicht entweder nach dem Erwachen aus einer frühen REM-Phase oder nach einer Phase vollständigen Wachseins, wie unten beschrieben. Ein wichtiger Punkt, um den erwünschten Effekt zu erhalten, ist, mehr zu tun, als nur geistesabwesend diesen Satz zu wiederholen. Man muß wirklich beabsichtigen, einen Klartraum zu haben. Hier ist die empfohlene Methode Schritt für Schritt:

1. Denken Sie am frühen Morgen, wenn Sie aus einem Traum erwachen, mehrmals über diesen Traum nach, bis Sie ihn abgespeichert haben.

2. Während Sie im Bett liegen und wieder einschlafen, sagen Sie sich: ›Wenn ich das nächste Mal träume, will ich erkennen, daß ich träume.‹

3. Stellen Sie sich selbst vor, wie Sie wieder in den eben geträumten Traum zurückkehren; nur sehen Sie diesmal sich selbst, wie Sie merken, daß Sie träumen.

4. Wiederholen Sie Schritt zwei und drei, bis Sie das Gefühl haben, daß Ihre Absicht klar fixiert ist oder Sie einschlafen.«

La Berge schafft eine interessante Verbindung: Diese Übung ähnelt in mentaler Hinsicht dem Vorgang, den wir erleben, wenn wir uns vornehmen, zu einer bestimmten Zeit aufzuwachen. Die Fähigkeit, einen inneren Wecker zu stellen, um aus unserem Traum zu erwachen, kann auch benutzt werden, um im Traum zu erwachen.

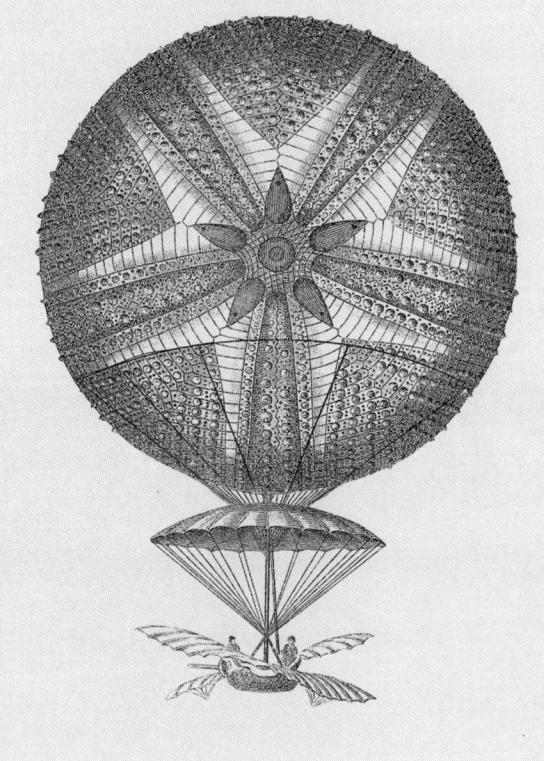

HAND-VISUALISIERUNG

Georges Gurdjieffs Technik ist über siebzig Jahre älter als die von Carlos Castaneda beschriebene, die er von seinem Lehrer Don Juan erhielt. Sie ist sehr einfach. Das Objekt Ihrer Aufmerksamkeit ist unwichtig, solange es bekannt ist. In diesem Fall sind es Ihre Hände. Sehen Sie sie während des Tages immer wieder an. Schließen Sie die Augen und vergegenwärtigen Sie sie wann immer es geht. Während Sie auf den Schlaf warten, erinnern Sie sich daran, was Sie den ganzen Tag über getan haben und vergegenwärtigen Sie sie sich wieder. Nehmen Sie dieses Bild mit sich, wenn Sie einschlafen, und sagen Sie sich selbst, daß Sie, wenn Sie sie erneut sehen, träumen und daß Sie dann in Ihrem Traum aufwachen werden.

Dies ist eine einfache, angewöhnbare Methode, die einige Zeit braucht, um zu wirken, aber es ist wahrscheinlich der erfolgreichste Auslöser von allen. Gurdjieffs Jünger erzählen, daß es normalerweise drei oder sechs Monate dauerte, bis ein Erfolg eintrat, aber es funktioniert. Indem Sie Ihre Hände mit dem Traum assoziieren, verändern sie auch Ihre gewohnte Betrachtung der wachen Welt.

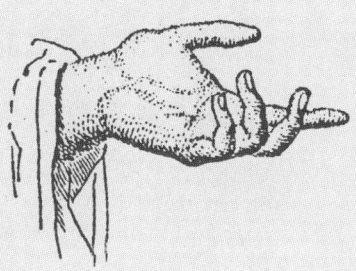

SELBST-HYPNOSE

Auf dem Gebiet der ganzheitlichen Therapie gibt es Dutzende von Methoden der Selbst-Hypnose. Die einfachste ist, es sich auf irgendeine Ihnen angenehme Weise bequem zu machen. Beginnen Sie an den Füßen und spannen und entspannen Sie jeden Teil des Fußes und der Knöchel. Fühlen Sie, wie sich Spannung und Entspannung wellenförmig über den Körper ausbreiten. Lassen Sie sich Zeit und erlauben Sie jedem Teil des Körpers, sich vollständig zu entspannen. Wenn Sie zum Kopf kommen, befehlen Sie sich, von zehn bis null zu zählen und bei null in einem leichten Trance-Zustand zu sein. Sie wissen, daß Sie diesen Zustand verlassen können, indem Sie von null bis zehn zählen.

Wenn Sie in Trance sind, können Sie sich mit den einfachsten Worten sagen, daß Sie Ihre Träume erkennen und behalten werden. Sagen Sie sich, daß Sie irgendwann in der Nacht von einem Gegenstand träumen werden. Es ist ohnehin gut, ein Traumobjekt neben dem Bett zu haben, um Sie an Ihren Entschluß zu erinnern, bewußt zu träumen. In dem Moment, da Sie den Gegenstand in Ihrem Traum sehen, werden Sie in letzterem erwachen. Lassen Sie den Gegenstand in einer bestimmten Umgebung, und jedesmal, wenn Sie ihn im Wachzustand ansehen, sagen Sie sich, daß Sie träumen.

Wenn Sie Ihrem in Trance befindlichen Bewußtsein diese Anweisung geben, verstärken Sie diesen Befehl vorsichtig durch einfache Wiederholung. Vertrauen Sie darauf, daß die Nachricht angekommen ist.

HYPNOSE

Sie können natürlich zu einem angesehenen Hypnotiker gehen, der Sie wahrscheinlich in einen tieferen Trancezustand versetzen wird, als Sie selbst es können. Dies wäre sehr viel effektiver. Doch seien Sie sich Ihrer Absicht absolut sicher, damit Sie dem Hypnotiker genau beschreiben können, was Sie wollen. Nicht alle Hypnotiker haben sich mit Klarträumen beschäftigt. Sie müssen genau wissen, was Sie damit meinen, im Traum zu erwachen. Es ist am besten, Sie fragen, ehe Sie ein Treffen vereinbaren, ob er auf diesem Gebiet bereits Erfahrung hat. Die meisten modernen Praktiker sind mit den Methoden vertraut.

DAS ZIMMER

Dies ist ein luzides Traumszenario für den Träumer, der auf Befehl bewußt träumen kann.

Entschließen Sie sich, ein Zimmer zu schaffen, das von allen anderen Reichen getrennt liegt. Beginnen Sie mit der Tür, zu der nur Sie den Schlüssel haben. Sie öffnen die Tür und erschaffen ein Zimmer, das persönlich und geheim ist – nur für Sie. Dies ist Ihr Tempel, ein heiliger, stiller Ort, wo Sie ganz Sie selbst sein können und sich vollkommen wohl fühlen. Sie bemerken, daß Sie einige Dinge gesammelt haben. All Ihre Hoffnungen und Wünsche sind hier. Die Bilder und Zeichnungen im Zimmer illustrieren diese Wünsche und Begehren. Hier werden Sie Erinnerungen an geliebte Menschen finden, oder Sie können sie hier durch ein magisches Portal treffen, das sich in einer Wand befindet. Die gesamte Crème de la crème Ihrer Erinnerungen ist in irgendeiner Form hier. Gestatten Sie den Erinnerungen, sich langsam zu formieren, nachdem Sie Ihr gesamtes Zimmer als inneres Heiligtum geschaffen haben. Wenn Sie das Zimmer verlassen, können Sie die Tür abschließen, um sicherzugehen, daß nur Sie hineinkönnen.

Gehen Sie immer, wenn Sie träumen oder sich daran erinnern, in dieses Zimmer. Betrachten Sie gelegentlich die Erinnerungsstücke und sehen Sie

nach, ob sie sich verändern oder ob bestimmte geliebte Personen Ihnen irgendetwas zu sagen haben, wenn sie durch das Portal kommen. Vielleicht nehmen sie irgendwelche Dinge aus dem Zimmer mit. Dieser spezielle Ort ist ihr Prüfstein, ob Sie ganz und gesund sind, Ihr »Zustands-Zimmer«.

Mädchen im Zimmer, *von Micheline Boyadjian, 1969. Die Zimmertechnik im Klartraum ist sehr wirkungsvoll, da sie eine Handlungsgrundlage schafft. Durch regelmäßige Praxis werden die Dinge des Zimmers immer greifbarer. Wenn Sie ein Objekt im Zimmer finden, das Sie auch in Ihrem normalen Schlafzimmer haben, wird es als Auslöser für Klarträume dienen können.*

HEILENDE TRÄUME

Vielleicht profitieren diejenigen am meisten von einer Methode für klares Träumen, die körperlich in irgendeiner Form geschädigt sind. Jemandem, der in seiner Bewegungsfähigkeit eingeschränkt ist, gebrechlich, blind ist oder irgendeine andere Sinnesschwäche hat, kann klares Träumen ein wunderbares Freiheitsgefühl vermitteln. Innerhalb der bewußten Traumreiche kann die Sehfähigkeit wiederhergestellt und Jugend wiedererlangt werden, und die Freude an erneuerter Energie erlaubt dem wachen Behinderten, wieder über Felder zu rennen und die Kraft seiner Gliedmaßen zu fühlen. Klares Träumen kann durch solche Transformationen, die so wirklich erscheinen und alle Sinne umfassen können, sowohl den Geist als auch den Körper heilen.

Jeder, der ein Bio-Feedback-Programm durchlaufen hat, in dem man zum Beispiel gesunde Zellen visualisiert, die Krebsgeschwüre ersetzen, kann durch klares Träumen extrem gewinnen. Wie ein Meditierender beim bewußten Träumen in den tiefsten Zustand gelangen kann – in einer Weise, die im Wachzustand schwierig ist –, wird der Patient, der versucht, sich eine Heilung vorzustellen, durch zu viele äußere Dinge abgelenkt und kann nicht tief genug in seine Visualisierung versinken. Luzides Träumen vermeidet jede Ablenkung, denn wenn die Richtung des Traums durch eine innere Absicht festgelegt ist, entfaltet sich die Handlung mit einer Intensität, die jede Ablenkung ausschließt.

Eine Methode, die für einen körperlich behinderten Menschen hilfreich sein könnte, ist es, eine Tätigkeit zu wählen, die er leider nicht mehr tun kann: Dies kann alles mögliche sein, von in der war-

men Sonne über den Strand zum Meer laufen bis hin zum Liebesspiel. Wählen Sie etwas, das all Ihre Sinne beansprucht, und schließen Sie während des Tages regelmäßig die Augen und vergegenwärtigen Sie sich das Szenario, in dem Sie mitspielen wollen. Wenn Sie eine Postkarte, ein Photo oder irgendeinen Gegenstand, wie einen Kieselstein, finden, der den ganzen Strand in Ihrem Geist zum Leben erweckt, tragen Sie ihn mit sich. Bevor Sie schlafen gehen, visualisieren Sie das Bild so deutlich wie möglich und nehmen Sie sich vor, in der Nacht bewußt davon zu träumen. Wenn Sie dem Bild Ihre ungeteilte Aufmerksamkeit widmen, wird es schließlich passieren. Die Nervenverbindungen müssen durch Wiederholung und Beständigkeit gestärkt werden, um einen Weg zur Luzidität zu bauen.

Wenn der Traum erscheint und Sie das Gefühl körperlicher Freiheit und einer wiedererlangten Gesundheit genossen haben, können Sie sich die Zeit nehmen, Ihren wachen Körper bewußt zu untersuchen, um festzustellen, ob es irgend etwas gibt, was Sie für seine Heilung tun können.

Eine Art ist, am Strand zu warten und zu spüren, wie Sie vor Energie überlaufen, von der Sie gern abgeben würden. Sie gehen zu jemandem hin, der im Bett liegt, was so nahe am Meer etwas seltsam aussieht. Sie stellen fest, daß Sie es sind, der dort liegt, und merken, daß Sie die tiefste körperliche Erkrankung durch Handauflegen erkennen können. Sie streicheln vorsichtig über den Teil des Körpers, der Ihre überbordende Energie benötigt, und dabei wissen Sie, daß Sie mit der Berührung heilen. Machen Sie so weiter, bis die Person antwortet, aber mischen Sie sich nicht so weit ein, daß die Per-

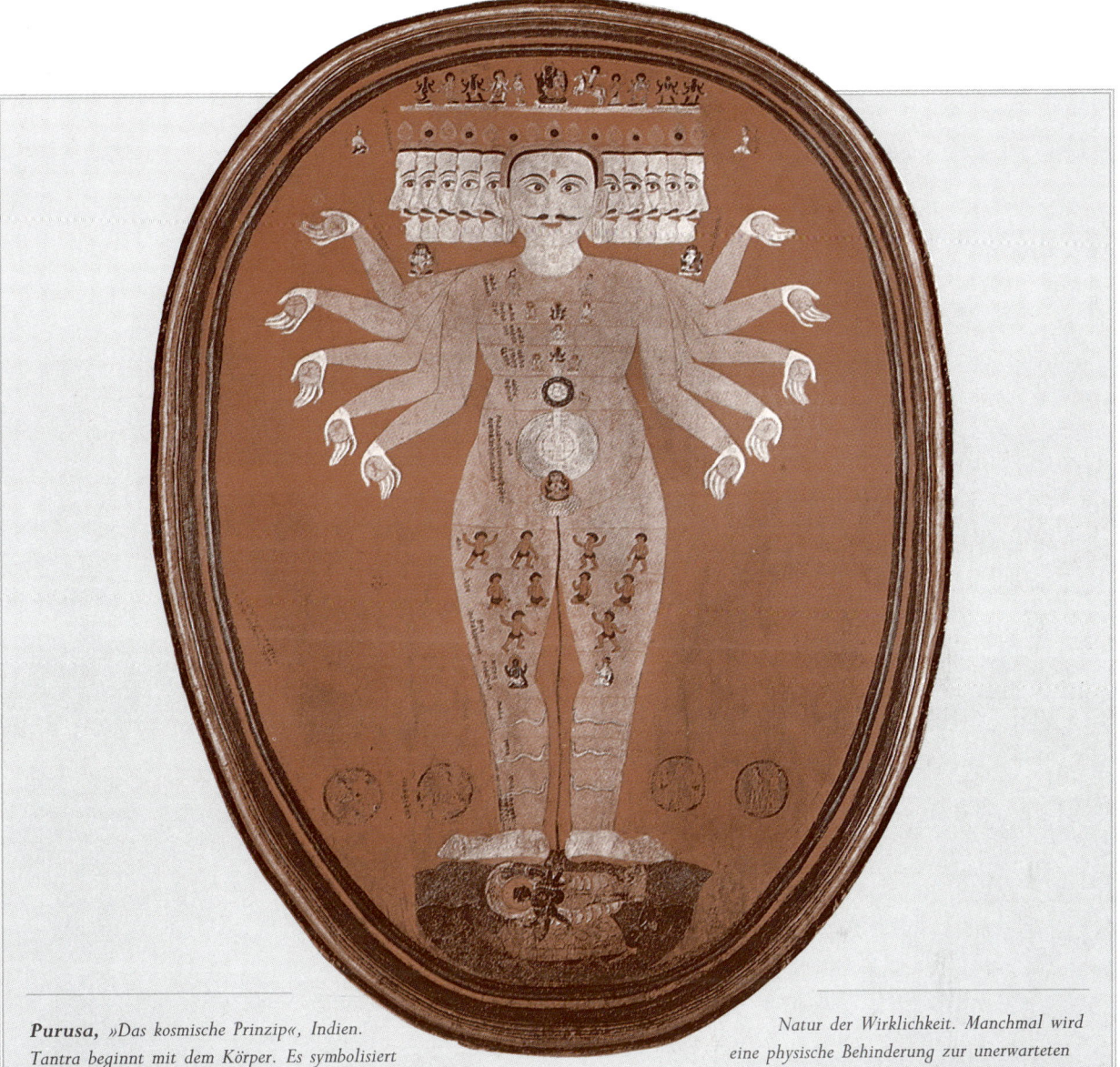

Purusa, »Das kosmische Prinzip«, Indien.
Tantra beginnt mit dem Körper. Es symbolisiert
den gesamten geordneten Kosmos. Ein Verständnis Ihres
Körpers, ob gesund oder krank, bringt tiefe Einsichten in die
Natur der Wirklichkeit. Manchmal wird
eine physische Behinderung zur unerwarteten
Gelegenheit, Ihre innere Welt zu erforschen, was Sie
sonst nie getan hätten.

son ein behindertes Körperteil anheben soll. Vielleicht stellen Sie fest, daß das andere »Ich« aus dem
Bett springt und ins Meer rennt oder nur etwas
zuckt und Sie anlächelt. Lassen Sie alles zu und warten Sie. Wenn Sie diese Methode durch regelmäßige Träume dieser Art wiederholen können, haben

Sie die wirksamste Heilmethode überhaupt erlangt,
denn Sie haben sich Ihre eigene Heilung vorgenommen, die nun in Ihren Wachzustand eindringen
muß. Obwohl die Vorbereitung und das Durchhal-
ten schwierig sein können, ist der Lohn wahrhaft
überwältigend.

9. KAPITEL

TRÄUME VOM TOD

Schlafen! Vielleicht auch träumen! — Ja, da liegt's:
Was in dem Schlaf für Träume kommen mögen,
Wenn wir den Drang des Ird'schen abgeschüttelt...

Hamlet III, i, 65, von William Shakespeare

Man sagt, der Tod des falschen Selbst sei wie das Ausblasen einer Kerze. Dies ist eine der Bedeutungen des buddhistischen Begriffs Nirwana. Was ausgelöscht wird, ist jedoch nicht das Selbst, sondern es sind die illusorischen Vorstellungen, in die wir uns verwickeln und einbinden.

Die Weisen wissen, daß diese Welt der Illusion aus Traumbildern besteht, deren alleinige Schöpfer wir sind. Der Tod ist nur ein weiterer Traum, jedoch einer, den der Mystiker nicht erschafft.

Im buddhistischen *Dhammapada* heißt es:

»Er, der die Welt mit dem gleichen Blick betrachtet, wie man eine Seifenblase betrachtet, er ist fähig, das Reich des Todes nicht länger zu sehen... Aufmerksamkeit ist der Weg, der vom Tod zur Freiheit führt; fehlende Überlegung führt zum Tod. Diejenigen, die aufmerksam sind, sterben nicht. Diejenigen, denen die Aufmerksamkeit fehlt, sind bereits wie tot.«

Für diejenigen, die immer noch in der Welt der Träume und Illusionen leben: Was erwartet uns beim Tod und welcher Teil von uns stirbt dabei? Das fleischumhüllte Ego, das Selbst, oder wer? Ist der Erschaffer all dieser Träume unter den Erstgenannten?

Da es die Tibeter sind, die durch Einsichten in Klarträumen die Momente nach dem Tod so sorgfältig systematisiert und katalogisiert haben, wollen wir kurz ihre Vorstellungen vom Ego untersuchen, denn es ist ihrer Meinung nach der Hauptdarsteller beim Sterben.

Gegenüber: **Begräbnis-Papyrus** mit Bildern aus dem Ägyptischen Buch der Toten. *Die Göttin Nut überspannt die Erde mit einem ster- nenübersäten Körper, während die Seele auf einer Waage gewogen wird.* Oben: **Freimaurer-Teppich,** *1804. Im Westen waren es die Frei-*

maurer, die einen Orden gründeten, um ihren Mitgliedern das Über- schreiten der Grenze des wachen, materiellen Lebens zu ermöglichen. Das Bild des Sarges symbolisiert den todesartigen Prozeß, und die Leiter den Aufstieg zum Erwachen.

In uns allen gibt es eine Teilung von Ich und Sie; dies ist die grundlegende Teilung des Egos, das alle Dinge in dualistischen Begriffen sieht. Manche Inselbewohner der Südsee haben noch nicht einmal ein Wort für »ich«, sondern nur für »hier«. Die Idealvorstellung von Glück ist, was das Ego betrifft, das ganze Gebiet des »ihr« ins »hier« und »mein« zu übertragen.

Das Ego schickt ständig Patrouillen aus seiner selbsterschaffenen Festung aus, um festzustellen, ob es sein Gebiet ausdehnen kann oder ob es Bedrohungen gibt, die man umgehen muß. Die Informationen, die die Patrouillen zurückbringen, werden nach Ansicht der Tibeter zu den drei grundlegenden Giften. Das Gift, mit dem das Ego verstärkt und seine Gebiete ausgedehnt werden, ist die *Leidenschaft*. Das, welches auf die äußerlichen Bedrohungen reagiert, ist die *Aggression*; und alle Dinge, die weder stärken noch bedrohen können, werden mit *Mißachtung* behandelt. Aus diesen dreien – Leidenschaft, Aggression und Mißachtung – entsteht eine ganze Folge von Handlungen und Nebenhandlungen, die das Ego vollständig beschäftigen. Zu den drei Hauptgiften kommen noch Stolz und Diskriminierung. Das ganze Konzept des Egos ist in erster Linie falsch, doch nach dem Buddhismus entsteht aus diesen falschen Vorstellungen eine karmische Kette. Diese Kette besteht aus den Phantasien, die das Wesen umgeben und die sogar von einem Leben zum anderen übertragen werden. Die Kette kann durch Meditation unterbrochen werden, durch bewußtes und klares Träumen.

Rechts: **Begräbnis-Robe** *aus dem Grab von Hsin-Chui, Han-Periode, um 193–145 v. Chr. Die Robe ist in drei Abschnitte, Unterwelt, Erde und Himmel, unterteilt. Gegenüber:* **Todesreise,** *Holzschnitzerei, Neu-Guinea. Die Malanggan aus Neu-Irland schnitzen Kanus, die die Reise über die große Scheide symbolisieren. Für sie ist der Tunnel mit seinem Licht am Ende ein Bild für den Sonnenuntergang über dem Meer.*

EINE TODESERFAHRUNG

Natürlich kann sich alles, was über den Tod gesagt wird, nur auf Glauben gründen. Wissen werden wir alles einfach erst dann, wenn wir es selbst erfahren, trotz aller Beteuerungen von Priestern oder grandioser religiöser Texte oder der Geschichten erleuchteter Wesen, die uns erklären, daß der Tod dies oder das sei. Am nächsten kommen wir diesem Zustand wahrscheinlich durch außerkörperliche und todesnahe Erfahrungen. Doch wenn jemand »zurückkehrt«, nachdem man ihn für klinisch tot erklärt hat, bedeutet dies nicht unbedingt, daß er gestorben ist. Doch trotz allem sind solche Menschen zurückgekehrt und erzählen uns ihre Geschichte, und zudem weiß man, daß das

In einer Studie zu über achthundert Sterbebett-Visionen aus Indien und den USA fanden Osis und Haraldson heraus, daß die Bilder, die erfahren werden, sehr denen ähneln, die man im *Tibetischen Buch der Toten*, dem *Ägyptischen Buch der Toten* das über drei Jahrtausende älter ist, oder den Berichten aus alten hinduistischen Texten wie den *Yoga Sutras* sowie in mittelalterlicher europäischer Literatur aus der Zeit findet, ehe Schriften von der Inquisition und der Aufklärung unterdrückt wurden.

Hauptmerkmale sind, daß der just »Verstorbene« über seinem Körper zu schweben scheint und weiß, was geschieht. Normalerweise gibt es eine schier magnetische Anziehung zu einem Tunnel oder

Gehirn bis zu dreißig Minuten, nachdem das Herz zu schlagen aufgehört hat, noch arbeitet. Was man anhand solcher Berichte herausfindet, besitzt mehr als nur oberflächliche Ähnlichkeit mit den Berichten über klares Träumen. Eine weitere Überraschung ist, daß die todesnahen Erfahrungen sehr verbreitet sind. Man fand heraus, daß mehr als eine Person unter zwanzig in Amerika und Europa offenbar irgendeine »Sterbe«-, Wiederbelebungs- und Rückkehrerfahrung gemacht hat. Unter den zahlreichen Daten, die über dieses Thema gesammelt wurden, fallen zwei bemerkenswerte Dinge auf. Das eine ist die Beständigkeit des Blickwinkels, das andere ist eben die Tatsache, daß das Phänomen so verbreitet ist.

Durchgang. Ich selbst starb beinahe in Indien an Hepatitis, der »spirituellsten« Krankheit, wenn es je eine solche gab. An einem Punkt wurde ich durch einen dunklen Tunnel gezogen. Das Ende war zu erkennen und war voller warmen, frohstimmenden Lichts. Doch über den Tunnel spannte sich eine feine rote Linie, die wie ein Laser pulsierte. Ich hatte das instinktive Empfinden, daß ich nach Überschreiten dieser Linie nicht zurückgehen könnte. Die Versuchung, die Krankheit so hinter mir zu lassen, war groß, doch irgendwie kehrte ich mit dem bedauernden Gefühl um, es sei noch zu viel unerledigt.

Diejenigen, die zum Ende des Tunnels gelangen, finden sich in einem Reich aus strahlendem Licht

Baum des Kosmos, Zeichnung von Dionysus Freher nach den Lehren von Boehme. Die westliche, tabuisierende Angst vor dem Tod steht im scharfen Gegensatz zu den östlichen Wiedergeburts-Vorstellungen. Doch einige wenige wie Boehme boten eine größere und weniger beängstigende Vision an. Oben auf der Zeichnung ist die grundlegende Einigkeit des Gotteskopfes dargestellt, aus dem der Dualismus der Ewigkeit und Natur hervorgeht, welche wiederum durch einen heiligen Blitz unsere Sonnen-Welt entstehen lassen.

wieder. Gelegentlich trifft der Pseudo-Verstorbene auf Freunde oder Verwandte oder einen freundlichen Führer. Die Welt um ihn herum nimmt langsam Gestalt an; sie ist normalerweise paradiesisch und besteht aus Dingen, die vom kulturellen Hintergrund jeder Person abhängen.

Aus allen zugänglichen Berichten, sowohl aus neuen Untersuchungen als auch aus Erzählungen der zweitausend Jahre alten *Yoga Sutras* des indischen Weisen Patanjali, kann man ersehen, daß todesnahe Erfahrungen keine Halluzinationen oder Illusionen, sondern Reisen zu vollkommen anderen Reichen der Wirklichkeit außerhalb unserer Dimension sind.

Beim Betreten eines Reiches, das aus strahlendem Licht und »höheren Schwingungen« zu bestehen scheint, beschreiben die Personen mit todesnahen Erfahrungen oft auch »kosmische Musik« – eine Sphärenmusik, die nicht so sehr aus Melodie oder Klang besteht, sondern mehr aus einer Kombination von Frequenzen. Diese Personen stellen auch fest, daß Raum, Zeit und Ort, wie in Christus' Beschreibung vom Himmel, in dem »es keine Zeit mehr geben wird«, sämtlich ohne Bedeutung sind.

Wenn das Gehirn im Moment des Sterbens höhere Licht- und Energiefrequenzen erfährt, geht es damit um wie immer, indem es diese Frequenzen in bekannte Phänomene wie Blumen, Bäume, Wiesen und Menschen übersetzt. Hinter dieser gewohnten Vision liegt das Reich, in dem der Gedanke Licht und Licht der Gedanke ist.

Bei Experimenten, bei denen hypnotisierte Personen in Zustände des Zwischenlebens zurückversetzt wurden, wurde entdeckt, daß die Patienten alle klassischen Bilder der todesnahen Erfahrungen erleben, auch den Weg durch einen Tunnel, über Wasser oder über eine Brücke, Treffen mit lange verstorbenen Verwandten und Freunden und den lichterfüllten Führern.

Eines der klassischen Merkmale bei todesnahen Erfahrungen ist das des Lebensrückblicks – der ertrinkende Mann, der sein Leben im Zeitraffer vor sich vorbeiziehen sieht. Diejenigen, denen es gelungen ist, vom Tod zurückzukehren oder die sich durch Hypnose in ein angenommenes früheres Leben zurückversetzten, erzählen, daß jeder Moment noch einmal in seiner Gesamtheit durchlaufen wird, von den wichtigen bis zu den unbedeutendsten. Sie betonen alle, daß es nur einen Augenblick dauert und daß doch jedes Gefühl, jeder Sinn und jedes intellektuelle Erinnern darin enthalten sind. Wir werden später herausfinden, daß dieser Rückblick als eine Art Hologramm gesehen werden kann, das eine phänomenale Menge an Information in sich trägt. Beim Sterben scheint der *Aufmerksamkeitspunkt*, den wir in den Träumen von Macht untersucht haben, aus dem physischen Energiekörper und von seinem Ort weg zu gleiten und dabei am ganzen Leben vorüberzuziehen, wobei er gleichzeitig sowohl das Ganze als auch den kleinsten Teil versteht. Die Information soll in Bündeln oder Brocken übermittelt werden.

Die Anweisungen aus dem *Tibetischen Buch der Toten* lauten einfach, sich von allem zu lösen und den Tod als Crescendo des Lebens hinzunehmen. Es liefert klare und detaillierte Beschreibungen dessen, was der Verstorbene an den verschiedenen Stellen des Weges erfahren kann. Doch im Grunde erinnert der Text ständig daran, daß das, woran man so hängt und was man nur Stück für Stück loslassen mag, nur der Stoff eines Traums war.

Manche der mystischen Schulen, aus denen das *Tibetische Buch der Toten* entstand, sagen, daß es drei grundlegende Schritte bei Tod und Wiedergeburt gibt: Zuerst erkennt man die traumartige Illusion der dinglichen Welt und desjenigen, der diese Illusionen projiziert. Dann folgt eine Öffnung, in der es keinen Traum, sondern nur erleuchtete Wirklichkeit gibt. Schließlich der Wiedereintritt in eine Gebärmutter.

Jeder, der bewußt stirbt, der die Öffnung der Reinheit erfährt und bewußt in eine Gebärmutter eintritt, wird wachsam geboren und in diesem Leben die Erleuchtung erlangen.

Die Techniken aus dem *Tibetischen Buch des Todes* sind nur von Nutzen, wenn sie von einem Lama durchgeführt werden, der die gesamte Überlieferung kennt und dem die sterbende Person vollkommen vertraut. Wenn ein einziger Zweifel aufkommt, ist die gesamte Todeszeit verschwendet.

Die Schamanen aus Malaysia haben ähnliche Methoden, mit denen sie einen Klartraumzustand erreichen, um den Sterbenden auf seiner Reise zu den Todeslanden zu begleiten. Wir können sehen, daß die tibetischen Methoden aus einer ähnlichen schamanistischen Tradition entstanden sind; in diesem Fall der Bön-Religion, die dem Buddhismus voranging. Es gab jedoch eine wunderbare Vereinigung dieser alten Wege und des Buddhismus, die von Padma Sambhava im letzten Teil des achten Jahrhunderts bewerkstelligt wurde. Er hatte großen Einfluß auf den Übertritt der Tibeter zum Buddhismus, denn anstatt den früheren, magischeren Glauben der Einwohner abzulehnen, schloß er die Wege ihres Zauberers, der Dzogchen, Bön und Tantra mit ein. Diese Meisterleistung bewirkte eine wunderbare Synthese im gesamten tibetischen Leben, in der Meditation, Zauberei und Traum eine perfekte Ausdrucksform gefunden haben und die bisher keine Kultur überboten hat.

Die Lehre der Dzogchen, der ältesten Meditationsschule in Tibet, entstand in Orgyen, im Nordwesten Indiens und um den Berg Kaizlash, das Zentrum der alten Bonpo-Kultur. Der Begründer der Dzogchen gab sie an Padma Sambhava weiter, der sie mit nach Tibet nahm. Diese Traditionen waren die Quelle des *Tibetischen Buchs der Toten*. Die ursprünglichen Lehren behaupten, daß wir grundlegend erleuchtet sind und unser Wesen aus »erleuchteter, bewußter Wachsamkeit« besteht. Wir brauchen nicht nach Erleuchtung zu suchen, denn wir sind bereits in diesem Zustand und haben dies nur vergessen, weil wir uns mit der Welt der Erinnerungen und Geschehnisse identifizieren. Alles, was wir für unsere Erleuchtung brauchen, ist zu erwachen, und klares Träumen wird als eines der grundlegenden Werkzeuge angesehen, mit Hilfe derer man dies realisieren kann.

Das tibetische Traumyoga ist eine Art Kostümprobe vor dem letzten Vorhang. Die Person lernt, in seinen Träumen bewußt zu werden, und erfährt die natürliche Erleuchtung des Schlafzustands. Indem der Schläfer fähig ist, die Illusionen dieses Reiches zu kontrollieren, kann er die seltsamen, traumartigen Ereignisse beim Sterben umgehen.

Oben: **Mandala von Samantabhadra**, »Oberster Buddha«, Tibet. Gegenüber: **Rad des Lebens und Todes,** Tibet. Der Zyklus dieses Rads aus Samsara von Geburt, Tod und Wiedergeburt steht für das Verständnis des tibetischen Buddhisten. Der ganze Vorgang wird als nichts anderes als ein kunstreicher Traum verstanden.

Gegenüber: **Tod auf einem bleichen Pferd,** *von Albert P. Ryder, 1847–1917. Der Künstler war ein selbsternannter Einsiedler, Mystiker und Träumer. Dieses Bild des Todes, der über eine Rennbahn jagt, bestärkt die Vorstellung, daß Leben und Tod ein ewiger Kreis sind, in dem wir Runde auf Runde weiterträumen und nicht erkennen, daß wir es tun.*

Das Buch selbst beschäftigt sich seltsamerweise gar nicht nur mit dem Tod. Es könnte genausogut das Buch der Wiedergeburt heißen, oder am besten »Das tibetische Buch der Träume«. Die Todespraktiken, die ursprünglich aus den vor-buddhistischen Bön-Überlieferungen in Tibet entstanden, beschäftigten sich mit der psychischen Kraft, die von Verstorbenen hinterlassen wurde. Das *Buch der Toten* folgt diesen Spuren noch weiter. Es befaßt sich mit dem Bardo, der Öffnung oder dem Vorfall, der beim Sterben geschieht. Doch das Bardo ist auch ein Spiegel der ganzen Situation, wenn es um die dingliche Welt geht. Hier treffen wir das gesamte illusorische Gewebe, das wir uns im Leben angeeignet haben. Ihm begegnen wir im Tod noch einmal. Die tibetischen Buddhisten glauben, daß wir unser gesamtes Universum selbst schaffen. Im Tod werden wir in sechs Stufen damit konfrontiert. Sie ähneln den sechs psychologischen und illusorischen Reichen der Hölle, der hungrigen Geister, des Tieres, des Menschen, der eifersüchtigen Götter und der Götter. Entweder erkennen wir diese Erscheinungen als das, was sie sind – unsere Projektionen –, oder wir identifizieren uns mit ihnen und müssen wieder in das Rad des illusorischen Lebens eintreten.

Was jedem Angehörigen des westlichen Kulturkreises als bedeutsamer erscheint, ist das Bardo. Ursprünglich bedeutete das tibetische »Bar« dazwischen und »do« Insel oder Landstrich. Daher, obwohl Bardo öfter mit »Zwischenstadium« oder »Lücke« übersetzt wird, ist es genauso eine Insel oder eine Zeit zwischen Verwirrung und Verwirrung darüber, zur Weisheit umgewandelt zu werden. Es ist die Lücke zwischen einer vergangenen Situation und einer, die gerade anfängt.

Die Bardo-Erfahrung ist eine Erleuchtung, die die Basis des Wesens zu sein scheint, und nur das beobachtende Bewußtsein, das nicht von Identifikation gestört wird, kann Sie als das erkennen, was sie ist. Alle anderen Erfahrungen von Phänomenen sind ein Traum.

Der taoistische Weise Chuang-tzu schrieb vor 2.500 Jahren:

»Woher weiß ich, daß die Toten nicht bedauern, jemals um das Leben gebetet zu haben? Wir trinken Wein in unseren Träumen und weinen in der Dämmerung Tränen; wir weinen in unseren Träumen und gehen in der Dämmerung jagen. Während wir träumen, wissen wir nicht, daß wir träumen, und in der Mitte eines Traumes deuten wir ihn; erst wenn wir erwachen, wissen wir, daß wir geträumt haben. Erst beim endgültigen Erwachen werden wir alle wissen, daß dies der endgültige Traum ist.«

LICHTÜBUNG

Diese Methode ist eine Meditation, die von der Dzogchen-Sekte als Teil der »Übung des natürlichen Lichts« praktiziert wird. Diese gekürzte Version des Originals, die von dem zeitgenössischen Meister Namkhai Norbu Rinpoche entwickelt wurde, gibt dem Übenden einen Eindruck von klaren Träumen und der Helligkeit, die das Klare Licht genannt wird und das beim Einschlafen entsteht.

Konzentrieren Sie sich in der Mitte Ihres Körpers auf die helle tibetische Silbe A. Dies entspricht dem Laut AHHHH. Wenn Sie es sich schwer bildlich vorstellen können, schreiben Sie es auf ein Stück Papier oder verwenden Sie das Beispiel auf dieser Seite. Blicken Sie auf das Bild, schließen Sie Ihre Augen, und nach einer Weile wird es sich vor Ihren Augen abzeichnen. Die Idee dabei ist, sich das Bild so klar und scharf, wie Sie nur können, einzuprägen. Es wird Ihnen helfen, wenn Sie sich ein zweites A-Bild vorstellen, das aus dem ersten hervorgeht. Dies können Sie fortführen, bis Sie eine Kette von As haben, die auseinander hervorgehen und sich langsam bis zu Ihrer Stirn hochziehen. Versuchen Sie, dieses A beim Einschlafen zu behalten, und Sie werden feststellen, daß ein Zustand aufmerksamer und klarer Wachsamkeit ganz natürlich in Ihren Traumzustand übernommen wird. Die Tibeter beschäftigen sich nicht sonderlich mit klaren Träumen, die sich aus ihren Übungen ergeben. Ihr vorrangiges Ziel ist es, sich beim Einschlafen der Anwesenheit des natürlichen Lichts bewußt zu werden.

Das natürliche Licht ist die grundlegende Helligkeit des Wesens. Wenn dieses Licht, das seltsamerweise der »Sohn« genannt wird, während eines Lebens erkannt wird, wird die Person im Tod fähig sein, sich mit dem »Mutter«-Licht zu verbinden. Dieses Klare Licht wird von den Dzogchen für die natürliche, angeborene Helligkeit gehalten, wie sie nach dem Tod erscheint.

Es gibt sechs Bardos oder Lücken, und all diese können durch Klarträume erforscht werden.

Das erste Bardo ist der normale Wachzustand des Bewußtseins. Das zweite ist die Traumzeit, wenn wir schlafen. Das dritte Bardo ist die Meditation bis hin zur Vergegenwärtigung. Das vierte Bardo ist der Sterbevorgang mit den fünf Elementen unseres Körpers, die sich ineinander auflösen.

Das fünfte Bardo ist das der Wirklichkeit, tatsächlich aber das Aufsteigen von Halluzinationen und Erscheinungen. (In diesem Bardo ist das Klarträumen so erhellend. Die Bilder besitzen die gleiche traumartige Wirklichkeit, die man in bewußten Träumen findet, und die Person kann sie als Illusion erkennen. Wenn man an diesem Punkt wachsam bleibt, sich nicht identifiziert und die Bilder als Manifestation seines Geistes erkennt, ist die Erleuchtung nach Meinung der Tibeter gesichert.)

Das sechste und letzte Bardo ist die Wiedergeburt des Individuums in etwas, das die tibetischen Buddhisten als das Rad des *Samsara* oder den ewigen Kreis der Illusions-Welt ansehen: Geburt und Tod und Wiedergeburt.

Häuser der Toten, *von Paul Nash, 1932.*

10. KAPITEL

TRÄUME VOM ERWACHEN

Ich bin nicht jemand, der, wenn er erwacht.
nicht weiß, wer er ist.
Ich bin nicht jemand, der, wenn er träumt
und sieht,
glaubt, daß er in seiner tieferes Selbst zurückgekehrt ist.

Da Free John

Für viele Mystiker ist die primäre Verantwortung im Leben die Erkenntnis, daß sich unsere Traumwelt nicht von der Wirklichkeit unserer Wachzeit unterscheidet: Beide sind in Wahrheit eine Illusion. Was geschieht also auf dem »Königsweg zur Wirklichkeit« und einem wirklichen Erwachen?

Im alten Text des *Mandukya Upanishad*, der von vielen der tibetisch-buddhistischen Traditionen wie im ursprünglichen Hinduismus verehrt wird, findet sich eine Umschreibung der vier Bewußtseinszustände in einem Laut.

AUM besteht aus den drei Buchstaben und dem sich daraus ergebenden Laut OM. Diese vier Elemente bezeichnen die vier Ebenen des Bewußtseins.

Der Laut A ist das *Erwachen* und der äußere kognitive Zustand. Er ist die Wirklichkeit, womit alles gemeint ist, was wirklich ist. Auch genannt: das für alle Bekannte.

U ist der *Traumzustand*, die Wirklichkeit des persönlichen spirituellen Lebens, auch das Strahlen genannt.

M ist der *tiefe Schlaf*, das Bewußtsein ungeteilter Einigkeit. Es ist ein heiliger Schlaf, in dem es keine Träume gibt, und er wird *Prajna* genannt.

Der gemeinsame Laut dieser drei Buchstaben, nämlich OM, soll der vierte Zustand sein, *Turiya*, über den man nichts sagen kann. Er ist das endgültige und nicht zu beschreibende Geheimnis des universellen Bewußtseins.

Die Quintessenz, die uns der hinduistische Lehrer Sankara oder auch der tibetische Heilige Milarepa vermitteln, ist, daß man, wenn man nach Durchschreiten der drei Bewußtseinszustände des Wachens, Schlafens und traumlos Schlafens zum vierten und letzten Zustand *Turiya* kommen will, in vollkommener Klarheit, also Luzidität reisen muß.

Durch verschiedene Yoga-Techniken wird der Übende allmählich in jedem einzelnen Zustand bewußt, und dann wacht er einfach auf.

Die systematische und wissenschaftliche Methode, wach und bewußt zu werden, erreichte ihren Höhepunkt im zwölften Jahrhundert in Tibet. Ein Beispiel dafür ist das Leben des berühmtesten tibetischen Meisters Milarepa. Die Schule, die er gründete, vereinigte viele Traditionen, auch die der

Mandala OH-HRM, *Jaina-Malerei, Rajasthan, neunzehntes Jahrhundert. Dies stellt OM dar, den ursprünglichen, alles durchdringenden und einschließenden Ton und das Symbol des Höchsten.*

Der Potala-Palast erhebt sich auf dem Roten Hügel in Lhasa. Photographie von Pat Fok. Tibet brachte eine außergewöhnliche religiöse Verbindung von Zauberern und Weisen hervor.

Der indische Mystiker und Buddhist Padma Sambhava aus dem achten Jahrhundert brachte die Lehren des tantrischen Buddhismus und das ältere schamanistische Wissen der Bön zusammen, um in Tibet eine einzigartige Religion zu bilden. Keine andere Kultur hat sich so sehr mit den Konzepten des tantrischen Buddhismus beschäftigt, hat so viele erleuchtete Meister oder arbeitet so viel mit Klarträumen und ihrer Ausübung, um größere Einsicht in das Wesen des Todes und des letzten Erwachens von dem zu erhalten, was sie für die Welt der Illusion halten.

Nach der Invasion Tibets und der folgenden tragischen Zerstörung seiner Kultur breitete sich diese tibetische Kultur durch ihre spirituellen Verbannten über die westliche Welt aus und brachte die Lehren großer Meister wie Milarepa mit sich.

schamanistischen Bön-Religion und der Dzogchen, deren Lehren Garab Dorje an Padma Sambhava übermittelte, und zwar durch erleuchtete Inder und Tibeter wie Naropa, Tilopa, Nagarjuna, Marpa und den tantrischen Meister Saraha.

In den *Chos-drug* oder den sechs Lehren, die die Schritte des tibetischen Wegs zur Erleuchtung beschreiben, steht zu lesen:

1. *Lebenswärme*: die Kontrolle der Körperfunktionen.
2. Der *Illusionskörper*: die Erkenntnis des illusorischen Wesens des Körpers und aller Erscheinungen.
3. *Träume*: die Einsicht, daß alle Träume Illusion sind und damit auch alle Erfahrungen im Traum und im Wachzustand.
4. Das *Klare Licht*: der Zustand des natürlichen Lichts, also die Wachsamkeit des Wesens ohne die Störung des Geistes.
5. Das *Bardo*: die Lücke, der Zwischenzustand zwischen Tod und Wiedergeburt; und schließlich
6. *Übertragung*: Wiedergeburt.

Milarepa ermutigt viele angehende Klarträumer. Er war ein großer Zauberer, ein mächtiger Schamane, bevor er sich dem Weg größerer Wahrheit zuwandte. Er hatte einen großen Meister namens Marpa, und doch gelang es ihm nach jahrelangen Versuchen immer noch nicht, auch nur die erste Ebene zu erreichen, was normalerweise die leichteste Hürde ist. Überall in Tibet gab es junge Yogis, die mit Leichtigkeit zur Lebenswärme gelangt waren, einer yogischen Kontrolle der Körperfunktionen – nicht aber »Mila«. Erst nach acht Jahren einsamer Meditation und beständigen Reinheitsritualen gelang es ihm, die dritte Ebene zu erreichen: Träume.

»Nachts in meinen Träumen konnte ich den Gipfel des Berges Meru überschreiten und dabei alles deutlich erkennen. Genauso konnte ich mich in meinen Träumen in hundert Persönlichkeiten aufteilen, die alle mit der gleichen Macht wie ich selbst ausgestattet waren. Jede dieser Formen konnte den Raum durchqueren und einen Buddha-Himmel betreten, den Lehren dort lauschen und dann zurückkommen und vielen Personen das *Dharma* beibringen. Ich konnte meinen Körper auch in ein Feuer oder ein fließendes oder stehendes Gewässer verwandeln. Als ich sah, daß ich unendliche Macht erlangt hatte, wenn auch nur in meinen Träumen, erfüllte es mich mit Freude und Mut.«

Doch dies war erst der Beginn seiner Reise, denn für den Yogi, Tantriker oder Mystiker ist klares Träumen nur etwas für Anfänger, wie spektakulär es auch scheinen mag.

In den Trance-Träumen der Schamanen wird der Traum dagegen dazu verwendet, den Träumer oder sein Volk zu heilen. Er ist ein Endzustand. Mystiker jedoch benutzen den Klartraum nur als ersten Schritt zum vollständigen Erwachen aus unserer wachen Welt, die sie nur als weiteren Traum ansehen. Und aufmerksame Wachsamkeit oder Luzidität ist der Schlüssel dazu.

So weit ich es verstehe, freuen sich deshalb so viele Meister darüber, wenn ein Jünger durch Übung oder durch Zufall in einem Traum erwacht, weil das Erwachen bereits beginnt. Denn durch Klarträume beginnt man im größeren Schlaf bereits unruhig zu werden, einfach indem man wachsam, luzid ist.

Wenn man ein waches und beobachtendes Verhalten annimmt und die ganze Zeit über weiß, daß das, was sich vor einem abspielt, nur ein Traum ist, führt dies dazu, daß man auch die Erlebnisse beim Wachsein im gleichen Licht betrachtet. Mit dem Auftauchen des luziden Beobachters beginnt das Ego, einen nachgeordneten Rang einzunehmen, denn das falsche Selbst wird als Traumbild gesehen, das genauso gehaltlos ist wie alles andere. Wo es nur noch den Beobachter gibt, ist das wahre Erwachen. Das Problem ist, daß das Ego es nicht mag.

Der taoistische Meister Lieh-tzu sagt:

»Der Geist stößt zufällig darauf, und wir träumen; der Körper begegnet ihm, und es geschieht.

So stellen wir uns bei Tag vor und träumen bei Nacht, was dem Geist und Körper begegnet.

Darum vermischen sich Vorstellung und Traum, wenn der Geist sich konzentriert.

Was diejenigen, die der Zeit vertrauen, wenn sie wach sind, nicht erklären, und diejenigen, die den Träumen vertrauen, nicht ergründen, ist die Ankunft und das Vorbeigehen der Umformung der Dinge.

Es ist kein leeres Wort, wenn man sagt, daß die Wahren Menschen der alten Zeit sich vergaßen, wenn sie wach waren, und nicht träumten, wenn sie schliefen!«

Nach Lieh-tzu gibt es acht Belege für das Wachsein und sechs Traumtests. Diese Belege sind 1. Ereignisse, 2. Handlungen, 3. Erwerb, 4. Verlust, 5. Trauer, 6. Freude, 7. Geburt, 8. Tod. Die sechs Tests sind eher Klassen oder Kategorien des Traums, nämlich: 1. normal, 2. Beunruhigung, 3. Denken, 4. Erinnerung, 5. Jubel und 6. Angst.

Dies scheint im Vergleich mit Milarepas exotischen Erfahrungen ziemlich normaler Kram zu sein, doch ein Mann des Tao mußte nicht zwischen Traum und Wachsein unterscheiden, und so wurde das ganze Thema nicht mit der leidenschaftlichen Begeisterung der Inder und Tibeter betrachtet.

Der Buddhist scheint für viele die Annahme, daß unsere wache, illusorische Welt voller Leiden ist, etwas zu ernst zu nehmen. Acht Jahre lang allein in einer eiskalten Zelle zu sitzen, als Bettler zu leben, nur Brennesseln zu essen und durch diese Diät hellgrün zu werden, wie Milarepa es tat, um diese Welt des Leidens hinter sich zu lassen, scheint irgendwie kontraproduktiv zu sein. Es ist kaum jedermanns Geschmack.

Doch diese Einsamkeit ist nur eine Methode unter vielen und auf jeden Fall ziemlich selten. Es gibt eine andere Schule des tibetischen Tantras, wo man sich zumindest die Zelle teilt und in körperlicher und geistiger Eintracht lebt und sogar die gleichen Träume hat.

Gegenüber und oben: **Mohammeds Nachtreise,** *von einer Miniatur aus dem fünfzehnten Jahrhundert. In einem heiligen Traum soll Mohammed auf dem Rücken des legendären Tiers »Buraq« gereist sein und alle heiligen Stätten und frühere Propheten und Heilige besucht haben. Er stieg dann durch den Kosmos auf, erfuhr die größeren Rätsel und besuchte die verschiedenen himmlischen Sphären und die Ebenen der Hölle (gegenüber). Der Prophet soll gesagt haben: »Meine Augen schliefen, doch mein Herz ist wach.«*

DIE HUNDERTZWÖLF

Die westlich-islamischen Überlieferungen gaben vielen der visionären Zustände ihrer Mystiker Glaubwürdigkeit, indem sie ein Zwischen- reich zwischen der materiellen Welt und der Welt der Vorstellung nachwiesen. *Alam al-mithral* ist demnach ein Reich, in dem die Figuren und Bilder eine eigene reale Existenz haben. Der große Sufi-Mystiker ibn-'Arabi sagt dar- über, daß die Macht der aktiven und luziden Vorstellung sich in ihm bis zu dem Punkt entwickelte, »daß sich mir meine geliebte Mystik in einer körperlichen, objektiven, außergeistigen Person darstellte, genau wie der Engel Gabriel den Augen des Propheten körperlich erschien.«

Doch die beste Art, einen Traum vom Erwachen zu beschreiben, ist, ihn direkt zu erfahren.

Träume vom Erwachen sind vollkommen anders als Klarträume. Obwohl der Zustand der Luzidität dazugehört, können diese Zustände noch nicht einmal als richtige Träume bezeichnet werden, denn sie bestehen in der Lücke zwischen den Zuständen des Wachens und Schlafens, wie die folgenden Techniken zeigen.

Diese Techniken stammen aus dem indischen *Vigyan Bhairava Tantra*, in dem Schiwa die Fragen seines geliebten Devi beantwortet. Es ist auch als »Die Hundertzwölf« bekannt, da 112 Meditationstechniken beschrieben werden. Wahrscheinlich ist dies eine endliche Zahl, und hinduistische Tantriker behaupten, daß man diese Meditationen nicht erweitern kann. Der Ursprung dieser Texte reicht über fünftausend Jahre zurück, und doch sind die Methoden heute ebenso bedeutsam wie damals.

Devi scheint sehr philosophische Fragen zu stellen, wie: »Was ist Eure Wirklichkeit, Herr?« Schiwa beantwortet diese Fragen nicht mit philosophischen Begriffen, sondern beschreibt eine Technik, mit der er dem Suchenden eine eigene Erfahrung mit dieser Wirklichkeit vermitteln will. Er gibt dem Frager kein Wissen aus zweiter Hand über Wirklichkeit, sondern befähigt ihn, selbst einzutauchen. Der Befrager wird so die Antwort durch eigene Erfahrung wissen. Dies ist kein System des Glaubens, nicht irgendeine Vorstellung aus zweiter Hand, sondern direkte Antwort durch Verwendung einer Methode. Und »Methode« ist eine der Bedeutungen des Wortes *Tantra*.

Nach einem einleitenden Absatz beginnen diese hinduistisch-tantrischen *Sutras* mit einer Reihe einfacher Techniken, die in direktem Zusammenhang mit unseren Experimenten mit wachen Träumen stehen. Die erste Technik soll Klarträume erwecken, und im siebten Sutra erhält der Suchende folgende Anleitung:

Oben: **Rama und Sita,** *Rajasthan, achtzehntes Jahrhundert. Indische Götter haben gleich bedeutsame Partner. Schiwa und Paravati, oder Vishnu und Lakshmi sind solche Verbindungen. Die Beziehung zwischen den männlichen Gottheiten und ihren Shaktis sieht so aus, daß der männliche Purusha als beobachtendes Bewußtsein die Welt im Auge hat, die von seiner weiblichen Partnerin Prakriti geschaffen wurde. Rechts:* **Rolle** *mit drittem Auge und dem Sahasrara-Chakra, Nepal, siebzehntes Jahrhundert.*

Mit vagem Atem im Zentrum der Stirn
— wenn dies das Herz im Moment des Schlafs erreicht
— hast du Kontrolle über die Träume und den Tod selbst.

Diese Methode bedarf des vorherigen Verständnisses
das fünften Sutra, das lautet:
Aufmerksamkeit zwischen den Augenbrauen!
Laß den Geist vor dem Gedanken sein.
Fülle die Form mit Atem bis zur Spitze des Kopfes
und überschütte sie mit Licht.

Dies hört sich sehr viel unverständlicher und »spiritueller« an, als es in der Praxis ist. Wir müssen daran denken, daß dies eine Hunderte von Jahren alte
Übersetzung ist und sich in heutiger Sprache eher wie
ein einfaches Motorradhandbuch oder ein Kochbuch
lesen würde. Der Text ist vor allem pragmatisch.
Wir wollen die erste Methode untersuchen, die uns
in die Traumwelt führen soll.

Aufmerksamkeit zwischen den Augenbrauen ist eine einfache Anweisung, sich auf das dritte Auge oder die
Zirbeldrüse zu konzentrieren. Die moderne Wissenschaft hat noch nicht recht herausgefunden, was ihre
Funktion sein mag. Sie scheint im Erwachsenen zu
schlafen, bis sie auf irgendeine Weise aktiviert wird.
Wenn Sie Ihre Augen schließen und sich auf den
Punkt zwischen den Augenbrauen konzentrieren,
werden Sie einen Zug verspüren, als spannten Sie
vollkommen neue Muskelstränge an. Manche empfinden dies als Anstrengung, aber wenn Sie durchhal-
ten, wird dieser leichte Kopfschmerz langsam verschwinden und von einem mächtigen Gefühl der

Wüstentraum, von Malcolm Godwin. *Die kreativen Möglichkeiten*
— wenn man Verlauf und Form seiner Träume leiten kann — sind
endlos und beglückend. Das Unmögliche zu träumen, ist nur eine
der Freuden, die auf jeden warten, der Klarträumen erlernt.

Anziehung ersetzt. Dieser Punkt giert nach Aufmerksamkeit, als hätte er zu lange gehungert, was die sonst schlafende Zirbeldrüse zum Leben erweckt. Während dies geschieht, ist es extrem schwierig, irgendeinen anderen Teil des Körpers wahrzunehmen oder sich auf irgendwelche Gedanken zu konzentrieren. Schon nach wenigen Minuten dieser Meditation scheint die übende Person eine Distanz zwischen dem sogenannten beobachtenden Selbst und den Gedanken zu schaffen.

Es heißt, daß dies von allen Meditationstechniken die natürlichste Art ist, sich von seinem plapperndem Geist zu distanzieren. Doch es kann für den nichtsahnenden inneren Reisenden auch sehr ablenkend sein, denn das dritte Auge ist ein mächtiger Brennpunkt der Vorstellungskraft. Und damit meine ich nicht nur den normalen Tagtraum oder einfache Phantasien – dafür gibt es zu viele außergewöhnliche Ereignisse, die diejenigen erleben, deren drittes Auge dafür offen ist. Vorstellung ist eine wirkliche Kraft, die das bewirken kann, was wir vielleicht einst als Wunder betrachtet haben.

Auch Hypnose bewirkt eine Ausrichtung auf das dritte Auge. Vorstellung und Verwirklichung sind nicht zwei verschiedene Zustände, sondern ein und derselbe. Mit dem dritten Auge gibt es keine Unterscheidung zwischen Traum und Wirklichkeit.

Hinduistische Mystiker behaupten, daß das dritte Auge das Zentrum heiliger Träume ist, und daß alles, was man dort träumt, verwirklicht wird.

Es ist jedoch schwierig, gesunde und vernünftige Menschen des Westens davon zu überzeugen, daß das, wovon sie träumen, wirklich und handfest werden kann, doch wir werden die Belege für diese

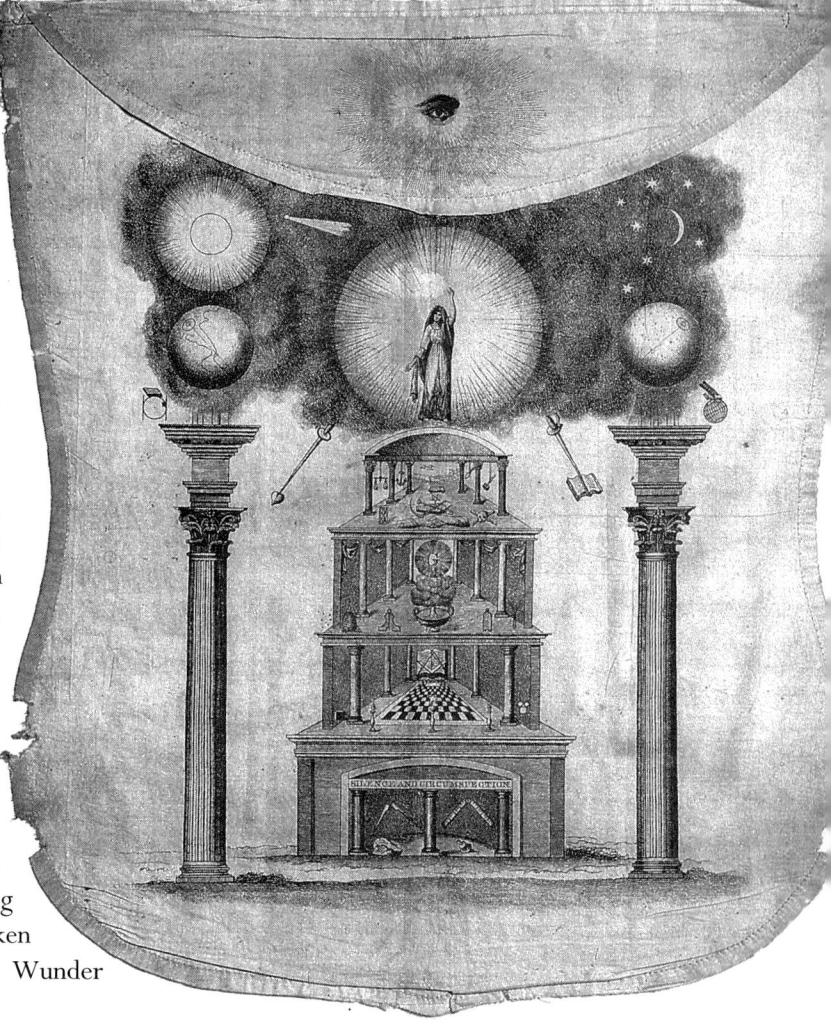

Freimaurerschürze, die General George Washington 1770 einem Mitglied seiner Truppe gab. Sie zeigt ein Diagramm von beinahe universellem Anspruch, freilich mit westlichen Vorstellungen von Begründung und Symbolik der Erleuchtung. Zwischen den Säulen mit Sonne und Mond darüber, die die Dualität des bekannten Universums zeigen, steht die zentrale Säule des menschlichen Bewußtseins als Tempel mit vier Etagen. Innerhalb dieses Gebäudes kann der einzelne zur Heiligkeit aufsteigen. Viele Klarträumer erzählen von Träumen mit Säulen, Augen, Tempeln und Lichtfiguren, was darauf hindeutet, daß unsere Archetypen so verbreitet sind, wie Carl Jung behauptete.

Behauptung in einem späteren Kapitel untersuchen. Jetzt ist es nur notwendig, dem Sutra zu folgen.

Laß den Geist vor dem Gedanken sein. Beobachten Sie einfach Ihre Gedanken, während Sie sich auf den Punkt zwischen den Augenbrauen konzentrieren.

Fülle die Form mit Atem bis zur Spitze des Kopfes. Es ist nicht nur das Atmen von Luft, sondern von *Prana*, dieser geheimnisvollen unsichtbaren Kraft, von der die indischen Yogis behaupten, sie sei die Grundlage für alle Lebensenergie. Ignorieren Sie den wissenschaftlichen Streit darüber, ob irgend etwas gefunden wurde, das zu dieser geheimnisvollen Kraft paßt. Wir beschäftigen uns hier mit purer psychischer Vorstellung, also lassen Sie sie aufblühen. Stellen Sie sich ohne irgendwelche Anstrengung vor, daß diese Essenz des Atmens, Prana, Ihren gesamten Kopf ausfüllt und vom Scheitel Ihres Kopfes wie ein Springbrunnen herunterrieselt. Lassen Sie sich von diesem Lichtregen bedecken und fühlen Sie, wie Sie gereinigt und neu geboren werden.

Die ganze Technik, welche eine wirklich wunderschöne Erfahrung ist, auch wenn Sie nicht eine sofortige *Samadhi* oder Erleuchtung erlangen, wird Sie auf das siebte Sutra vorbereiten, das direkt mit dem Träumen zusammenhängt. Aber nehmen Sie es locker. Sie brauchen den esoterischen oder mystischen Stoff nicht allzu ernst zu nehmen. Ihr spirituelles Ich möchte es vielleicht gern, aber in dem Moment, in dem Sie sich selbst dabei erwischen, wie Sie enttäuscht und fanatisch werden, denken Sie daran, daß diese zwei Qualitäten eine unzerstörbare Barriere vor Ihren Anstrengungen aufbauen.

Das siebte Sutra:

Mit vagem Atem im Zentrum der Stirn
— wenn dies das Herz im Moment des Schlafs erreicht
— hast du Kontrolle über die Träume und den Tod selbst.

Wir haben die erste Anleitung bereits untersucht, daher untersuchen wir das Sutra zum Zeitpunkt des Schlafs. Wirklich wichtig ist, dem Gefühl des Prana, das Sie zuerst am dritten Auge erfahren haben (dem Körperteil, von dem aus man am einfachsten begin-

Buddha, *Sri Lanka. Dieser riesige Stein zeigt Buddha, der in der Welt der Illusionen schläft. Es weist den Erleuchteten als solchen aus, daß er nicht träumt. Man sagt, daß Erleuchtete, wenn sie einmal erwacht sind, immer wach sind und daß ihr Schlaf dieselbe Qualität hat wie ihr waches Leben.*

nen kann), zu erlauben, von Ihrem Herzen aus durch Ihren gesamten Körper zu fließen. Dies soll geschehen, wenn Sie einschlafen, und Sie werden feststellen, daß Sie in Ihrem Schlaf bewußt werden und Kontrolle über Ihre Träume haben. Dies gilt sowohl für das Aufwachen im Traum als auch für die vorherige Festlegung, welchen Traum Sie haben wollen.

Von den hinduistischen Mystikern wird betont, daß man, wenn man ein Meister des Träumens wird, nicht nur die Richtung seiner Träume lenken, sondern sogar aufhören kann, überhaupt zu träumen. Dies bringt uns zum Tod selbst. Denn wenn das Träumen aufhört, verfällt man in einen Schlaf, der wie der Tod ist. Die Mystiker behaupten, daß Schlaf ein kurzer Tod ist und der Tod ein langer Schlaf. Und wenn man seine Träume lenken kann, hat man den ersten Schritt geschafft, auch sein waches Leben zu lenken, denn der Stoff der Träume ist auch die Vorstellungsquelle des wachen Selbst.

Das Fallen zwischen die Welten

Die nächste Meditationstechnik Schiwas ist sehr eigen. Sie beschäftigt sich eher mit dem Prozeß des Erwachens als mit dem Träumen, benutzt aber den Schlaf als Ausgangspunkt.

An der Schwelle des Schlafs,
wenn er noch nicht gekommen ist
und die äußere Wachsamkeit verschwindet,
In diesem Augenblick wird das Wesen entdeckt.

Wir betreten nun ein sehr heiliges und für viele sehr gefährliches Gebiet. Dies ist weder eine Technik für den oberflächlich Neugierigen noch für diejenigen, die sich mit starkem Griff an der Wirklichkeit festhalten.

Wie viele von uns haben bereits ein plötzliches Gefühl des Fallens in jenem Moment erlebt, in dem sie gerade einschliefen? Für manche dauert dieses Fallen scheinbar eine Ewigkeit, ehe sie dann wieder stocksteif im Bett sitzen und das Adrenalin durch ihren Körper rasen fühlen.

Die Mystiker der Sufi führen sogar eine Vorbereitungsübung durch, bevor jemand sich an eine Technik wie diese heranwagt. Sie nennt sich »Das Fallen in den dunkelsten Brunnen.«

Stellen Sie sich vor, Sie fallen mit verbundenen Augen in einen Brunnen, der keinen Grund hat. Sie fallen und fallen endlos, immer tiefer in die Dunkelheit. Es ist eine unendliche Leere, in die Sie stürzen. Nachdem der Schrecken dieser Erfahrung vergangen ist, spüren Sie eine Ruhe und Stille, die tiefer und tiefer wird. Sie besitzt große Schönheit und läßt alle Verbindungen und alles, was vertraut ist, hinter sich. Offenbar können Sie jederzeit Ihre Augen öffnen oder die Augenbinde abnehmen, doch irgendwo innen drin geht das Fallen immer weiter. Dies ist jedoch nur eine Vorbereitung auf das Hauptvorhaben.

An der Schwelle des Schlafs, wenn er noch nicht gekommen ist. Dies ist eine Schwelle, eine Wegscheide, wo man weder eingeschlafen noch wach ist. In diesem Augenblick ändert sich der Prozeß und springt von einem Zustand in den anderen. Es gibt eine Lücke zwischen den beiden Zuständen, und es heißt, daß man in ihr sein wahres Wesen erkennen kann – die Wahrheit darüber, wer oder was man ist. In diesen Momenten ist man eigentlich wach, und was man erfährt, ist sowohl grundlegend als auch verwandelnd.

Den Tibetern zufolge gerät der Geist in einen Traumzustand. Doch der Anhänger der Dzogchen will hier den Zustand des natürlichen Lichts bewußt erfahren, so daß er sich, wenn die Träume erscheinen, bewußt ist, im Traum zu träumen. Hier liegt der Kern der tibetischen Traumarbeit, im Gegensatz zu der schamanistischen Visionssuche oder den westlichen Laborexperimenten.

Die indische Tradition, mit der wir diesen Bericht begannen, liefert uns eine sehr einfache Methode. Entspannen Sie sich beim Einschlafen einfach und warten Sie. Gehen Sie jedem Gefühl nach, wenn Sie in den Schlaf sinken. Versuchen Sie nicht, irgend etwas dagegen zu tun, sondern warten und beobachten Sie nur. Versuchen Sie, aufmerksam und bewußt zu bleiben. Der Moment, wenn Sie tatsächlich vom Wachsein in den Schlaf wechseln, ist fein und kurz – aber es gibt ihn. Eine andere der »Hundertzwölf« leitet dazu an, die Lücke zwischen zwei Atemzügen zu beobachten. Es ist genau dasselbe Vorgehen. Die Lücke, in der man einen kurzen Blick auf die Wirklichkeit erhaschen kann, ist so winzig, daß sie vorbei ist, bevor man sie bemerkt. Manche Übende sagen zuversichtlich, daß es mindestens drei Monate dauert, um einen Begriff davon zu bekommen, worüber sie eigentlich reden. Ich neige dazu, in meinen Erwartungen doch etwas großzügiger zu sein. Selbst dreißig Jahre sind da nur ein Lufthauch, jedoch hängt es wirklich von der Willensstärke einer Person ab. Wenn Sie sich mit ganzem Wesen dieser Aufgabe verschreiben, kann es im ersten Moment geschehen. Leider ist das ziemlich selten.

Doch es kommt der Punkt, an dem Sie sich bewußt werden, daß Sie weder wach sind noch schlafen. Dies wird oft als sehr erschreckender Moment beschrieben, denn man findet sich plötzlich in einer Leere wieder, in der riesigen und bleibenden Leere eines ewigen Abgrunds. Es ist, wie manche beschreiben, als würden zur gleichen Zeit eiskaltes und kochendheißes Wasser über einen gegossen.

Als ich noch ein Kind war, passierte mir dies öfter. Jedesmal, wenn es mich in diese Leere zog, fühlte ich eine überwältigende Freude und gleichzeitig einen unbeschreiblichen Schrecken, der mich in die normale Welt zurückriß. Mein amüsierter Vater wußte nicht, was er davon halten sollte und

hieß mich damit aufhören, damit ich nicht verrückt würde. Als ich sieben wurde, verschwanden diese Erfahrungen allmählich. Wie viele Kinder leiden ähnlich an den wohlgemeinten Ratschlägen ihrer Eltern? Es ist wahrscheinlich, daß viele von uns als Kind solche erhöhten Zustände erfahren, doch weil sie nicht in die sozial anerkannte Norm passen, sorgen unsere Eltern beständig dafür, daß diese Ereignisse unterdrückt werden.

Sicherlich ist diese Leere nichts für den Ängstlichen oder den Stümper. Doch wenn Sie in den »Brunnen zwischen den Welten« fallen, wenn Sie weder wach sind noch träumen, dann fühlen Sie sich wirklich. Und diese Erfahrung des Fallens in eine andere, vollkommen andere Dimension ist ein Zeichen für ein unmittelbar bevorstehendes Erwachen.

Jyoti oder das Lichtprinzip. Licht ist die Manifestation strahlender Energie, und die dingliche Welt ist die Reflexion von Formen, die davon erschaffen wurden. (Nach einem Bild des Tantra.)

CHUANG-TZU-PARADOX

Die Vorstellung, daß alles eine Illusion ist, ist immer noch ein fundamentaler Glaube, der sich durch die ganze Kultur des Fernen Ostens zieht. Nichts, was wir erleben, kann wirklich nachgewiesen werden. Es gibt keine Möglichkeit zu beurteilen, ob das, was wir sehen oder hören, ein illusorischer Traum ist oder nicht.

Chuang-tzu war ein taoistischer Meister in China, der im vierten Jahrhundert v. Chr. lebte. Er erwachte eines Morgens mit einem Rätsel für seine Jünger. In dieser Nacht hatte er geträumt, daß er ein wunderschöner Schmetterling sei, doch beim Erwachen stellte sich ihm eine Frage. War es Chuang-tzu, der geträumt hatte, er sei ein Schmetterling, oder war es ein Schmetterling, der träumte, er sei der aufwachende Chuang-tzu?

Wir wissen nicht, ob er prüfen wollte, ob seine Jünger die Wirklichkeit des Traums und des Wachseins unterscheiden konnten, doch der Gehalt dieser kleinen Anekdote von der verschwommenen Linie zwischen Wirklichkeit und Traum hat schon mehr Geister beschäftigt als nur die der Taoisten.

Dieses Verwischen von Wirklichkeit und Traum ist eines der Themen von Sokrates. In Platos *Theaetetus* fragt der griechische Weise: »Welchen Beweis könntest du jemandem in diesem Moment geben, wenn er uns fragte, ob wir schlafen und unsere Gedanken ein Traum sind, oder ob wir wach sind und im wachen Zustand miteinander diskutieren?« Theaetetus stimmt zu, daß sie beide träumen könn-

ten. Zufrieden damit, daß sein Freund das Problem erkannt hat, erklärt Sokrates: »Siehe, man kann sogar darüber streiten, ob wir wach sind oder in einem Traum.«

Für weniger spitzfindige Leute scheint dieses Paradox bedeutungslos. Bei den San-Stämmen der Kalahari-Wüste hat ein solches Problem keine Bedeutung. Die Frage, was Traum und was Wirklichkeit ist, wird in ihrem Verständnis vom »Großen Traum, der uns träumt« zusammengefaßt.

Der indische Streit über das illusorische Wesen der phänomenalen Welt, angeführt vom hinduistisch-mystischen Philosophen Shankara, geriet oft bei der Frage des Schmerzes ins Stocken. Seltsamerweise stellen wir fest, daß der Schmerz der Maßstab der Wirklichkeit ist, sogar für einen Yogi.

>»Obwohl der Schmerz nicht wirklich echt —
> wenn mit einer Nadelspitze
> ich in meine Haut hinein ritze,
> ist, was ich zu fühlen glaube, schlecht.

Und doch muß man daran denken, daß aktueller, körperlicher Schmerz im Traum selten auftaucht, sogar in klaren Träumen, außer wenn wir schon im wachen Leben ein körperliches Problem haben.

Wir wollen nochmals Chuang-tzu betrachten.

»Diejenigen, die nachts von einem Bankett träumen, werden vielleicht am nächsten Morgen heulen und klagen. Diejenigen, die vom Heulen und Klagen

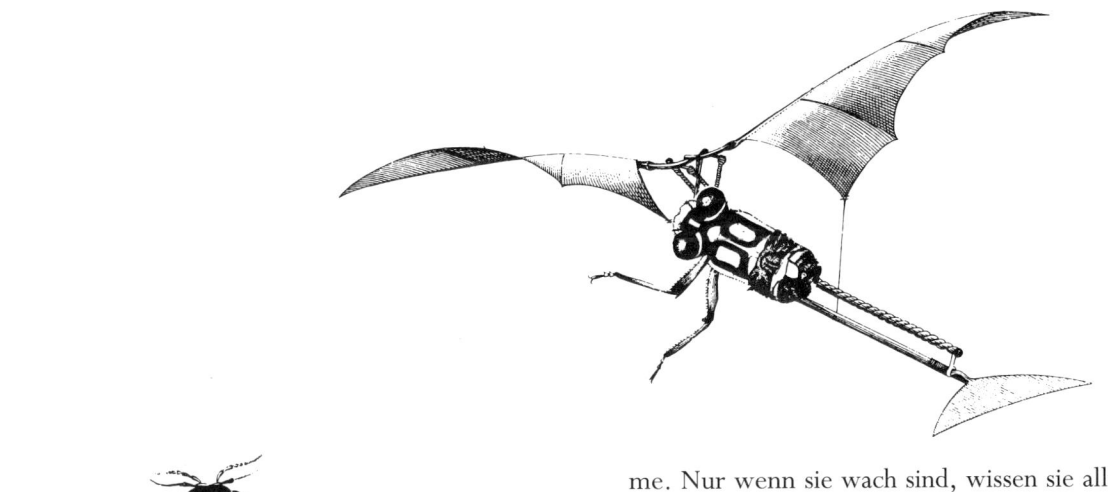

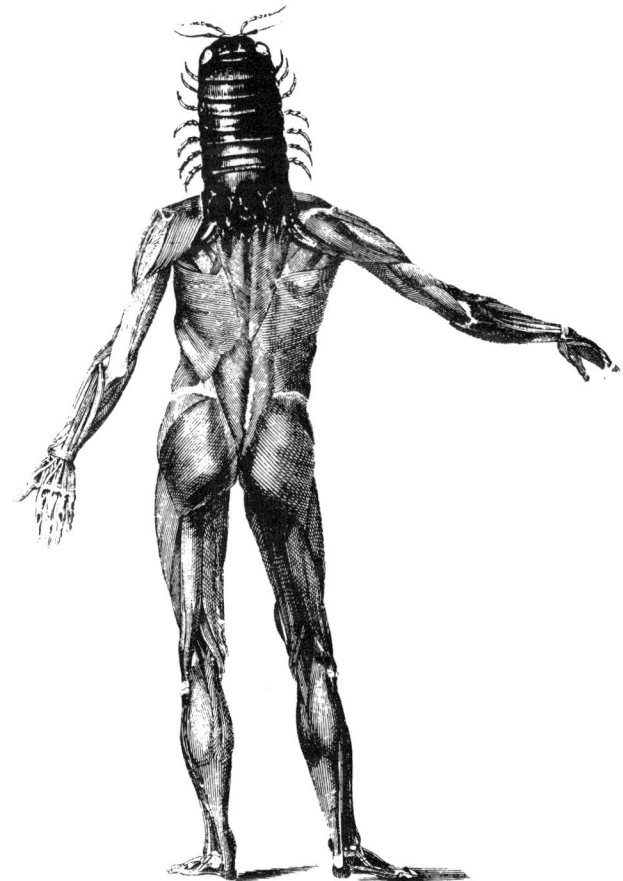

me. Nur wenn sie wach sind, wissen sie allmählich, was sie träumten. Nach und nach kommt das große Erwachen, und dann finden wir heraus, daß das Leben ein großer Traum ist. Währenddessen glauben die Dummen, daß sie wach sind; das wissen sie. Mit feiner Unterscheidung trennen sie Prinzen von Dienern. Wie dumm! Konfuzius und du seid beide in einem Traum. Wenn ich sage, daß du in einem Traum bist, bin ich auch in einem Traum.« (Chuang-tzu, Übers. Fung Yu-lan)

Dies ist die Welt des *Maya* oder der Illusion. Das Wort hat in Indien eine andere Bedeutung als im Westen. Illusion ist weniger unwirklich als vielmehr unmöglich zu unterscheiden. Wir können nicht festlegen, was wirklich ist und was nicht. Nichts ist sicher, wir sind verwirrt, und alles ist so sehr im Fluß, daß noch nicht einmal das eigene beobachtende Selbst wirklich zu sein scheint.

Bisher haben wir die luziden Reiche des Zauberers, Schamanen, Therapeuten und Weisen untersucht. Doch was wissen wir über die tatsächliche, faktische, wissenschaftliche und objektive Wirklichkeit unseres wachen oder traumartigen Zustands?

Der Mystiker kann so lange erklären, wie er will, daß unsere wache Welt nur ein Traum ist, aber was sagen unsere Wissenschaftler darüber? Wir werden bald das Reich der Neuen Physik und der Neurophysiologie erkunden, um zu erfahren, ob moderne Wissenschaftler dieser Behauptung zustimmen.

träumen, gehen vielleicht am Morgen jagen. Wenn sie träumen, wissen sie nicht, daß sie träumen. In ihren Träumen deuten sie vielleicht sogar ihre Träu-

173

TRÜGERISCHES ERWACHEN

Jeder Leser, der bis zu diesem Zeitpunkt einige Klarträume erlebt hat, kennt wahrscheinlich auch das trügerische Erwachen und die Schwierigkeit, es als solches zu erkennen. Man scheint aufzuwachen und seinen morgendlichen Geschäften nachzugehen, bis man feststellt, daß man immer noch träumt. Es ist eine seltsame Erfahrung, daß man dieses trügerische Erwachen immer öfter erfährt, je mehr Klarträume man hat. Es gibt nur wenige befriedigende Erklärungen für dieses Phänomen. Vielleicht geschieht es, weil der Träumer bereits glaubt, daß er wach sei, oder daß die Erwartung des wirklichen Aufwachens beim Abklingen des Klartraums diesen Effekt hervorruft.

Was auch immer der Grund ist – es gibt verschiedene Methoden, dieses trügerische Erwachen zu überwinden und seine Träume mit unverändertem Bewußtsein und wacher Aufmerksamkeit fortzuführen. Alle haben etwas gemeinsam: das Gefühl schneller oder lebhafter Bewegungen. Manche Klarträumer wirbeln oder drehen sich wie ein Kreisel, andere werfen sich lieber zurück in einen Abgrund oder von einer Klippe hinunter.

Die beiden Methoden, die mir am besten gefallen, sind, zu fliegen und dabei die spektakulärsten akrobatischen Kunststücke zu vollführen oder sich einen Vorhang oder eine Tür vorzustellen, durch die man mit voller Wucht hindurchspringt.

Ich habe irgendwo gelesen, daß es Hinweise auf einen Zusammenhang zwischen dem Gleichgewichtsorgan im Innenohr und heftigem REM während des Traums gibt. Wenn hier eine Verbindung besteht, mag dies der Grund dafür sein, daß lebhafte Traumbewegungen das Gehirn veranlassen, mehr REM-Schlaf anzuregen und auf diese Weise auch mehr Klarträume.

TRAUMSCHAFE ZÄHLEN

Dies ist eine Variation einer sehr alten Methode, die zum Einschlafen verwendet wurde. Während man auf den Schlaf wartet, beobachtet man Schafe, die über einen niedrigen Zaun springen. Nehmen Sie sich die Zeit und stellen Sie sich jedes Schaf beim Springen vor. Zählen Sie sehr genau, während jedes über die Hürde springt. Denken Sie daran, daß es nur Traumschafe sind; Bilder, die von Ihrer eigenen Vorstellung erschaffen wurden. Während Sie zählen, sagen Sie zu sich selbst: »Ein geträumtes Schaf, zwei geträumte Schafe…« Dies hilft dabei, aufmerksam zu bleiben, während man im Kopf behält, daß alles nur Traumbilder sind.

Diese Technik dient dazu, innerhalb des Nicht-REM bewußt zu bleiben, der ersten Phase des Schlafs. Doch die schlafauslösenden Träume dauern selten länger als einige Sekunden und verbinden sich oft mit halluzinatorischen Bildern. Doch die Methode scheint auch in den späteren Phasen des Schlafzyklus, kurz vor dem Morgengrauen, zu wirken. Sie eignet sich besonders für die, die leicht und schnell einschlafen und halluzinatorische Bilder erfahren.

TRAUMKÖRPER-PROJEKTION

Diese Übung ist für manche Träumer sehr einfach und doch außerordentlich wirkungsvoll. Wenn Sie in den Schlaf sinken, stellen Sie sich vor, daß ein Abbild ihres ruhenden Körpers durch die Decke bis zum Dach hinaufsteigt. Es kann überallhin gehen, doch es ist wichtig, daß dieser Körper weit weg ist und etwas vollkommen anderes als Ihr ruhender und fest schlafender Körper tut. Wenn Sie sich mit diesem projizierten Körper identifizieren können, wird es Ihnen im Traum leichter fallen, sich bewußt zu werden, daß Sie in ihm sind.

Fliegender Mann, von Mark Penberthy.

DIE METHODE EINES TIBETISCHEN MEISTERS

Atisha, der dreimal Große, wurde vor beinahe tausend Jahren in Indien geboren. Er wurde »dreimal groß« genannt, weil er außergewöhnlicherweise der Jünger dreier erleuchteter Meister war und vom indischen Himalaya nach Tibet reiste. Und auf diesem für Meditation so fruchtbaren Boden gelang es ihm, seine große Lehre zu entwickeln: Die sieben Punkte der Geistübung.

Wir werden uns nur mit einem Sutra aus diesem Werk befassen, das eine ganze Reihe von Meditationen erschließt, die zum Erwachen des Bewußtseins führen. Auf den ersten Blick scheint diese Technik so einfach zu sein, daß man sie gar nicht für eine Meditation hält.

Denke, daß alle Phänomene wie ein Traum sind.

Lassen Sie sich nicht durch die scheinbar einfache Technik täuschen; es ist eine der mächtigsten und konzentriertesten, die je entwickelt wurden.

Wenn Atisha von »Phänomenen« spricht, meint er damit alles und jedes, das Große und das Kleine. Dies schließt das Banale und das Spirituelle ein und reicht vom Gläserrücken bis zur Energiebewegung, die in jedem der Chakras aufsteigt. So lange es einen Erlebenden und etwas zu erleben gibt, spricht Atisha von Traum. Während alle Phänomene, die beobachtet werden können, ein Traum sind, ist das beobachtende Bewußtsein, der Seher, kein Traum.

Wenn Sie sich wirklich mit dieser Methode befassen und alles um sich herum als Traum erfahren, genausowenig greifbar und ebenso unwirklich wie jeder nächtliche Traum im Schlaf, werden Sie an einen Punkt kommen, an dem Sie sich fragen, ob auch Sie sich in einem Traum befinden. Wenn das Objekt ein Traum und damit unwirklich ist, was ist dann mit dem Subjekt, das das Objekt träumt? Eine der ersten Einsichten, zu denen Sie durch diese Methode gelangen, ist, daß sich Ihr trügerisches Selbst, das Ego, langsam auflöst, denn es ist Teil der ganzen Illusion, die Sie gelebt haben. Es bedarf beständiger Energie, um das Selbstgefühl zu behalten, und wenn man hinnimmt, daß alles ein Traum ist, erhält das Ego keine Energie mehr und beginnt zu verschwinden.

Paradoxerweise entwickelt sich inmitten der Feststellung, daß alles ein Traum ist, ein neues Wirklichkeitsgefühl. Doch wir beschäftigen uns momentan mit einem zweiten Effekt dieser Meditation: dem Klartraum. Denn wenn man tagsüber bewußt daran denkt, daß alles ein Traum ist, erscheint dieses Wissen auch in Ihren nächtlichen Träumen, und plötzlich werden Sie sich selbst gleichzeitig als tief schlafend und als hellwach erfahren.

Nach Atishas Meinung verwandelt diese neue Einsicht das tägliche Leben, denn wenn man erst einmal bewußt ist, wird der Traum als das erkannt, was er ist: eine Illusion. Bewußtsein und Traum können nicht gleichzeitig existieren. Wenn das Objekt und das Subjekt erst einmal ihre Wirklichkeit verloren haben, entsteht ein neues beobachtendes Selbst, das nur widerspiegelt, was ist. Dies ist das wahre Erwachen.

Wir wollen uns jedoch nicht von solchen spirituellen Höhenflügen mitreißen lassen, ehe sie geschehen. Für den bescheidenen Moment beschäftigen wir uns einfach mit dieser Technik und planen vielleicht zwei Stunden am Tag dafür ein, uns darauf zu konzentrieren. *Behandle alle Phänomene wie Träume.* Was das Auslösen klarer Träume betrifft, ist dies eine der erfolgreichsten Methoden, die je entwickelt wurden.

Allegorie, von Joseph M. Gandy. Dieses Bild der Weltreligionen
aus dem neunzehnten Jahrhundert drückt die romantische und exoti-
sche Sichtweise der Geisterreiche aus. Solch populäre Phantasien
haben wenig mit der Wirklichkeit zu tun, die an der Quelle jeder
Religion liegen kann, und Atisha trifft die Wurzel unserer Vorstellungen der spirituellen Dimension, wenn er uns versichert, daß
alle Phänomene, auch das des Geistes, Träume sind.

Teil III

EIN WACHTRAUM

11. KAPITEL

Träume von der Wirklichkeit

12. KAPITEL

Die Wirklichkeit von Träumen

13. KAPITEL

Der Traumschöpfer erwacht

Ittal, *aus dem Haus von Tissano, Ganjam-Distrikt, Orissa, Indien.*
Dieses Piktogramm stammt von einem weiblichen Schamanen und
zeigt ihren Geist-/Traumgatten mit seinen Freunden. Die beiden
Personen unten rechts zeigen die Geistkinder der Schamanin, die sie
in ihren Träumen sieht.

11. KAPITEL

TRÄUME VON DER WIRKLICHKEIT

Wenn wir der modernen Physik glauben,
so hat das, was wir Wachwahrnehmung nennen,
nur eine Winzigkeit mehr Ähnlichkeit mit der objek-
tiven Wirklichkeit
als die phantastischen Träume unseres Schlafes.

Bertrand Russell

Bisher haben wir gesehen, wie durch die ganze Geschichte hindurch der Weise und der Zauberer immer wieder erklärt haben, daß die Welt, die wir als fest und stabil annehmen, nichts weiter ist als ein Traum. Heute legen Wissenschaftler Theorien auf den Tisch, die jene Vorstellung bestätigen, und nirgendwo schreitet dieser grundlegende Wechsel der Sichtweise, der all unsere übernommenen Vorstellungen vom Wesen der Wirklichkeit angreift, so schnell voran wie in der Physik. Es ist wichtig zu verstehen, daß die Theorien, die wir untersuchen wollen, keine wissenschaftlichen, in Stein gemeißelten Funde sind. Es sind eher faszinierende Möglichkeiten, die es verdient haben, überdacht zu werden. Die meisten sind strittig, doch niemand würde die Glaubwürdigkeit der Wissenschaftler anzweifeln, die sie vertreten.

Die besonderen Hypothesen, die unsere Aufmerksamkeit in bezug auf das Wesen klarer Träume und des Wachzustands auf sich ziehen, sind:

1. Die bahnbrechenden neophysiologischen Theorien von Karl Pribram von einem *holographischen* Universum, in dem das Gehirn gleichzeitig sowohl als Laserstrahl als auch als holographische Platte fungiert.

2. Allgemeine Theorien über das Wesen der Wirklichkeit, die sich auf die Quantenmechanik und die Lehre subatomarer Phänomene stützen, in denen das Bewußtsein fundamentalen Einfluß auf die physikalische Welt hat.

3. Neue Konzepte über eine *erklärte* und eine *vorgegebene* Ordnung als Basis einer großen Holo-Bewegung, wie sie von dem Physiker David Bohm dargelegt werden.

4. Die *morphologischen Felder* des Biochemikers Rupert Sheldrake.

Diese vier Theorien deuten gemeinsam auf ein holographisches Universum von Feldern hin, in denen der Beobachter nicht länger als einzelner Zeuge gesehen wird, der außerhalb der Ereignisse steht,

---

Ein Karnevalsabend, von Henri Rousseau. Ist die Welt eine absolute Wirklichkeit, oder eine einzigartige, sich ewig verändernde Phantasie, die von jedem von uns geschaffen wird? Die Neue Physik nimmt an, daß sie illusionärer ist, als wir uns je dachten.

sondern als untrennbarer Teil des Ganzen. Dies ist eine grundlegend neue Auffassung von der Rolle des Beobachters.

Wissenschaft ist immer die Untersuchung von Erscheinungen, die sich auf Beobachtung, Experimente und Messungen gründet. Was die Neue Physik andeutet und was sich auf subatomarer Ebene schon bestätigt hat, ist, daß es so etwas wie eine vollkommen objektive Betrachtung nicht gibt. Der Wissenschaftler muß nun als aktiver Teilnehmer in einer neuen »subjektiven Rolle« gesehen werden. Wie ist diese neue Vorstellung entstanden, was sagt sie aus und warum sollte sie für angehende Klarträumer interessant sein?

Wir scheinen offenbar gerade ein goldenes Zeitalter der wissenschaftlichen Methode erlebt zu haben. Wir sind umgeben von den Früchten einer traditionellen Art, das Universum zu verstehen, von Space Shuttles bis zu Waschmaschinen, von Waschpulver bis zu künstlicher Intelligenz. Und so lange sich die Wissenschaft mit relativ großen Dingen wie Jumbo Jets und Planeten beschäftigt, können uns die Techniker in einer scheinbar stabilen und soliden Welt stets vorhersagen, wie Gegenstände und Energien arbeiten. Doch auf der grundlegenden Ebene des Energiespektrums sind die Dinge nicht ganz so, wie wir immer angenommen haben. Denn sobald die Wissenschaftler versuchen, das Verhalten der grundlegendsten und kleinsten Dinge vorherzusagen oder auch nur zu beobachten, zeigen sie ihnen ein ganz anderes und bizarres Gesicht – fast wie ein surrealer Traum.

Si c'était, von Yves Tanguy, 1939. Der Künstler fängt seltsame morphologische Erscheinungen in einer sonst formlosen Umgebung ein. Was ist die Wirklichkeit des Universums »da draußen«, wenn es das Produkt unseres Geistes zu sein scheint?

Solche »Dinge« wie Elektronen, aus denen unser scheinbar festgefügtes Universum besteht, können offenbar ihr »Gesicht« verändern, sobald sie merken, daß sie beobachtet werden, als würden sie sich eines Eindringens in ihr Privatleben bewußt. Sie ändern nicht nur ihre Form und ihr Verhalten von Wellen zu Korpuskeln, wenn sie jemand ansieht; wenn er versucht, ihre Größe, ihren Ort und ihre Geschwindigkeit zu messen. Sie scheinen in Raum und Zeit überhaupt nicht mehr zu existieren. Niemand kann sie auf einen bestimmten Ort festlegen. Weit davon entfernt, dem Universum eine solide Basis zu sein, zögern diese kleinsten Bauteile der materiellen Welt, überhaupt zu existieren. Und um die Enttäuschung des Wissenschaftlers noch zu verstärken, dem es nicht gelingt, etwas lange genug festzuhalten, um es zu beobachten, gibt es offenbar keinen Vorgang, in dem Wirkung auf Ursache folgt.

Zur Zeit können die Wissenschaftler, die auf der Quantenebene forschen, das Verhalten der kleinsten Teile der subatomaren Welt nur mit einer freilich sehr großen *Wahrscheinlichkeit* voraussagen und bemessen. Und diese Veränderung von einem grundlegend *kausalen* Modell des Universums zu einem *statistischen* Modell trägt zur Verwirrung innerhalb der wissenschaftlichen Gemeinde bei.

Doch das verunsichernde Gefühl bei der Entdeckung, daß das Universum weit weniger greifbar ist als angenommen, erschüttert die Wissenschaft noch nicht in ihren Grundfesten. Dies tut die Tatsache, daß die objektive Rolle des Beobachters nun ernsthaft in Frage gestellt wird, und zwar in einem Ausmaß, daß man annimmt, die bloße Handlung des Beobachtens eines Phänomens könne es verändern.

Es sieht so aus, als wäre das Bewußtsein der erste Verdächtige bei der Suche nach dem Schöpfer unseres soliden und bekannten Reichs der Dinge. Denn bis heute wurde der Beobachter immer als jemand verstanden, der außerhalb dessen stand, was er beobachtete, und das Bewußtsein tauchte nie in irgendeiner wissenschaftlichen Gleichung auf. Doch auf der

untersten Ebene erweist sich diese hergebrachte Betrachtungsweise als fehlleitend und oft als falsch, was bedeutet, daß all unsere anerkannten und scheinbar sicheren physikalischen Gesetze gänzlich überarbeitet werden müssen. Wenn der klassische Beobachter nicht länger hinter Glaswänden abgeschirmt werden kann, um das Universum zu beobachten, ohne es zu beeinflussen, bedeutet dies, daß die Rolle des Wissenschaftlers sofort und unabänderlich in die des Teilnehmers verwandelt wird, und er beginnt, wie ein Mystiker zu handeln.

Diese Entdeckung und ihre theoretischen Auswirkungen sind grundlegend für jedes Verständnis unserer eigenen Traumwelt und der möglichen Identität und Stelle desjenigen, der solch außergewöhnlich authentische Traumreiche erschaffen kann.

Gegenüber: **Burg in den Pyrenäen,** von René Magritte, 1961. *Im Lichte der Neuen Physik können wir nicht länger annehmen, daß die Felsen tatsächlich solide und greifbar sind, nur weil wir uns an diese Vorstellung gewöhnt haben.*
Oben: **Meditation** von Ludwig Schwarzer, 1971. *Das Problem der meisten Sprachen, vor allem der westlichen, ist, daß sie sich hauptsächlich auf Substantive gründen. Nichts fixiert ein Geschehen so sehr in ewigem Stein wie ein Substantiv. Substantive verwandeln einen lebendigen Prozeß in ein unveränderliches Ding. Dies zeigt, wie die meisten von uns die Welt, die wir bewohnen, wahrnehmen. Wir sehen einen Felsen als solide an, einfach weil wir ein Wort dafür haben.*

DER GROSSE GEDANKE

In diesem mit neuen Augen betrachteten, *zufälligen* Universum, das sich nur innerhalb gewisser statistischer Grenzen vorhersagen läßt, verlassen wir die Sicherheit einer maschinenhaften, bestimmten und ursächlichen Wirklichkeit und begeben uns in das Denkmuster eines nicht-mechanistischen, nicht-materiellen Kosmos. Wie der Astronom Sir James Jeans 1932 bemerkte:

»Das Universum sieht eher aus wie ein großer Gedanke als wie eine große Maschine. Der Geist ist nicht länger ein zufälliger Eindringling in das Reich der Dinge; wir haben allmählich den Verdacht, daß wir ihm als Schöpfer und Regierenden des Reichs der Dinge huldigen sollten.«

Über ein halbes Jahrhundert später haben seine Worte noch mehr Bedeutung, denn viele Experimente und eine ganze Reihe neuer Entdeckungen und Forschungen scheinen seine Prophezeiung zu bestätigen.

Das »goldene Zeitalter« der Wissenschaft, das seinen Höhepunkt in den drei Jahrzehnten nach dem Zweiten Weltkrieg hatte, erlebt jetzt so etwas wie eine Glaubenskrise. Die revolutionären Ideen, die die älteren Dogmen erschüttern, können folgendermaßen zusammengefaßt werden: die Entdeckung, daß sich das Universum nicht nach dem Ursache-Wirkungs-Prinzip verhält, wie wir gedacht haben, und daher als ein holistisches und verbundenes Phänomen betrachtet werden muß; und zweitens, daß das Bewußtsein nicht außerhalb dieses physikalischen Kosmos stehen kann, denn es ist das Bewußtsein, das es erschaffen hat. Ding und Bewußtsein werden immer mehr als ein Kontinuum oder ein Feld angesehen. Der Geist und das Universum scheinen eins zu sein – ein riesiges, verbundenes, vieldimensionales Energiefeld innerhalb anderer Felder; all diese ineinandergehörenden Felder schwingen und lassen durch ihre unterschiedliche Frequenz Störungen entstehen. Und diese Störungen scheinen das zu erschaffen, was wir als das Universum der Erscheinung oder der Materie kennen.

Dieses Jahrhundert brachte zwei verschiedene und sich widersprechende, nichtsdestoweniger aber umwälzende Theorien: die Relativitätstheorie und die Theorie der Quantenmechanik.

In der Relativitätstheorie wird das Universum als Reihe von Ereignissen mit einer einheitlichen Zeitstruktur angesehen, in der das Objekt sekundär und lediglich Ergebnis einer langen Ursachenkette von Prozessen ist.

In der Quantenmechanik hingegen versteht man das Universum als Reihe von Objekten, Wellen oder Partikeln mit einer einheitlichen logischen Struktur.

Oben: *Die Zukunft von Statuen*, von René Magritte.
Gegenüber: *Wellen über einem Wellenbrecher.* Um eine Welle zu definieren, müssen wir die Zeit zu Vergangenheit, Gegenwart und Zukunft einfrieren, obgleich Wellen in der Wirklichkeit in einem ständig gegenwärtigen Geschehen erscheinen und verschwinden. Unsere Denkweise verfestigt unsere Erfahrung zu einer Etikettensammlung, die nicht wirklich existiert, und doch verhalten wir uns so, als gebe es sie.

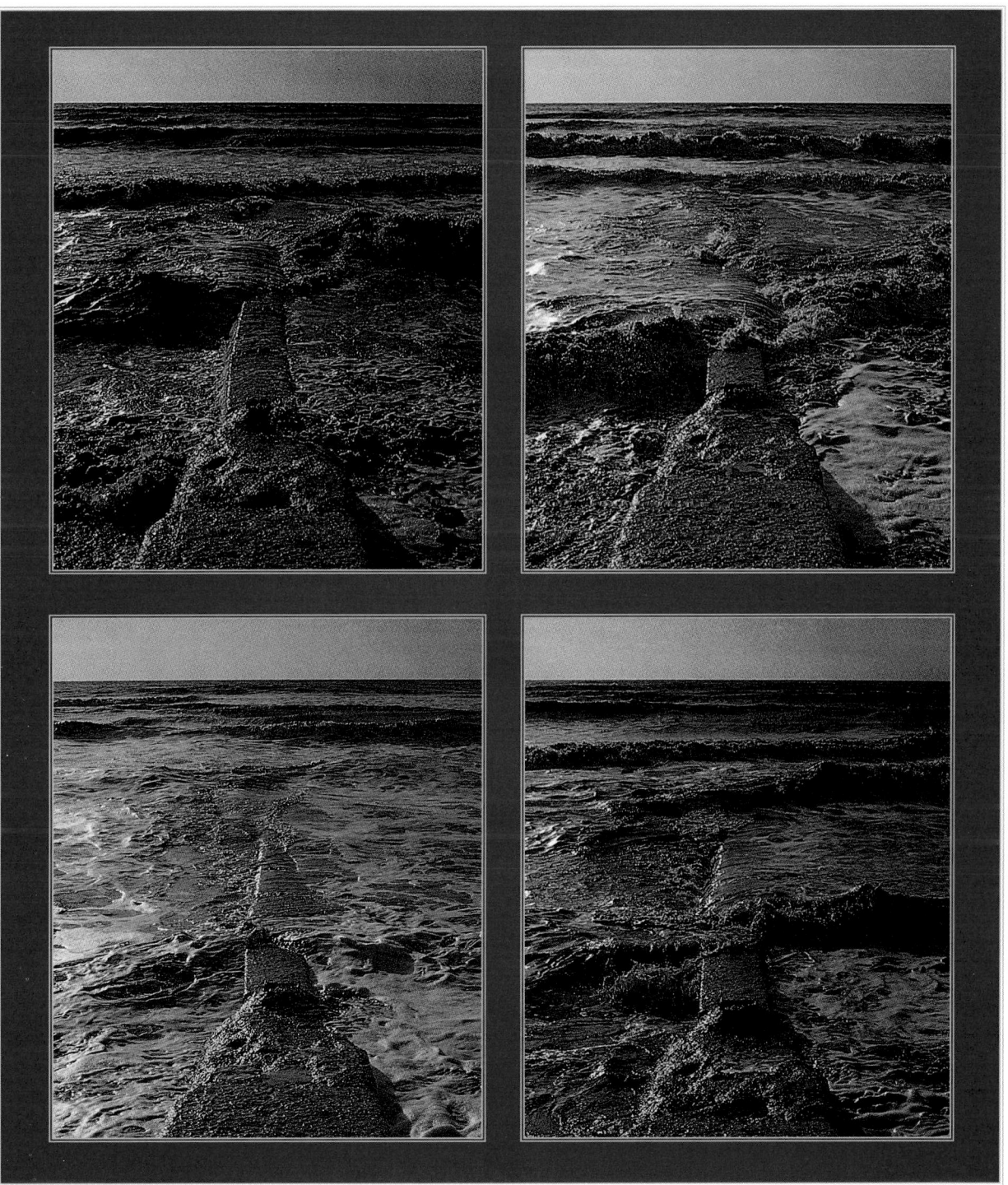

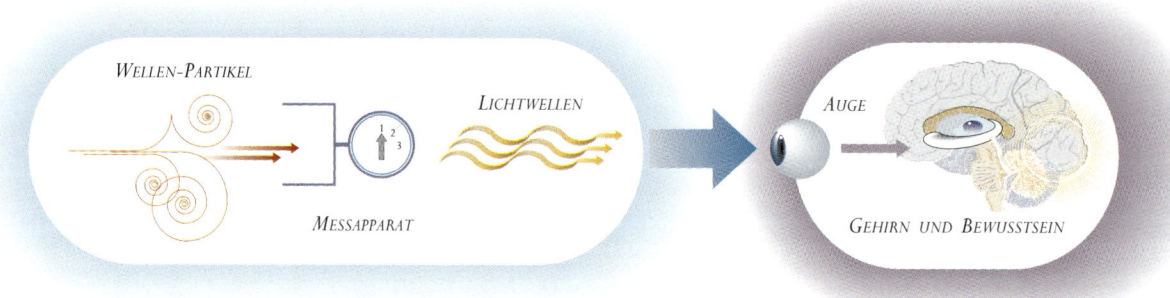

WELLEN-PARTIKEL

LICHTWELLEN

MESSAPPARAT

AUGE

GEHIRN UND BEWUSSTSEIN

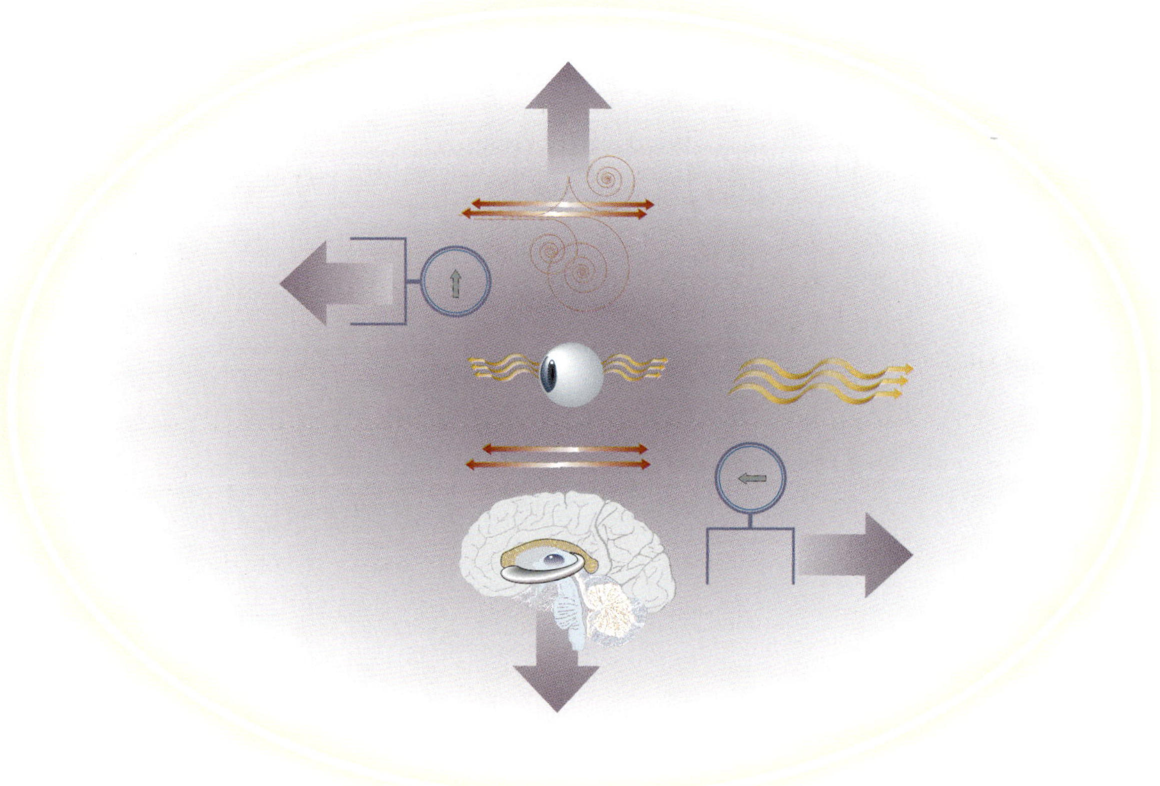

Oben: *Das klassische Konzept, wie ein Beobachter das Verhalten eines Partikels mißt. Grundsätzlich werden zwei getrennte Wirklichkeiten gesehen: eine Welt »dort draußen« und ein Beobachter »hier drinnen«.*

Unten: *Die Neue Physik nimmt an, daß man den Beobachter und das Beobachtete nicht trennen kann. Bewußtsein wird als Quelle und Schöpfer der dinglichen Welt gesehen.*

Der Prozeß ist zweitrangig und wird mehr als das Verzeichnen von Objekten und ihren verschiedenen Zuständen aufgefaßt. Die grundlegende Frage eines heutigen Wissenschaftlers muß demnach sein, ob die Welt der Phänomene denn nun aus Sein oder Werden besteht.

Im Westen wird vermutet, daß wir durch die Natur unserer linearen Sprachen darauf festgelegt wurden, unsere Welt mit Begriffen wie Ursache und Wirkung zu verstehen – wie ein Substantiv, das auf ein Verb reagiert oder von ihm regiert wird. Innerhalb dieses linguistischen Rahmens erfahren wir auch eine Vergangenheit, eine Gegenwart und eine Zukunft. Jedoch haben uns Mystiker aller Glaubensrichtungen seit längst vergessenen Zeiten eingehämmert, daß nichts in der Vergangenheit oder der Zukunft geschieht. Beide existieren nicht, denn es gibt nur ein Hier und Jetzt, diesen einen Moment, der wirklich sein kann. Alles geschieht in einem ewigen Jetzt. Das Morgen wird genausowenig kommen, wie man jemals den Horizont erreicht.

Im klassischen Newtonschen Universum ist Zeit eine absolute Größe, ein Hintergrund, vor dem sich die Ereignisse in linearen Ketten von Ursache und Wirkung abspielen. Zeit war für Newton keine Konstruktion. In unserem alltäglichen Leben funktioniert diese »klassische Annäherung« perfekt. Unbemannte Flugkörper können präzise auf dem Mars landen, wenn sie die Prinzipien Newtons anwenden. Nur wenn wir das Verhalten subatomarer Teilchen betrachten oder die Wirklichkeit durch die Augen eines Klarträumers oder eines Mystikers sehen, scheitern diese Annäherungen. Nun können wir nicht länger annehmen, daß jedes Ereignis – wie solide, kurzlebig, vergangen, gegenwärtig oder zukünftig es auch ist – einen bestimmten Ort innerhalb von Zeit und Raum einnimmt. In der Quantenwelt gibt es keine Zeit, kein Vorher und kein Nachher, und so haben Fragen nach dem Wann oder Wo keine Bedeutung. Hört sich das alles allmählich wie ein Traum an?

TRAUMÜBUNG

Dies ist eine Abwandlung einer fernöstlichen Technik namens *Tratak*. Bevor Sie schlafen gehen, stellen Sie einen Spiegel so auf, daß Sie eine halbe Stunde bequem davorsitzen können. Stellen Sie eine Kerze in der Nähe auf, die Ihr Gesicht gut beleuchtet. Blicken Sie Ihr Gesicht ohne zu blinzeln an (Augentropfen helfen dabei). Sie werden feststellen, daß es einen Zusammenhang zwischen Gedanken und Blinzeln gibt, und diese Technik ermöglicht Ihnen ein deutlicheres Beobachten, ohne das ständige Geschnatter störender Gedanken. Das Gesicht im Spiegel wird sich dramatisch verändern, wie eine Reihe wogender, fließender Masken. Viele Personen glauben, daß diese Gesichter frühere Leben darstellen. Wie dem auch sei, wir beschäftigen uns nur mit der Tatsache, daß das Gesicht, mit dem Sie sich identifizieren, in der Wirklichkeit nicht festgefügt ist. Nehmen Sie sich vor, in der Nacht davon zu träumen, Ihr Traumselbst im Spiegel anzusehen. Beobachten Sie eine Weile die wechselnden Gesichter, bis Sie sich vornehmen, Ihr wahres Gesicht zu sehen. Versuchen Sie, keine vorgefaßten Vorstellungen zu haben, die die Auswirkungen beeinflussen können. Meditierende behaupten, daß das Bild im Spiegel im wachen Leben vollkommen verschwindet. Seien Sie in Klarträumen auf Überraschungen vorbereitet. Nach dieser Übung haben Sie vielleicht ein Gefühl der Ganzheit und Erfüllung in Ihrem wachen Leben. Doch stellen Sie die wirkliche Frage hinter diesem Unternehmen: Wer beobachtete Sie? Mystiker behaupten, es sei das beobachtende Bewußtsein, das im gegenüberliegenden Diagramm als die umfassende Wirklichkeit dargestellt ist.

DAS HOLOGRAMM

Ich glaube an die zukünftige Umwandlung
dieser beiden scheinbar gegensätzlichen Zustände,
Traum und Wirklichkeit,
in eine Art absolute Wirklichkeit,
eine Surrealität, sozusagen.

André Breton

Die ursprüngliche Vorstellung, daß das Universum bemerkenswerte Ähnlichkeit mit einem holographischen Prozeß aufweist, entwickelte sich aus den Fragen, wie und wo im Gehirn Erinnerungen gespeichert werden. Frühe Forschungen über die Arbeit des Gehirns haben enthüllt, daß wir offenbar auf wunderbare Weise absolut alles aufbewahren, was jemals in unserem Leben geschehen ist, von den trivialsten Momenten bis zu den wichtigsten. Unter Hypnose oder durch elektrische Stimulierung bestimmter Gehirngebiete waren Patienten fähig, Erinnerungen von Ereignissen in allen Einzelheiten zu erzählen, die der bewußte Geist vollkommen vergessen hatte. Die Frage, die Neurophysiologen beschäftigte, war: Wo können wir so viel Information lagern? Es mußte wegen der Größe des Gehirns Grenzen in diesem »Lagerraum« geben. Es schien physikalisch nicht möglich, die Erinnerungen eines ganzen Lebens in unserem Gehirn einzulagern. Andere Erklärungen mußten herhalten. Ein Erklärungsmodell schien den meisten dieser Kriterien zu entsprechen.

Die Holographie ist grundsätzlich ein Phänomen miteinander verbundener Teile. So wie eine Handvoll Steine, in einen stillen Teich geworfen, viele konzentrische Wellen auslöst, die alle ineinanderlaufen und sich überlagern, ist die Holographie ein Muster sich überlagernden Lichts.

Jede Welle, ob nun Wasserwelle, Radiowelle oder Lichtwelle, kann Überlagerungsmuster schaffen, sogenannte Interferenzen. Die Reinheit des Laserlichts schafft besonders klar definierte Muster, und Hologramme entstehen, wenn ein einzelner Laserstrahl geteilt wird. Ein Strahl wird von dem zu photographierenden Objekt zurückgeworfen, während ein anderer das von ihm reflektierte Licht trifft und ein Interferenzmuster bildet, das dann mittels eines entsprechend empfindlichen Films aufgenommen wird (siehe gegenüber). Das Bild auf dem Film scheint eher eine Wiedergabe jener Wellen der Steine im Teich zu sein, und doch erscheint ein dreidimensionales Bild des Objektes, wenn das Licht eines weiteren Lasers durch den Film gelenkt wird. Man kann um dieses unzweifelhaft reale Bild herumgehen, als wäre es das Original, und von vorn betrachtet sieht man noch nicht einmal mehr die dahinter stehenden Personen.

Was den Neurophysiker Karl Pribram besonders

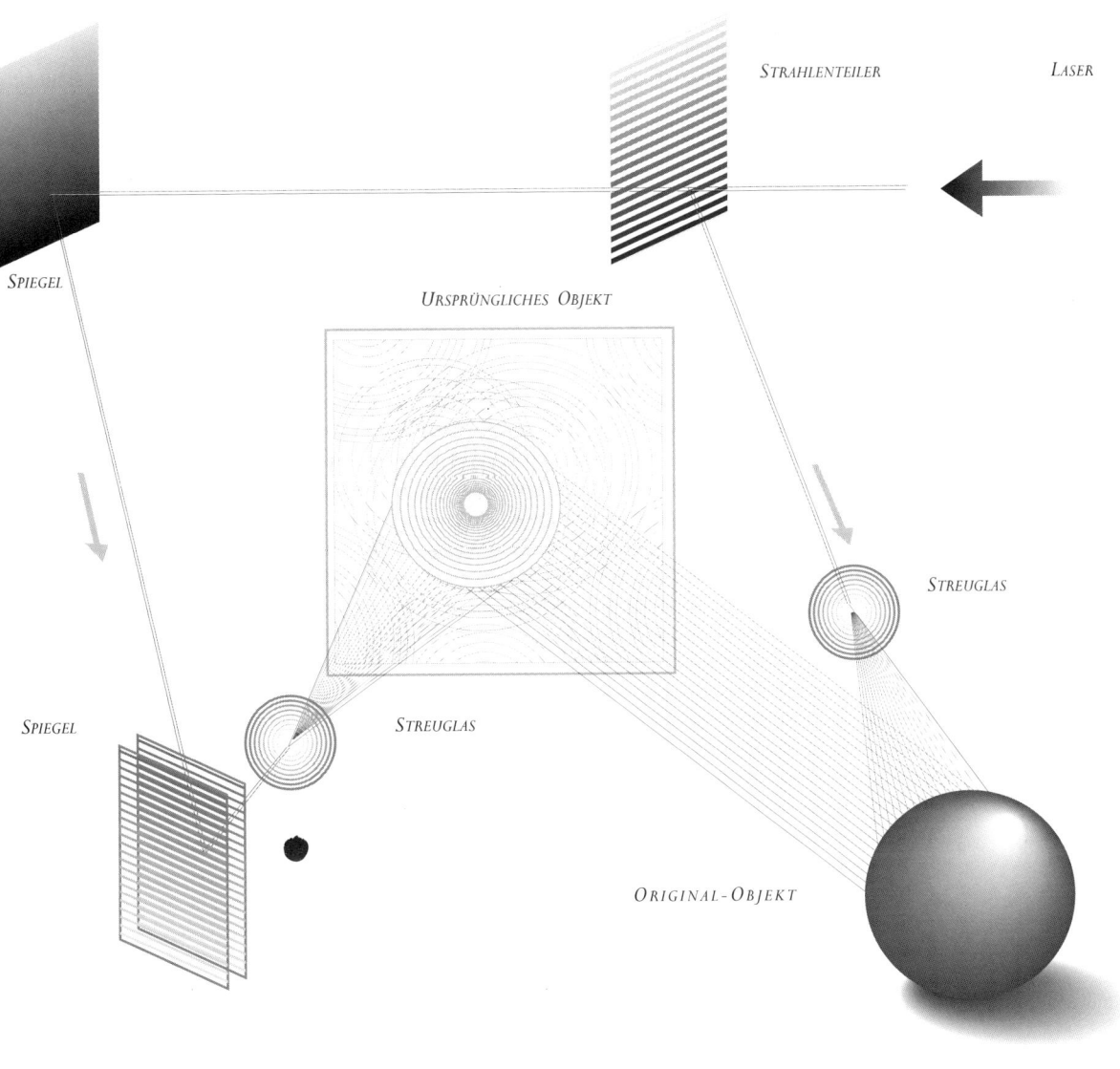

STRAHLENTEILER

LASER

SPIEGEL

URSPRÜNGLICHES OBJEKT

STREUGLAS

SPIEGEL

STREUGLAS

ORIGINAL-OBJEKT

Ein Hologramm wird geschaffen, wenn das Licht eines einzelnen Lasers in zwei verschiedene Strahlen geteilt wird. Ein Strahl wird vom Objekt, das aufgezeichnet oder holographiert werden soll, zurückgeworfen. Der zweite Strahl wird dann so umgeleitet, daß er mit dem reflektierten Licht des ersten kollidiert, und das entstehende Muster wird auf der lichtempfindlichen Emulsion eines Films aufgezeichnet. Anders als ein normales Photo enthält jeder Teil des holographischen Bildes alle Informationen des ganzen Bildes. Wenn ein holographischer Film geteilt wird, kann jedes Stück mit nur geringem Schärfeverlust zur Rekonstruktion des Bildes verwendet werden.

beeindruckte, war die Fähigkeit des holographischen Bildes, seine Information beizubehalten, selbst wenn es in viele Teile zerschnitten wurde. Obwohl das dreidimensionale Bild immer verschwommener und vager wird, zeigt auch das kleinste Teilchen des Films immer noch das gesamte Objekt. Anders als alle anderen Aufzeichnungsgeräte, wie ein Photofilm oder eine CD, enthält der kleinste Teil eines holographischen Films alle Informationen, die von dem Ganzen aufgenommen wurden.

Wissenschaftler, die sich mit der Erinnerung befaßt haben, entdeckten, daß sich die Verzweigungen der Neuronen im Gehirn gegenseitig mit elektrischen Nachrichten beschießen und auf diese Weise wahrscheinlich solche Interferenzmuster bilden, wie man sie in Hologrammen finden. Diese schaffen ein sich ständig bewegendes und mehrdimensionales Hologramm innerhalb des Gehirns, das die wunderbare Komplexität unseres Geistes begründet und die Vorstellungen der Welt um uns herum erschafft.

Die holographische Sichtweise deutet darauf hin, daß Wirklichkeit tatsächlich eine *Frequenzdomäne* ist und unser Gehirn ein Aufnahmegerät, das diese Frequenzen in das umwandelt, was wir als die dingliche Welt erleben. »Frequenzdomäne« ist ein Begriff von Karl Pribram zur Beschreibung der miteinander verbundenen Muster, die wahrscheinlich eine tiefere Ordnung der Wirklichkeit in sich tragen. Da das Gehirn offenbar alles wegstreicht, was nicht in die Vorstellung unserer wachen Welt paßt, legen wir uns auf unsere Art, die Welt zu sehen, fest. Mystiker, Seher, Schamanen und Klarträumer scheinen alle die außergewöhnliche Fähigkeit zu besitzen, dieses Wegstreichen zu verhindern und so einen Blick auf die ursprüngliche Frequenzdomäne in all ihrem Glanz zu erhaschen.

Dies also ist ein mögliches Modell, wie wir so viele Erinnerungen in dem absurd kleinen Raum unseres Gehirns speichern können. Hologramme besitzen eine phänomenale Lagerkapazität für Informationen. Es kann nicht nur eine enorme Menge auf einem einzigen Film gelagert werden: Wenn die Neigung des Lasers, der auf den Film trifft, geändert wird, kann man weitere Bilder auf derselben Oberfläche aufzeichnen. Alles, was nötig ist, um diese vielen Bilder wieder sichtbar zu machen, ist, den Film im gleichen Winkel zu beleuchten, in dem das Bild aufgenommen wurde.

Pribram nahm an, daß ein ähnlicher Prozeß abläuft, wenn wir Erfahrungen vergessen oder erinnern, oder wenn wir Dinge assoziieren, die nur wenig miteinander zu tun haben.

Dieses Muster der ganzen holographischen Sichtweise ist grundlegend für unser Verständnis der Traumübungen und des gewohnten Fixierens unserer Wachwahrnehmungen auf eine einzige, feste und unveränderliche Vorstellung von der Welt. Wie ein Stück des Films bei Erhellung durch einen Laserstrahl eine Reihe wechselnder Bilder zeigt, so erinnern oder vergessen wir persönliche oder kollektive Erinnerungen, wenn wir die Richtung unseres inneren Laserstrahls ändern. Und diese Fähigkeit, unseren *Aufmerksamkeitspunkt* innerhalb des riesigen holographischen Lagerraums der Existenz zu verschieben – besonders in Träumen oder in Trancezuständen –, kann für eine radikale Veränderung unseres gewohnten, wachen Verhaltens sorgen.

Um diese oft obskuren und schwierigen Vorstellungen besser zu verstehen, wollen wir unsere Aufmerksamkeit darauf lenken, wie wir eigentlich die Wahrnehmung der wachen Welt vornehmen.

Sonnenlicht bei Ebbe. Das Licht, das die sich ständig bewegenden Wellen einfängt, erinnert uns an das Wellenmuster des Gehirns. Auch dieses Muster ist nicht statisch. Die Wellen, die von den unzähligen synchronen Schüssen des das Gehirn bildenden Nervennetzwerks erschaffen werden, lassen Interferenzmuster entstehen, die innerhalb von Zeit und Raum in ständiger Bewegung sind.

WAHRNEHMUNGEN DER WACHEN WELT

Wenn wir das erfahren, was wir für unsere »äußere Wirklichkeit« halten, erleben wir tatsächlich einen Sinneseindruck – ein Bild, das durch Licht auf die Oberfläche unserer Netzhaut getragen wird, oder einen Ton, der durch die Luft an unser Trommelfell gelangt –, der dann von den verschiedenen Nervenrezeptoren in unserem Gehirn gedeutet wird. Wir nehmen das Bild gemeinhin nicht so wahr, als würde es sich auf unseren lichtempfindlichen Netzhäuten befinden oder der Ton auf dem Trommelfell. Dazu bedürfte es einer Wahrnehmung, zu der nur wenige von uns fähig sind. Statt dessen sehen wir das Bild außerhalb unseres Gehirn und die Information unserer anderen Sinne als außerhalb unserer selbst. Wenn wir also glauben, die Härte eines Steins zu fühlen, ist die Wirklichkeit der Situation nicht »dort draußen«, sondern es ist ein komplexes Gebilde neurophysiologischer Prozesse, die in unserem Gehirns ablaufen.

Wie unterscheiden unsere grauen Zellen dann also zwischen innerer und äußerer Wirklichkeit, zwischen dem Trugbild und dem Eigentlichen? Und wer versucht wen zu betrügen, wenn sich die beiden vermischen?

Hier bildet das Hologramm eine wunderschöne Analogie, denn es stellt das Trugbild par excellence dar und ist extrem schwer vom tatsächlichen und greifbaren Original zu unterscheiden. Es wirkt so, als würde es existieren, doch es ist so durchscheinend wie ein Regenbogen, wenn man versucht, es zu berühren oder mit Instrumenten zu untersuchen. Ein Hologramm ist eine *virtual reality* (Scheinrealität) die zu sein scheint, wo sie nicht ist, genauso wie das Bild, das hinter der Oberfläche eines Spiegels erscheint, oder eine Wolke in der heißen Wüstenluft. Der Film des Hologramms ist der Ort des Bildes, so wie die Bedampfung hinter dem Glas des Spiegels der Ort des Spiegelbildes ist oder die Regentropfen der Ort des Regenbogenspektrums.

Neuere Forschungen deuten darauf hin, daß unser Gehirn und all unsere Sinne als komplexe Instrumente zur Wellenanalyse arbeiten, die alle Muster, die sie erreichen, in ein System von Wellen umsetzen und entschlüsseln, so wie das Hologramm die Interferenzen in ein Bild der ursprünglichen Szene rückübersetzt. Damit stellt sich uns die Frage: Was wäre, wenn das »Bild« dessen, was wir in unserem Gehirn für die Wirklichkeit halten, gar kein Bild, sondern eine Art Hologramm wäre?

Gegenüber: **Euklidische Spaziergänge,** *von René Magritte.*
Oben: *Außerhalb lebendiger Dinge, von Jeroen Henneman.*

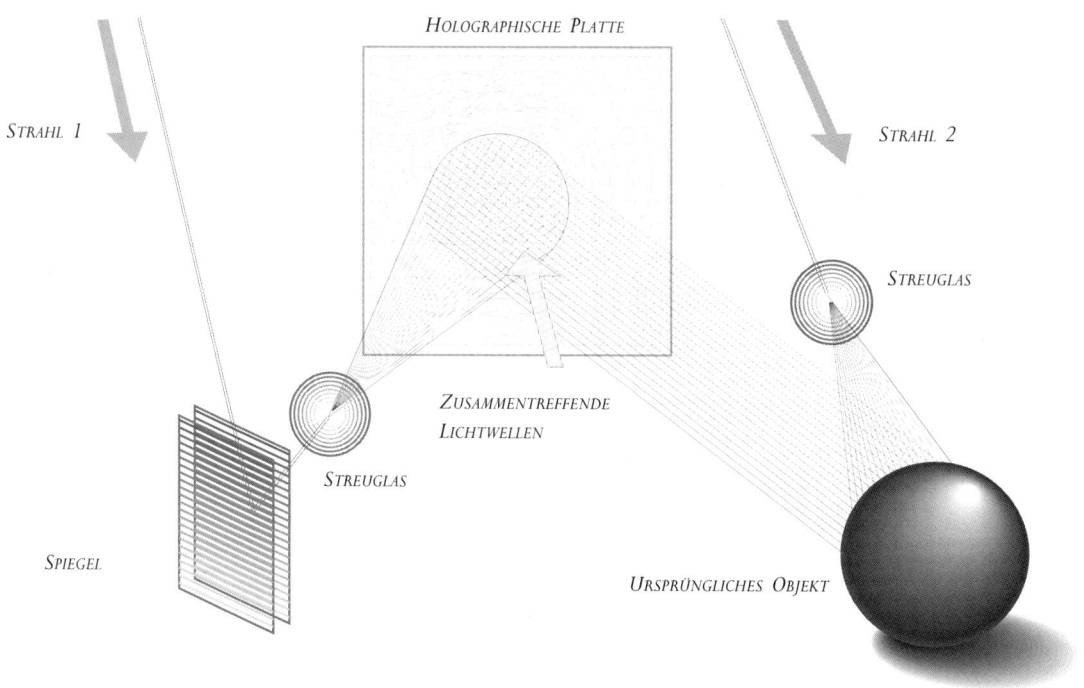

STRAHL 1

HOLOGRAPHISCHE PLATTE

STRAHL 2

STREUGLAS

ZUSAMMENTREFFENDE
LICHTWELLEN

STREUGLAS

SPIEGEL

URSPRÜNGLICHES OBJEKT

Fred Alan Wolf bietet uns eine plausible Erklärung für Klarträume im Zusammenhang mit dem holographischen Modell. Er weist darauf hin, daß der holographische Film zwei Bilder erzeugt, wie in dem Diagramm oben zu sehen ist. Das Scheinbild, das hinter dem Film erscheint, besitzt nicht mehr Substanz, Ort oder Ausbreitung als das Spiegelbild des Mondes auf dem Wasser. Es erscheint durch Licht, das abgelenkt wird. Doch vor dem Film erscheint ein anderes, tatsächliches Bild, das eine räumliche Ausdehnung besitzt. Es ist normalerweise nicht sichtbar, außer wenn etwas wie Staubpartikel in den Strahlengang gerät. Anders als das Scheinbild ist dieses Bild keine Illusion, sondern ein reales und räumliches Zusammentreffen von Lichtwellen. Wolf nimmt an, daß alle Träume innere Hologramme sind und unsere normalen Träume nur Scheinbilder auf der Rückseite unseres inneren Gehirnfilms darstellen. Die Wirklichkeit klarer Träume könne mit der möglichen Fähigkeit des Gehirns, reale Bilder zu schaffen, erklärt werden. Wolf geht noch einen Schritt weiter, denn er glaubt, daß der Traumbeob-

Oben: *Zusammentreffende Lichtwellen* vor dem Film, die Raumausdehnung besitzen, im Gegensatz zum Schein-Bild, das hinter dem Film projiziert wird.

achter, wenn er in das Wellenbündel eintritt, »in der Szene badet, und die Szene, die gebündelt wird, 'enthält' ihn«. Wolf hatte selbst gelegentlich Klarträume und kann versichern, daß es keinen großen Unterschied zwischen der Erfahrung der »äußeren« Welt und der in unseren Köpfen gibt.

An diesem Punkt müssen wir betonen, daß die holographische Sichtweise, obwohl sie unter Neurophysiologen als Modell unseres Gehirns oder unserer Wahrnehmung viel Unterstützung erfährt, immer noch sehr umstritten ist. Es gibt jedoch eine Menge weiterer Wissenschaftler aus ganz anderen Gebieten, die zu ähnlichen Schlußfolgerungen über das Wesen der Wirklichkeit gekommen sind. Und in jedem dieser Fälle steht unsere gewohnte Wahrnehmung der Wirklichkeit auf sehr wackeligen Beinen.

DIE NEUE PHYSIK

Diejenigen, die an die Existenz glauben,
sind so dumm wie Rinder.
Doch diejenigen, die an die Nicht-Existenz glauben,
sind noch dümmer.

Die Königslieder von Saraha, Tibet 12. Jahrhundert

In einem vorangegangenen Kapitel haben wir physiologische Modelle über die Arbeitsweise des Gehirns untersucht und wie diese unsere Traumprozesse erklären können. Die meisten physikalischen Theorien stimmen Lobgesänge auf die außerordentlichen Fähigkeiten des Bio-Computers an, den wir alle besitzen. Und das sollten sie auch. Sie singen von Dingen wie Stammhirn und Nervenbombardements des Vorderhirns. Wir haben das Gefühl, daß diese Dinge realer und substantieller Natur sind, was auch verständlich ist, denn sie passen in unser gewohntes Geistesbild.

Nun betreten wir erneut ein vollkommen anderes Gebiet, um weitere Hinweise zu finden, die darauf hindeuten, daß unser Verständnis einer soliden, beruhigenden Wirklichkeit tatsächlich nichts weiter ist als ein komplexer Traum. Und da uns die wahre Natur der Traumrealität interessiert, müssen wir diese neuen Vorstellungen kurz untersuchen.

Als erstes Problem zeigt sich dabei, daß die bizarren Konzepte der Neuen Physik einfach nicht mit den traditionellen Wissenschaftsstandards, an die wir gewöhnt sind, gemessen werden können, denn dies sind dieselben wissenschaftlichen Modelle, die sich als ungeeignet erwiesen haben. Die Hürde beim Verständnis der grundlegenden Veränderung, die in der Physik während der letzten sechzig Jahre stattgefunden hat, ist, daß der Grundsatz der Wissenschaft — nämlich bei der Untersuchung von Phänomenen so objektiv und teilnahmslos wie möglich zu sein — in Frage gestellt wird. Die Neue Physik nimmt an, daß der Beobachter nicht von dem, was er beobachtet, zu trennen ist. Aus diesem Grund kann das Bewußtsein zwar nicht ein Phänomen ändern, wohl aber der Grund für das Phänomen sein.

Vor sechzig Jahren stellte Werner Heisenberg seine These auf, die allmählich bis zu den tiefsten Gründen der klassischen mechanistischen Physik durchgedrungen ist. Im Jahre 1927 veröffentlichte er seine revolutionäre Unschärferelation, derzufolge es unmöglich ist, gleichzeitig Position und Geschwindigkeit eines subatomaren Teilchens zu messen. Er glaubte, daß dieser Effekt aufgrund der unvermeidbaren Störung des Objekts durch den Prozeß des Messens entstünde. Mittlerweile ist seine Vorstellung weiterentwickelt worden, und Quanten-Experimente zeigen, daß das Bewußtsein tatsächlich den Zustand eines Phänomens verändert.

Der Nobelpreisträger für Physik, Eugene Wigner, bestätigte dreißig Jahre nach Heisenberg, daß man die Prozesse der Quantenmechanik nicht adäquat beschreiben könne, ohne explizit auf das Bewußtsein Bezug zu nehmen. Er schlug vor, daß die Beziehung zwischen Bewußtsein und dem, was als objektive Wirklichkeit bekannt ist, vollkommen neu untersucht werden solle. Seitdem hat sich eine Anzahl bedeutender Physiker wie J. Scarfatti, John Wheeler und Hugh Everett des Falles angenommen.

Scarfatti geht mit der Annahme, daß eine Sache vom Bewußtsein abhängig ist, noch weiter und sagt, daß das Gravitationsfeld für die Zusammenarbeit zwischen Sache und Bewußtsein verantwortlich ist. Er glaubt, daß lebende Systeme durch »Biogravitone« (Spielformen des Gravitrons, eines hypothetischen Teilchens, das für die Struktur von Dingen verantwortlich sein soll) organisiert sind. Diese Biogravitone können vom kollektiven oder individuellen Bewußtsein kontrolliert und beeinflußt werden, und wirken mit den Feldern zusammen, die die Form und Struktur des materiellen und manifesten Universums regeln. Daher unterstellt Scarfatti ein Bewußtseinsfeld, das mit anderen Felder zusammenwirkt, so wie Wheeler angenommen hatte, daß das Universum von den einzelnen Beobachtern geschaffen wird.

Nur wenige Wissenschaftler, auch aus dem Gebiet der Quantenmechanik, möchten nach dieser Nessel greifen, und was die allgemeine Vorstellung betrifft, so wird diese Theorie als völlig spekulativ und abwegig betrachtet.

Doch niemand kann sich der Neuigkeit entziehen, daß das Bewußtsein eine aktive, unsichtbare Rolle in dem von uns so bezeichneten physikalischen Universum spielt. Wie der Klarträumer im Schlaf können wir offenbar das materielle Universum im Wachzustand verändern und sein Drehbuch verändern, indem wir es einfach wollen. Doch auch wenn sich die alte Sichtweise eines beruhigend soliden Universums als illusorisch herausgestellt hat, klammern wir uns im Angesicht solch radikaler und beunruhigender Vorstellungen immer noch fest an etwas, was sich zumindest nach dem gesunden Menschenverstand anhört.

Das Bild der physikalischen Welt, das sich aus den Quantenexperimenten entwickeln läßt, ist so surrealistisch und traumartig, daß nur wenige mit seiner Aussage leben können. Und wenn einige Wissenschaftler den Quantensprung schaffen, finden sie sich wahrscheinlich eher tief in der Welt der Mystiker als in der deterministischen und empirischen Provinz der Wissenschaft. Die Neue Physik tut nichts weniger, als eine neue mystische Wissenschaft hervorzubringen – von einer Art, wie sie im westlichen Kulturkreis nie existiert hat: beinahe eine »Religion« des menschlichen Bewußtseins oder eine »Psychologie« des Kosmos als ein Bewußtsein, das auf sich selbst wirkt. Und welche bessere Beschreibung könnte es für Träume und besonders für Klarträume geben, als ein *Bewußtsein, das auf sich selbst wirkt?*

Maßgerechter Adam, von Rudolf Hauser, 1973. Das Problem beim Messen subatomarer Partikel ist, daß die Meßinstrumente ebenfalls solche sind. Wenn also Partikel eine undefinierbare Geschwindigkeit und einen nicht festzulegenden Ort haben, gilt dies auch für das Instrument. Derlei Paradoxa häufen sich auf diesem Gebiet.

BEUNRUHIGENDE HYPOTHESEN

Eine Frage, die sich jeder Laie wie ich stellt, ist, wie sich all diese Theorien auf unsere Vorstellung von Universum und Wirklichkeit auswirken. Wenn es tatsächlich eine Revolution im Verständnis der Natur des Bewußtseins und der Dinge gibt, warum findet sie dann so leise und von der Allgemeinheit unbemerkt statt?

Wir wollen zunächst einige der Hauptentdeckungen der Quantenphysik der letzten fünfzig Jahre auflisten, um zu sehen, was diese Funde über unser Verständnis der Wirklichkeit aussagen. Dabei werden wir sehen, daß die Liste eher eine Beschreibung der Welt des Klarträumers als die des Wachen ist.

1) Das Bewußtsein scheint das physikalische Universum zu verändern. Der Beobachter steht damit nicht länger außerhalb dessen, was er beobachtet.

2) Man fand heraus, daß unsere Beschreibung der Welt und wie wir glauben, daß sie funktioniert, damit verwechselt wird, wie sie tatsächlich funktioniert. Mit anderen Worten: Wir schließen uns selbst so sehr in unsere Welt der Vorstellungen über die Welt ein, daß wir letztere nicht mehr sehen, wie sie tatsächlich ist. Konzepte und Worte stehen für Wirklichkeit; aber sie sind nicht die Wirklichkeit. Dieses Problem wird besonders deutlich, wenn ein Quantenphysiker versucht, die Erscheinungen der Welt »da draußen« zu analysieren, und herausfindet, daß alles, was analysiert wurde, »ein Konzept für die Welt da draußen« ist.

3) Die Versicherung, es gäbe linear verlaufende Vergangenheit, Gegenwart und Zukunft, scheint auf subatomarer Ebene nicht zuzutreffen. Manche Wissenschaftler spekulieren ernsthaft, daß es Zonen geben könnte, wo Zeit nicht existiert.

4) Ebensowenig haben auf subatomarer Ebene Ursache und Wirkung eine Bedeutung. Die normale Welt der Energie, Objekte und des Raums mit ihren ursächlichen Zusammenhängen scheint sich nur in einigen Zufällen auszudrücken. Mit anderen Worten: Auch wenn wir glauben, daß Wirkung auf Ursache folgt, geschieht dies eventuell nur, weil wir glauben, daß es passiert.

5) Wenn das Bewußtsein die physikalische Natur der Existenz beeinflussen kann, deutet dies daraufhin, daß es vielleicht nicht bloß eine einzige Wirklichkeit gibt. Es könnte sogar eher sein, daß es viele Universen gibt, die sich vielfach verzweigen und unter kritischen Umständen spalten. In einem Science-fiction-Szenario könnte es sein, daß der Zweite Weltkrieg in dem einen Universum niemals stattgefunden hat, während er in einem anderen von den Alliierten verloren wurde. Manche Physiker gehen so weit zu behaupten, daß unser Bewußtsein die Ereignisse, die nicht in die allgemeine Vorstellung von Wirklichkeit passen, streicht.

6) Die westliche Wissenschaft hat sich bisher bemüht, so objektiv wie möglich zu sein und alle Experimente von jeglicher subjektiven Verfälschung durch den Beobachter abzuschirmen. Nun wird von einer steigenden Zahl von Wissenschaftlern angenommen, daß das Bewußtsein kein Phänomen sei, das man von Experimenten ausschließen könne, sondern daß es eventuell das einzige Phänomen ist, das existiert. Wirklichkeit stellt sich eher als ein Nichts denn als ein Etwas heraus und ist so greifbar wie eine vorbeiziehende Wolke.

7) Das Bewußtsein kann als ein Feld ähnlich dem der Schwerkraft verstanden werden. Zwei oder mehr

Gerücht, von Joop Moesman, 1935. Mystizismus und moderne Wissenschaft stimmen darin überein, daß wir in einem Kosmos leben, der sich selbst träumt. Die gewohnte Natur unserer wachen Welt ist daher nicht mehr als eine kollektive und soziale Gewohnheit, in der nackt Fahrrad zu fahren ungewöhnlich ist. Doch es ist trotzdem ein Traum.

Felder können miteinander als Kontinuum schwingen. Geist und Ding können so als schlichte Wellen im selben Ozean gesehen werden.

Keine dieser Hypothesen ist neu. Alte yogische und tantrische Texte aus Indien – die mystischen Entsprechungen der Quantenmechanik in ihrer Zeit, und genauso rigoros und präzise wie die moderne Physik – unterscheiden nicht zwischen Bewußtsein und Wirklichkeit. Statt dessen definieren sie drei Zustände oder Bewußtseinsebenen. Die erste ist dualistisch, mit Betonung auf »Dies«, wobei die Wirklichkeit des Objekts als vom Selbst getrennt angesehen wird. Die zweite beschreibt die totale Subjektivität des »Ich«, und die dritte Ebene ist eine, in der weder das Objekt noch der Beobachter, weder das »Dies« noch das »Ich« existieren.

Der Leser fragt sich jetzt wahrscheinlich wieder, was all dies mit klaren Träumen zu tun hat. Das Ergebnis dieses Abrisses ist, daß es, moderner Wissenschaft und alter Mystik zufolge, so auszusehen beginnt, *als würde der Kosmos selbst träumen.* Es scheint immer mehr so, als seien wir selbst ein Traum und würden vielleicht sogar denken, daß diejenigen, von denen wir träumen, eher uns träumen. Aber weil wir nach Stabilität und Beständigkeit streben, schlüpfen wir durch Wiederholung und eine unbewußte, gänzlich unaufmerksame Schläfrigkeit lieber wieder in das gewohnte Muster. Keine Wissenschaft bietet eine Basis für ein neues Bewußtsein des Bewußtseins, das vergleichbar mit der Mystik der Vergangenheit wäre. Und wenn jemandem bewußt ist, daß er bewußt ist, ist er luzid. Es ist nur ein kleiner Schritt zu der Erkenntnis, daß die Luzidität innerhalb von Träumen in das wache Universum ausgedehnt werden kann. Mit anderen Worten: Wir sind genauso fähig, unsere Wach-Wirklichkeit zu verändern wie das Geschehen in unseren Klarträumen. Diejenigen, die gelernt haben, bewußt zu träumen, beginnen zu entdecken, daß die Welten überraschend ähnlich sind, und daß ein Sich-Vornehmen in der wachen Wirklichkeit genau denselben Effekt haben kann wie im Traum.

Es geschieht!

ERKLÄRTE UND VORGEGEBENE ORDNUNG

Während Wissenschaftler die Dinge in immer kleinere Teile spalten, haben wir bereits gesehen, daß diese Teile sich keineswegs wie die Dinge verhalten. Sobald ein Physiker die Ebene eines Elektrons erreicht, muß er feststellen, daß es als Partikel oder als Welle erscheinen kann. Beide haben keine Dimension, die sich messen läßt. Es ist einfach nichts, was wir kennen. Subatomare Phänomene zeigen dieses schizophrene Verhalten, sowohl eine Welle als auch ein Partikel zu sein, je nachdem, ob jemand sie beobachtet oder nicht. Nach dem, was bekannt ist — und nach einigen ziemlich anstrengenden Experimenten, bei denen die Wissenschaftler versuchten, nicht hinzusehen, obwohl sie eben doch hinsahen —, veränderte der schüchterne Partikel seine Haltung in die einer Welle. Es scheint, daß sich die subatomare Welt lieber wie eine Welle verhält, wenn sie nicht beobachtet wird, doch sobald jemand sie unter die Lupe nimmt, verändert sie sich erheblich. Dieses »jetzt siehst du mich, und jetzt nicht«, mal Welle, mal Partikel, das sind die Quanten.

Quanten besitzen jedoch nicht nur keine Dimension und die beunruhigende Eigenschaft, gleichzeitig zwei Wesen zu haben, sondern sie haben zudem auch noch keinen Ort. Vielleicht sollte man genauer sagen, daß ihr Ort nicht auf dieser Ebene existiert und alle Punkte im Raum allen anderen Punkten gleichen. Solche beunruhigenden Eigenschaften veranlassen Wissenschaftler, nach einer radikal neuen Sicht des Ganzen zu suchen, und der angesehene Physiker

David Bohm schlug ein Modell vor, das das Universum als riesige holographische Bewegung darstellt, und in dem unser bekanntes und scheinbar stabiles Universum tatsächlich eine Art Trugbild ist, wie ein holographisches Bild. Diese manifestierte Wirklichkeit nannte er die entfaltete oder erklärte (explizite) Ordnung. Unter dieser manifesten und scheinbar faßlichen Ordnung jedoch liegt ein anderes, tiefergehendes Prinzip, die vorgegebene (implizite) oder eingehüllte Ordnung, in der alles von allem eingehüllt ist (siehe gegenüber). Und die Gesamtheit des Universums ist das Ergebnis des endlosen Entfaltens und Einhüllens dieser Ordnungen, als würden sie ein- und ausatmen.

In einer solchen Gesamtheit des Fließens oder der Holobewegung hat die Betrachtung eines Universums, das aus getrennten Teilen besteht, keine Bedeutung. Es gibt nur ein Ganzes, trotz einer Teilung von relativen Untergesamtheiten auf der expliziten Ebene. Und unser Beharren auf der geteilten

Oben: **David Bohm.** Gegenüber: ***Ein Modell für die explizite und implizite Ordnung.*** *Eines der beliebtesten Modelle von David Bohm zur Veranschaulichung seiner Theorie ist Farbe, die in Glyzerin geschüttet wird, welches sich zwischen zwei rotierenden Glaszylindern befindet (Abb. 1). Wenn einer der Zylinder gedreht wird (Abb. 2), breitet sich die Farbe aus, bis der ursprüngliche Tropfen in einer homogenen Mischung mit dem Glyzerin verschwindet (Abb. 3). Doch wenn die Drehrichtung verändert wird (wie in Abb. 4), erscheint der Farbtropfen wieder so, wie er war (Abb. 6). Bohm nimmt an, daß sich die Existenz in ähnlicher Weise umschließt und entfaltet.*

Natur der »Dinge« und auf dem Teilen der expliziten Welt schafft Probleme, sowohl in der Wissenschaft, als auch in unserem Leben.

Hier vereinigen sich Bohms Vorstellungen mit den Entdeckungen der Mystiker aller Zeiten. Er scheint einer der ersten aus einer neuen Generation mystischer Wissenschaftler zu sein. Praktisch jede mystische Kultur erklärt die illusorische Natur der alltäglichen Welt, die Einheit und Ganzheit aller Dinge und die fließende, ewige Gegenwart von allem.

Die islamischen Sufis verwendeten lange das mystische Diagramm eines Kreuzes, um dies auszudrücken. Die horizontale Achse stellt die Welt von Zeit und Raum dar, die Welt des Ortes und der Substanz, die auf einer Linie zwischen Vergangenheit und Zukunft existiert. Dies kann als die explizite Ordnung des Universum angesehen werden. Der vertikale Teil des Kreuzes trifft diese lineare Ebene *in diesem Moment* und repräsentiert die ewige, zeitlose und implizite Ordnung. Wenn man am Schnittpunkt dieser beiden Ordnungen steht, befindet man sich in der ewigen Gegenwart und beobachtet den sich endlos entfaltenden Prozeß der expliziten Ordnung, wie sie von der Vergangenheit in die Zukunft übergeht. An diesem Punkt ist das reine Bewußtsein, das die künstliche Welt der Illusion betrachtet, ohne mit ihr eins zu werden. Einen kurzen Blick auf diese Schwelle kann man durch Luzidität in Träumen erhaschen.

Bohms Modell drückt aus, daß Bewußtsein als Teil des Ganzen als subtilere Form der Materie gesehen werden kann, die in verschiedenen Graden des Entfaltens und Einhüllens existiert. Dies deutet ebenfalls auf die Sinnlosigkeit des Versuchs, das Universum in lebende und nicht-lebende Dinge zu unterteilen, denn sie sind alle untrennbar miteinander verwoben. Wenn wir im Geist Dinge unterteilen, täuschen wir uns selbst, doch die Täuschung wird zu einer Lebensweise, der Ursprung des *Maya*, des östlichen Glaubens, daß die dingliche Welt nur ein Traum ist.

Sosan, der dritte Zen-Patriarch und einer der großen Männer des Taoismus sprach so knapp wie möglich. Die Schlichtheit seiner fast zweitausendfünfhundert Jahre alten Aussagen beschreibt das heutige Verständnis, daß Dualität innerhalb der neuen holographischen Sichtweise keinen Platz hat.

»Der Große Weg ist für diejenigen leicht, die keine Vorlieben haben.

Wenn Liebe und Haß beide abwesend sind, wird alles klar und unverkleidet.

Mach die kleinste Unterscheidung, und Himmel und Erde sind für immer getrennt.

Wenn du die Wahrheit sehen willst, dann bilde dir keine Meinung für oder gegen etwas.

Der Kampf zwischen dem, was man mag und was man nicht mag, ist die Krankheit des Geistes.«

Seine *Verse auf einen treuen Geist* drücken den grundlegenden Unterschied zwischen der klassischen Vorstellung der Wissenschaftler aus, die die Welt in immer kleinere Teile teilen, um zu sehen, wie die Maschine arbeitet, und Bohms Vision einer unteilbaren Wirklichkeit, die Bewußtsein, Licht, Dinge und Anti-Dinge in ein riesiges Ganzes einschließt.

»In dieser Welt des solchen gibt es weder Selbst noch etwas anderes als Selbst.

Um in Harmonie mit dieser Wirklichkeit zu leben, sag einfach, wenn Zweifel aufkommen: 'Keine zwei.'

In diesem ›Keine zwei‹ ist nichts getrennt, nichts ausgeschlossen.

Und diese Wahrheit steht über jeder Ausbreitung oder Verkleinerung in Zeit und Raum: In einem einzigen Gedanken liegen zehntausend Jahre.«

Wenn wir diesem alten Taoisten oder der wachsenden Zahl von Wissenschaftlern glauben wollen, so sind unsere Gehirne Hologramme, die innerhalb eines Hologramms ad infinitum eingehüllt sind, und jedes Gehirn erschafft, was es für die objektive Wirklichkeit hält, indem es Wellen aus einer tieferen Existenzebene außerhalb von Raum und Zeit deutet.

Wenn dem so ist, dann ist die objektive Welt nicht die absolute Wirklichkeit, für die wir sie immer gehalten haben. Wirklichkeit scheint die Menge miteinander verbundener Wellen zu sein, die unsere Gehirne in relativ festgefügte Ideen entschlüsseln. Dies soll nicht heißen, daß Flüsse keine Flüsse und Steine keine Steine sind, aber es heißt, daß das, was wir sehen, nur das ist, was unser Gehirn aufbaut. Ohne diesen Decoder würden wir die Dinge vielleicht als ein Muster erkennen. Beides ist real und irreal. Noch einmal Sosan:

»Die Wirklichkeit von Dingen zu verleugnen, heißt, ihre Wirklichkeit nicht zu erkennen;

die Leere von Dingen anzunehmen, heißt wieder, ihre Wirklichkeit nicht zu erkennen.

Je mehr du darüber redest und nachdenkst, desto weiter entfernst du dich von der Wahrheit.«

Gegenüber: **Zen Hotei überquert einen Fluß,** von Kanô Tanyû, Japan. Oben: **Patriarch und Tiger,** Japan, dreizehntes Jahrhundert. Der Geist dieses alten Taoisten ist so frei von jeder Unterscheidung zwischen Sicherheit und Gefahr, daß er ruhig einschlafen kann und einen schlafenden Tiger als Kissen benutzt.

DAS PRIMÄRNETZ UND DIE HAARE VON SCHIWA

Wenn wir unsere Aufmerksamkeit auf die Berichte von Sehern und Schamanen richten, finden wir viele Beschreibungen einer weniger gefilterten Vision der Wirklichkeit miteinander verknüpfter Muster. Praktisch alle beschreiben ihr inneres Universum als ein Universum des Lichts. Manche berichten von Lichtfäden oder unendlich feinen Strängen des Licht-Bewußtseins, die wie ein riesiges, mehrdimensionales Spinnennetz aussehen. Menschen werden oft als pulsierende Knäuel, Kugeln oder Eier aus verschiedenfarbigem Licht wahrgenommen.

Die Berichte sind unterschiedlich, doch man ist sich einig, daß eine Person in Trance, in klaren Träumen oder in veränderten Wachzuständen oft feststellt, daß sich die Lichtbilder langsam in erkennbare »Dinge« verwandeln – als würde sich der Geist, der die Welt in dieser neuen, lichterfüllten und chaotischen Art nicht verstehen kann, auf das besinnen, was er weiß oder zu wissen glaubt. Denn dieses Universum der Energie erscheint jedem Geist als Chaos, der die Welt für solide und erkennbar halten will.

Ich erinnere mich, wie ich in Indien eine ähnliche Erfahrung machte, aber ich war tief erschrocken. Alles erschien in einem solch wahnsinnigen Licht, daß alles, wonach ich mich sehnte – obwohl ich bis zu den Wurzeln Engländer bin –, ein Bild von Holland war, das für mich das Sinnbild wacher Normalität war. Statt nur zu beobachten, was geschah, klammerte ich mich verzweifelt an eine Vorstellung ordentlicher holländischer Straßenschilder, Bäckereien und Kanäle, um mich vor dem Wahnsinn zu bewahren.

In Visionen vom Primärzustand der Wirklichkeit oder der von Bohm so genannten impliziten Ordnung erklären viele Augenzeugen, daß menschliche Wesen durchsichtig und pulsierend erscheinen und aus Lichtfäden bestehen, die den ganzen Körper in ein Netz einhüllen, wie ein schwimmendes Ei. Aus diesem Energie-Ei strahlen Lichtbündel und lange Stränge in alle Richtungen. In Indien nennt man sie die Haare von Schiwa. An einem Punkt der äußeren Energiehülle, mal über dem Rücken, mal rechts neben dem Herzen oder am dritten Auge, liegt eine Art Verteiler, in dem alle Fäden der Welt zusammenlaufen. Mit Carlos Castanedas Worten ist dies der Versammlungspunkt. In den Beschreibungen der indischen Vedanta liegt dieser Punkt am Herzen, während er sich im indischen Tantra am dritten Auge befindet. Jede Kultur nimmt an, daß dies der einzige Ort der bewußten Aufmerksamkeit einer Person ist.

Der Geist, mit solch unverständlicher Information konfrontiert, verwandelt diese Erfahrung sofort in ein bekanntes oder halb-bekanntes Bild, und zwar mit oft bizarren Folgen.

Im *Tibetischen Buch der Toten* wird einer der ersten Momente des Todes als eine Konfrontation mit dieser grundlegenden Helligkeit beschrieben. *»Nun scheint die reine Helligkeit des Dharmata vor dir; erkenne sie.«* Dem Geist werden männliche und weibliche Aspekte zugeschrieben. Der männliche Teil wird als sprühende, reine und pulsierende Helligkeit gesehen, während die weibliche Natur die reine Leere ist. *»Dein Geist ist untrennbare Helligkeit und Leere in Form einer großen Lichtmasse; er hat keine Geburt oder Tod, und daher ist er der Buddha des unsterblichen Lichts.«*

Das Prinzip der Freude, von René Magritte.

Doch sogar auf dieser reinen Ebene wird der Geist versuchen, irgend etwas Bekanntes zu erkennen. Personen, die eine todesnahe Erfahrung gemacht haben, bei der sie eine überwältigende Helligkeit bemerkten, berichten oft, daß sie dachten, jemand hätte eine kräftige Lampe auf ihre Augen gerichtet oder sie wären von den Lichtkegeln eines Lastwagens erfaßt worden. Wir haben bereits gesehen, daß die Verstorbenen im Zustand des Bardo Töne, farbige Lichter und Lichtstrahlen erfahren und erschrecken. An diesem Punkt muß sie der Bardo-Führer daran erinnern: »Nun, wo ich diesen entscheidenden Punkt erreicht habe, will ich mich vor den friedlichen und den erschreckenden, vor meinen eigenen Projektionen, nicht mehr fürchten.« Wenn man sich tiefer in den Bardo-Zustand hineinbegibt, kann man immer mehr eins werden mit den realen Illusionen seines eigenen Geistes.

Das *Tibetische Buch der Toten*, oder, wie es richtiger heißt, *Die Große Befreiung durch Lauschen im Bardo*, ist eine erstaunliche Beschreibung des holographischen Modells. Der Verstorbene identifiziert sich immer mehr mit den oft gewalttätigen und verwirrten Projektionen dessen, was die Tibeter *Karma* nennen, oder was wir im Zusammenhang mit dem Hologramm Aufmerksamkeitsfixierung angewöhnter Sichtweisen, Ängste, Verhaltensweisen, Schuld und aller anderen sozialen Glaubens- und Zustandsprogramme nennen können, die uns seit unserer Kindheit eingetrichtert wurden.

Links: **Bindhu,** *Bild aus Rajasthan, achtzehntes Jahrhundert. Das Tantra sieht das Universum sowohl als kleinsten Punkt wie auch als riesiges Ganzes an. Der Bindhu ist der Punkt, aus dem der innere und äußere Raum ihren Ursprung finden und in dem sie wieder eins werden.*

Oben: **Das Freiburger Zimmer,** *von Peter Dreher, 1978. Daß wir Dinge innerhalb des äußeren Raums in Farbe oder in schwarz-weiß unterscheiden und trennen, wird immer mehr als Ergebnis eines kollektiven und angewöhnten Programms statt als Wirklichkeit angesehen.*

Wenn der Verstorbene vor seinem Tod Erfahrung mit klaren Träumen gemacht hat, werden ihm viele Bilder bekannt vorkommen, und die Erkenntnis, daß alles reine Traumbilder sind, wird ihm helfen, sein Selbst von den Projektionen zu trennen und seine Aufmerksamkeit statt dessen auf die Grundhelligkeit zu lenken.

Wenn wir uns von der Wissenschaft zur Mystik hinwenden, erhalten viele der alten Behauptungen eine neue Bedeutung, denn sie sind beinahe identisch mit den heutigen holographischen Vorstellungen.

Swami Vivekananda nimmt in *Jnana Yoga* jahrhundertealte hinduistische Texte wieder auf, wenn er sagt, daß »Zeit, Raum und Ursachen wie ein Glas sind, durch das man das Absolute sehen kann« und daß wir das Glas mit dem Universum verwechseln. Er sagt weiter, daß wir aus diesem Bild erkennen, daß Zeit, Raum oder Ursache im Universum nicht existieren, und daß das, was wir Ursache nennen, nach »der Entartung des Absoluten ins Phänomenale, nicht vorher« beginnt. Solch eine Behauptung hat Ähnlichkeit mit Bohms Implizit-explizit-Ordnung.

Von allen indischen Schriften gleichen die des Tantra am deutlichsten der modernen Quantenmechanik. Die hinduistischen Konzepte von *Nada* und *Bindhu* sind praktisch identisch mit der Vorstellung der Quantenphysik, daß ein Ding sowohl Welle als auch Partikel sein kann. Nach alten tantrischen Texten setzt sich eine Schwingung oder Welle (*Nada*) in Bewegung, wenn Brahma ein Ding erschafft. Doch wenn ein Ding als vom Bewußtsein getrennt angesehen wird, hat es viele Punkte (*Bindhu*).

DER WILLE, DIE WELT ZU ERSCHAFFEN

Die meisten von uns sind sich der Macht unserer Gedanken nicht bewußt und erleben ein fast ununterbrochenes Geplapper sich streitender und uneiniger Vorstellungen. Dies wirkt wie ein ständiger und verwirrender Beschuß der impliziten Ordnung, aus der jeder von uns entsteht. Doch in dem Moment, in dem man sich auf diese Gedanken konzentriert und einen Schwur auf das Wesentliche im Zentrum ablegt oder sich vornimmt, daß etwas Bestimmtes passieren wird, hängen die Gedanken zusammen und verwirren nicht länger die kreativen, tieferen Ebenen der impliziten Ordnung. Und aus dieser Ebene entfaltet sich die explizite Ordnung. Ein einziger Wille bringt die Früchte zum Reifen.

Nach Bohm und den Tibetern rollt die explizite Ordnung, nachdem man sich etwas vorgenommen hat, so weich aus, wie auf geschmierten Rädern. Wenn sich eine Person Zeit läßt, sich in wesentlichen Begriffen vorzustellen, was sie wirklich aus ihrem Leben machen will, kann sie die Ereignisse, die sie erlebt, bewußt manifestieren. Dies ist genau derselbe Prozeß, den wir in einem Klartraum finden, wenn sich der Träumer allgemein eine Tendenz vornimmt und oft von den Details überrascht ist, die sich im Traum entwickeln. In unserem Wachzustand können wir die allgemeine Richtung unseres Lebens festigen, indem wir sie uns einfach vornehmen und den Einzelheiten erlauben, ganz natürlich zu fließen. Dies ist der Kern des Willens, klares Träumen anzuregen. Alles, was Sie tun müssen, ist, sich Ihren Traum bewußt vorzunehmen und eine klare und eindeutige Nachricht an die implizite Ordnung zu senden, daß dies geschehen soll – und dann wird es geschehen.

Auch David Bohm spricht dies deutlich aus, wenn er sagt, daß »jede Handlung einem Willen in der impliziten Ordnung folgt.« Dieser Wille oder die Handlung kreativer Vorstellung setzt die Form in Gang, die schließlich auf der expliziten Ebene erscheint. In der impliziten Ordnung, den tieferen Ebenen der Wirklichkeit und der Kopie des groben Stoffs des Universums, sind Vorstellung und Wirklichkeit eins. Und so können die Bilder des Geistes am Ende körperlich zur Wirklichkeit werden.

Dies wird durch die wundersamen Heilungen von Patienten belegt, die sich einer Vorstellungs- und Bio-Feedback-Therapie unterziehen. Wenn sich ein Krebspatient einen Lichtstrahl vorstellt, der die Krebszellen zerstört und gleichzeitig heilt und neue, gesunde Ersatzzellen schafft und damit die Krankheit gänzlich rückgängig machen kann, dann weist dies darauf hin, daß unser Geist eine unmittelbare und untrennbare Verbindung mit der Materie hat. Es gibt zu viele Fälle sogenannter Wunderheilungen, um solche Behauptungen überhören zu wollen.

Wenn Patienten daran glauben, daß sie geheilt werden, mag schon eine eigentlich vollkommen nutzlose Pille den erwünschten Effekt haben; wenn derselbe Patient jedoch die Hoffnung aufgegeben hat, wird auch die kräftigste Medizin keinerlei Wirkung mehr haben. In einer Anzahl von Experimenten mit Placebos (harmlose Pillen ohne irgendwelche Heilkraft) wurde herausgefunden, daß die meisten Arzneien, die über den Apothekertisch gehen, nur deshalb helfen, weil der Kunde daran glaubt. Eine Aspirintablette gegen Kopfschmerzen einzunehmen, ist demgemäß eine Glaubenshandlung. Wenn der Geist dazu gebracht wird, etwas zu glauben, können wir irgendwie unsere normale Skepsis und unsere Trennung zwischen Tatsache und Fiktion übergehen. Indem wir eine klare Nachricht des Heilens zur impliziten Ordnung hinunterschicken, können wir die Heilung in der dinglichen Welt bewirken. Hypnose ist ein anderer Weg, um dem Geist den Willen zur Heilung zu geben oder ihn dazu zu veranlassen, Fakten anders wahrzunehmen.

Landschaft in einem Traum, von Paul Nash.

Wenn Sie eine spirituelle Größe zu diesem Thema hören wollen – Gautama, der Buddha, hat einmal gesagt hat:

»Wir sind, was wir denken. Alles, was wir sind, entsteht durch unsere Gedanken.

Mit unseren Gedanken erschaffen wir die Welt.«

»Der größte Zauberer«, schreibt Jorge Luis Borges in *Other Inquisitions,*

»ist der, der sich selbst dahingehend verzaubert, daß er seine eigenen Phantasien als eigenständige Erscheinungen akzeptiert. Wäre dies nicht unsere Sache? Ich vermute, es ist so. Wir (die untrennba-re Heiligkeit, die in uns arbeitet) haben die Welt geträumt. Wir haben sie als ausdauernd, geheimnisvoll, sichtbar und gegenwärtig im Raum und stabil in der Zeit geträumt; doch wir haben einige dünne und ewige Intervalle der Unlogik in ihre Architektur eingebaut, damit wir erkennen können, daß es falsch ist.«

Vielleicht hat auch Borges die Hoffnung, daß wir Hinweise ausgestreut haben, über die wir schließlich stolpern werden. Die große Mauer, über die wir klettern müssen, um hinter den Traum zu sehen, ist Gewohnheit, oder, wissenschaftlich ausgedrückt: das morphologische Feld.

MORPHOLOGISCHE FELDER

Die dritte Theorie, die wir nur streifen können, ist die des englischen Wissenschaftlers Rupert Sheldrake.

Er nimmt an, daß Erinnerung der Natur *innewohnt*, daß sie sich anhäuft und durch Wiederholung von den Atomen bis zu den Elefanten angenommen wird. Sheldrake glaubt, daß »Dinge so sind, wie sie sind, weil sie waren, was sie waren.«

Nach dieser *Hypothese der prägenden Verursachung* hängt das Wesen aller Dinge von Feldern ab, die er morphologische Felder nennt. Wie andere Felder der Wissenschaft, zum Beispiel die der Gravitation, sind diese Gewohnheitsfelder »nicht-materielle Einflußgebiete, die sich in Raum und Zeit ausbreiten.« Da sich die Erinnerung innerhalb dieser Felder

anhäuft, werden Dinge und Vorstellungen durch Wiederholung zur Gewohnheit. Wenn eine solche Wiederholung über Milliarden von Jahren stattgefunden hat, wie bei einem Wasserstoffatom, ist die Natur dieser Gewohnheit so eingeprägt, daß sie unveränderbar und ewig ist.

Eine Sache kann demnach als eine Art Gewohnheit angesehen werden, die durch Wiederholung aus der impliziten Ordnung geschaffen wurde. Eine Sache ist in diesem Sinne ein fast neurotisches Erinnerungsmuster, das in unserer sich sonst ständig verändernden Wirklichkeit fixiert ist. Die Gesetze des Universums scheinen auf gleiche Weise in der Holobewegung fixiert zu sein wie unsere Gewohnheiten und unser Glauben in unserem Aufmerksamkeitspunkt.

Ich persönlich finde, daß diese Hypothese unsere eigene Wahrnehmung in der Tat perfekt beschreibt. Durch Wiederholung zahlloser Generationen menschlicher Wesen haben wir uns eine Umgebung geschaffen, an die wir uns so gewöhnt haben, daß sie ewig, fest und solide wirkt.

Morphologische Felder brauchen jedoch einige Zeit, um Erinnerungen zu einer gewohnten Form zu gestalten. Experimente haben gezeigt, daß der erste Versuch von Wissenschaftlern, Kristalle aus einer neuen Substanz zu erschaffen, unverhältnismäßig lange dauert. Doch wenn erst einmal einige geschaffen wurden, wird die Wiederholung immer leichter, auch wenn die Laborversuche an völlig anderen Orten stattfinden. Wenn erst einmal etwas geschaf-fen wurde, ob ein neuer Organismus oder eine neue Idee, entsteht auch das Gewohnheitsfeld. Je öfter das neue Ding dargestellt wird, desto größer sind die Auswirkungen des Gewohnheitsfeldes und desto leichter ist es, das Ding aufs neue zu erschaffen. Es scheint eine Schwelle zu geben, an der das Gewohnheitsfeld plötzlich auf alles übergreift, ob nun Idee, Molekül oder ganzer Organismus.

Hier stellt sich nun die Frage, was dies für Klarträume bedeutet, denn noch vor einem Jahrzehnt

*Gegenüber: **Der Große Tisch**, 1962. Oben: **Reiseandenken**, 1955. Beide von René Magritte. Wir scheinen gewohnheitsmäßig in unseren Vorstellungen über eine festgefügte Wirklichkeit zu leben. Doch Rupert Sheldrake bietet uns die neue Hypothese an, daß die Wirklichkeit sogar noch mehr gewohnte Vorstellungen über uns besitzt.*

Straßenszene, *von A. C. Willink, 1934. Die ausgestorbene Stadt ist ein Motiv, in dem viele Klarträumer erwachen, wenn sie sich von einem nicht-luziden Zustand in einen luziden bewegen. Bei genauer Untersuchung der Gebäude und Straßen wundern sich die meisten Klarträumer über die perfekten Einzelheiten der Traumwelt. Schatten wer-* *den geworfen, Reflexionen in den Fenstern geben die kleinste Bewegung wieder, und mit etwas Konzentration kann man sogar die Oberfläche der Straße unter den Füßen fühlen. Wie bauen wir diese erstaunlichen Nachbildungen der wachen Welt? Ist unser Erinnerungsvermögen so mächtig, oder betreten wir tatsächlich eine parallele Wirklichkeit?*

waren sie einigen Auserwählten vorbehalten. Es ist, als hätten die Erinnerungen, die über die Jahrhunderte aufgebaut worden sind, die Schwelle erreicht, und plötzlich versucht jeder, bewußt zu träumen; und offenbar wird es immer leichter, je mehr das luzide Traumfeld an Stärke und Gewohnheit gewinnt und mit anderen Felder zusammenwirkt.

Sheldrake selbst sah sich ernsthafter Skepsis der etablierten Wissenschaft gegenüber. Ein vielbeachteter Artikel schlug vor, daß man sein Buch *A New Science of Life* am besten verbrennen sollte. Doch dies ist nur ein weiteres perfektes Beispiel dafür, was man von Gewohnheitsfeldern erwarten kann, denn um Vorstellungen herum sind sie besonders fest gefügt. Traditionen sind Gewohnheiten, die besonders schwer zu verändern sind. Wenn man versucht, den Glauben eines anderen zu verändern, kann man beobachten, daß er wie ein Süchtiger reagiert. Doch wir sind alle von unserem Glauben abhängig und reagieren leicht irrational, wenn jemand versucht, uns unsere jeweils eigene Dogma-Droge wegzunehmen.

Praktisch alle großen Entdeckungen und neuen Ideen, wie die von Sheldrake, treffen zuerst auf die leidenschaftlichsten Gegenreaktionen. Viele der Wissenschaftler, die die Theorien vorbrachten, welche wir gerade untersuchen, erlitten Verunglimpfungen aus den eigenen Reihen. Paradoxerweise ist der Glaube die Grundlage unserer Weltwahrnehmung, aber doch niemals wirklich unser eigener, sondern immer der eines anderen. Wenn man etwas selbst entdeckt und erfährt, ist es keine Glaube mehr, sondern Wissen. Die Blinden müssen die Form der Sonne, die morgens aufgeht, glaubend hinnehmen, denn sie können sie nicht durch eigene Erfahrung erkennen. Für die Sehenden ist es einfaches, selbsterfahre-

nes Wissen. Wir sagen nicht, daß wir glauben, die Sonne gehe am Horizont auf. Wir wissen es!

Doch was die letzte Wirklichkeit betrifft, stehen wir auf sehr viel wackligerem Boden. Obwohl wir alle in der Schule gelernt haben, daß die Sonne nicht wirklich auf- und untergeht, sondern daß unser Planet um sie kreist, können nur wenige von uns dies wirklich fühlen. Hierin unterscheiden wir uns nicht so sehr von jemandem, der vor tausend Jahren gelebt hat und der glaubte, daß die Erde flach sei. Unsere Wahrnehmung wird, was die sogenannten wissenschaftlichen Fakten betrifft, getäuscht. Es bedarf demnach eines Quantensprungs, wenn wir die Auffassung annehmen wollen, daß das Universum um uns herum keineswegs solide ist, sondern nur so erscheint, weil wir programmiert wurden, es auf die gleiche Weise zu sehen wie unsere Vorfahren.

Wie können wir also den Sprung schaffen, um die Existenz als ein »Multiversum« von Parallelwelten zu begreifen, wie eine große Holobewegung in einer raum- und zeitlosen Ewigkeit, was eine mögliche Wahrheit unseres Zustandes zu sein scheint? Physiker können uns zwar erklären, daß die Wirklichkeit ein riesiges Netzwerk bewußter Energie ist, und daß, wenn wir gegen einen scheinbar festen Stuhl stoßen, dieser für uns genausowenig existiert wie ein Traum. Aber wie können wir das wirklich nachfühlen? Unsere Programmierung läßt es nicht zu. Unser tieferliegendes Gewohnheitsfeld ist viel zu stark. Und wenn ein Mystiker oder ein Schamane alle physikalischen Gesetze durchbricht, indem er gemütlich durch Feuer spaziert oder fröhlich und nackt bei Temperaturen von zwanzig Grad unter Null dasitzt und den Schnee durch seine Körperwärme zum Schmelzen bringt, ignorieren wir diese unerklärlichen Wunder, weil sie nicht in unsere Vorstellung passen.

GEWOHNHEIT UND VERÄNDERUNG

Genau gesagt, werden wir nicht in die tatsächliche Welt hineingeboren. Wir werden in etwas hineingeboren, das wir zu einer tatsächlichen Welt machen, indem wir die Gewohnheiten der Gesellschaft, in der wir uns befinden, akzeptieren. Und hier kehren wir schließlich wieder zu den Träumen zurück, denn über sie kann man genau dasselbe sagen. Unsere äußere Umgebung, wie wir sie wahrnehmen, ist wahrscheinlich unsere eigene Schöpfung. Wir beobachten nicht die physikalische Welt, sondern nehmen an der Schöpfung dessen teil, was wir für das »da draußen« halten. Wir finden, was wir finden wollen.

Die Sichtweise der Neuen Physik scheint darauf hinzudeuten, daß wir eine Welt geträumt haben, die relativ stabil und beständig ist; eine, die bestimmten Naturgesetzen von Zeit und Raum folgt. Es ist ein perfektes morphologisches Feld oder vielmehr eine Reihe von Feldern, die von der Gewohnheit eines Eiweißmoleküls bis zur größeren Gewohnheit einer Galaxis reichen. Doch im Grunde ist unsere Welt nur ein Gewohnheitstraum. Die Welt, die wir bewohnen, ist eine ge-wohnte Welt.

Alles, was wir wirklich besitzen, ist eine Beschreibung oder ein Programm der Welt, die uns mit ihren Dimensionen, Charakteristika und Parametern von Geburt an eingetrichtert wurde und die wir nach einiger Zeit für wahr erachtet. Dies ist das Gewohnheitsfeld, die illusorische Wirklichkeit. Es ist die Art, wie unser Bewußtsein gelernt hat, mit der reinen Fülle einer mehrdimensionalen Existenz umzugehen. Denn das Ziel der Ausrichtung unseres Bewußtseins ist vor allem ein soziales, das sicherstellt, daß wir alle dieselbe einzelne Wirklichkeit sehen. Um dies zu verstehen, braucht man nur darauf zu achten, wie wir mit denen umgehen, die anders sehen als wir selbst.

Unsere normale, einzelne, einfarbige Sichtweise der Wirklichkeit kann am besten mit dem Begriff *monotonal* umschrieben werden. Sie ist fixiert und unnachgiebig und wird alles in ihrer Macht Stehende tun, um sicherzugehen, daß alles in sie hineinpaßt.

Doch es gibt noch eine andere Wirklichkeit, die wir veränderlich nennen können. Anders als die feste monotonale Wirklichkeit ist sie eine mehrdimensionale, allesbetrachtende und katalytische Wirklichkeit, die gleichzeitig aus vielen Dingen und Ereignissen besteht. Unsere Fähigkeiten wurden von der monotonalen Wirklichkeit so gut trainiert, daß sie, auch wenn sie mit Erfahrungen konfrontiert werden, die all unsere Vorstellungen von der Welt angreifen – wie Teleportation, Tagesvisionen oder irgendwelche anderen paranormalen oder übernormalen Geschehnisse –, sich weigern, aus dem Gewohnheitsmuster herauszutreten. Entweder formen sie das Bild um, damit es ins Muster paßt, oder, wenn es zu außergewöhnlich ist, ignorieren es.

Wenn Energiefelder und -aura Teil unserer monotonalen Welt wären, würden wir alle lernen, sie zu sehen, was zur Zeit nur einige wenige tun. Was wir für die Wirklichkeit halten, ist tatsächlich nur angelernt, und die Tatsache, daß die meisten von uns keine Aura sehen oder Menschen als Kugeln pulsierenden Lichts, heißt nicht, daß diese nicht existieren, sondern daß sie in unserer monotonalen Welt nicht existieren. In der veränderlichen Welt sind alle Dinge in den alternativen Wirklichkeiten innerhalb eines riesigen Multiversums möglich.

Der beste Weg, die veränderliche Wirklichkeit zu sehen, ist der Traum. Sie werden sich daran erinnern, daß Buddha auf die Frage, was er sei, antwortete: »Ich bin wach.« Es ist daher nicht überraschend, daß es die Buddhisten waren, die das Yoga

Blauer Himmel, *von Wassily Kandinsky, 1940.*

fügen. Substantive fixieren Dinge wie Nadeln die Schmetterlinge in einer Sammlung. Die Schmetterlinge sind tot und die Dinge genauso. Ein mystischer Meister rät seinen Jüngern, sich vor Substantiven in acht zu nehmen. Zu *leben* ist ein Verb und kein fixiertes Substantiv wie das *Leben*. Zu *wissen* ist ein Verb, es ist existentiell und erfahrbar, während das *Wissen* ein totes Ding außerhalb Ihrer Selbst ist. Es ist ein Bericht vom Etwas-wissen eines anderen, und niemals Ihr eigenes. Wir schließen uns in einer wortgeprägten Welt ein, in einer semantischen Umgebung, die aus ortsabhängigen kulturellen Vorstellungen entstand. Dies ist die Wirklichkeit, die wir gelernt haben. Doch wenn wir träumen, wird dieses Vorherrschen der Worte beim Wachsein von der ursprünglichen Form des REM-Schlafs überwältigt, die dazu erschaffen wurde, Erinnerungen aufzunehmen. Diese Form der Einprägung war nicht-verbal, nur sinnhaft. Vielleicht ist dies ein weiterer Grund dafür, daß klares Träumen wie eine erhöhte Wirklichkeit erscheint.

Um die veränderliche Wirklichkeit zu erfahren, die die neuen Wissenschaften meinen, müssen wir den Traum betreten. Wir haben bereits Atishas Meditation kennengelernt, in der er den Jünger anweist, alle Phänomene wie Träume zu behandeln. Ein tibetischer Text, der *Madhyamika*, erklärt, daß die Welt nur ein illusorischer Traum ist. Und wir sind der tibetischen Disziplin von *Mi-lam*, dem Yoga des Traumzustands, begegnet.

Die Hinduisten, die Jainas, die mystischen Sufis des Islam, die Kabbalisten des Judentums, die Zoroastriker und die esoterischen Zweige des Christentums stimmen alle darin überein, daß die materielle Welt ein Traum, eine Illusion ist. Die Kontrolle über seine Träume und die darausfolgende Erkenntnis des traumartigen Wesens der Wirklichkeit scheint ein grundlegendes Werkzeug zu sein, eine der Hauptlehren, die allen gemeinsam ist.

des Traumzustands entwickelten, in dem der Schüler bewußt lernen soll, seinen Traumzustand zu kontrollieren, um dabei das Wesen der wachen und der geträumten Erfahrungen zu erkennen. Den meisten buddhistischen Traditionen liegt die Erkenntnis zugrunde, daß die Welt der Dinge so illusorisch ist wie unsere Träume.

Der Traumtrick bewirkt, daß man seine vertrauten Sinne davon überzeugt, daß es noch andere Wirklichkeit dort draußen gibt, um so seine beständige Kontrolle zu lockern. Doch unsere gewohnte Wirklichkeit hat sich darauf versteift, die Welt durch unsere unbewußte Verwendung von Sprache festzu-

DIE VIER DÄMONEN

Nach dem tibetischen Seher Machig Lapdron aus dem elften Jahrhundert sieht sich jeder Übende des *Chod* (eine Visualisierungs-Verwirklichungs-Technik) vier Traumdämonen gegenüber, welche Funktionen des falschen Selbst, des Egos darstellen. Diese bemerkenswerte Technik beschreibt perfekt das Gewohnheitsgefängnis, das wir für uns selbst geschaffen haben.

Der erste ist der »Dämon, der die Sinne blockiert«. Wenn wir etwas sehen, wird sofort eine Reihe von Prozessen in Gang gesetzt. Gedanken und Erinnerungen über das Objekt schießen in den Kopf. Es gibt Assoziationen, Worte und Vorstellungen, Wünsche danach und Urteile darüber. In dem Moment, wo dies geschieht, wird die wirkliche Wahrnehmung überwältigt, und wir verlieren uns in der Verfestigung des wahrgenommenen Dinges. Mit anderen Worten, der Gewohnheit.

Der zweite ist der »Dämon, der nicht kontrolliert werden kann«. Dies ist die endlose Reihe von Gedanken, die ohne Pause aufeinander folgen. Der Geist wandert ziellos von einem Gedanken zum nächsten, und unsere Aufmerksamkeit verliert sich in Ablenkungen: das zweite Gewohnheitsfeld.

Der dritte ist der »Dämon des Angenehmen«. Dieser erscheint, wenn wir etwas angenehm finden und alles tun, um es beizubehalten. Der Wunsch wird dann zu einer Fixierung und einem Gewohnheitsverhalten und bildet eine Barriere zur Klarheit.

Der vierte ist der »Dämon des Egos«, der die Art, wie wir die Welt mit trennenden Begriffen des »Selbst« und des »Anderen« sehen, programmiert. Er baut eine Barriere zur Aufmerksamkeit und zum Verständnis der Ganzheit unserer Existenz auf.

Vielleicht ist dies die schlimmste Gewohnheit von allen, und sicherlich ist es die am schwersten zu durchbrechende.

Was ist also mit unserer geliebten monotonalen Wirklichkeit? Wir machen daraus, was immer wir uns vorstellen. In einem unendlichen Prozeß von Reflexionen spiegelt unser Geist den Kosmos wider, der unseren Geist widerspiegelt. Offenbar kön-

chen die ganze Zeit all unsere Aufmerksamkeit. Indem der Meditierende sie beim Vorbeigleiten beobachtet, ohne sich mit ihnen zu identifizieren oder hinter einem fesselnden Gedanken herzulaufen, sondern sie einfach ihres Weges ziehen läßt, entdeckt er Lücken in der sonst undurchbrochenen Mauer. Hier entsteht Verständnis und mit ihm ein Verblassen mentaler Gebilde. Das, was jenseits der Geburt dieser mentalen Gebilde steht, ist die Wirklichkeit.

Noch einmal Milarepa:

»Indem man den Geist seinem natürlichen Zustand überläßt, ohne ihn dazu zu bringen, Formen (Ideen, Gedanken, Wahrnehmungsarten) anzunehmen, dämmert das Wissen. Läßt man den Geist entspannt und fließend, wie das ruhige Gewässer eines Flusses, spiegelt sich die Wirklichkeit darin wider.«

Die Wissenschaft bietet nun Einsichten an, die so profund sind, wie die von Milarepa. Sie schafft die Fundamente für eine neue mystische Wissenschaft, die ihrerseits auf einer sogenannten »Psychologie« des menschlichen Bewußtseins gründen. Diese Entwicklung steht in keinem Zusammenhang mit etablierten Dogmen oder Glaubensrichtungen oder Religionen. Und der Grundstein dieser neuen »Religiosität« scheint derselbe zu sein, wie der des Mystikers aus dem Tibet des zwölften Jahrhunderts: daß die Welt, in der wir leben, nur ein Traum ist, der sich selbst träumt.

nen nur Meditationen und Klarträume dies verändern. Beide unterminieren die Mauern unserer gewohnten und fixierten monotonalen Weltansicht. Besonders Meditation durchbricht die Verbindungen zwischen den Gedanken.

Normalerweise gleiten Gedanken wie eine unendliche Mauer an unserem Bewußtsein vorbei. Wir können nicht hinter sie blicken, denn sie beanspru-

Gegenüber: **Eremit mit den Göttern,** *sechzehntes Jahrhundert, Mogul, Indien. Die Tradition der indischen Eremiten machten sich die Tibeter rigoros zu eigen, indem sie einen wohltätigen hinduistischen Pantheon durch ein schreckliches, dämonisches Gegenstück ersetzten.* Oben: **Tankha,** *neunzehntes Jahrhundert, Tibet.*

BESCHWÖRUNG DES DÄMONS

Nachdem wir das Auftreten der Dämonen untersucht haben, erscheint es sinnvoll, nach Methoden zu suchen, wie man mit ihnen in einem Klartraum umgeht. Wir erreichen normalerweise im Traum einen Punkt, an dem wir unseren schlimmsten Ängsten gegenüberstehen. In einem Klartraum kann uns der Grad ihrer Wirklichkeit so erschrecken, daß man an dieses Ungeheuer glaubt und auf diese Weise aus dem Zustand der Aufmerksamkeit herausfällt, wobei man normalerweise sofort aufwacht. Doch wie real der Schrecken auch wirken mag, er ist doch ein Traum, und diese Erkenntnis reicht normalerweise aus, um jede Angst zu vertreiben. Doch manchmal ist der Träumer nicht so davon überzeugt, wenn er sich einer sechs Meter großen dämonischen Erscheinung gegenübersieht. In solchen Momenten schießt jedem Träumer der Gedanke durch den Kopf, daß er vielleicht irgendeine abgeschiedene höllische Wirklichkeit betreten hat, ein Parallel-Reich, in dem man sich wirklich verletzen kann. Zuerst müssen Sie sich also einprägen, daß es ein Traumbild ist und wahrscheinlich irgendein abgelehnter Teil Ihrer Selbst. Liebe, Lachen und Licht scheinen die besten Waffen gegen solche Erscheinungen zu sein. Sich im Traum seinen Sinn für Humor zu bewahren, ist wohl der kostbarste Talisman, den Sie mit sich in das andere Reich nehmen können. Dasselbe kann man auch für die wache Welt sagen. Das Ungeheuer zu lieben, ist eine andere von Träumern verwendete Strategie. Das Monster zu umarmen und es zu akzeptieren, bringt normalerweise ein besonders intensives Gefühl der Erleichterung mit sich, als hätte man einen Teil seiner selbst unterdrückt und im Zentrum seines privaten Labyrinths seinen eigenen Minotaurus erschaffen. Reden Sie mit ihm, fragen Sie ihn, wer er ist – sein Name ist oft ein Schlüssel. Fragen Sie das Monster, warum es Sie bedroht, oder was es zu tun versucht und wie Sie ihm helfen können.

Wenn Sie besonders mutig sind, können Sie Ihre schlimmsten Träume in einem Klartraum zusammentrommeln. Doch dies kann genauso erschreckend sein wie die Erfahrungen des Chod-Tänzers, wenn der Träumer nicht auf die Wirklichkeit der Versammlung vorbereitet ist. Ihre Haus-Dämone werden ganz leicht von selbst erscheinen und sind sehr viel wahrhaftiger, wenn sie es von selbst tun. Herbeigerufene Monster in einem Klartraum zeichnen sich oft durch eine leere Künstlichkeit aus, egal, ob sie nun Verkörperungen des Guten oder Bösen sind.

Und doch kann ein Schritt in die richtige Richtung Einsichten bewirken. Durch die Beschwörung ihrer Lieblingsperson, Ihres schlimmsten Feindes oder eines weisen alten Manns oder einer Frau erfahren Sie vielleicht die Freuden wahrer Weisheit, Anteilnahme und wahren Humors. Wenn Sie sich inmitten des Geschehens daran erinnern können, nachzuprüfen, wen sie da herbeigerufen haben, werden Sie aufschlußreiche Unterschiede zwischen Original und Traumreplik feststellen. Und es besteht immer eine sehr reale Chance, daß Sie die tatsächliche Person mit Ihrem eigenen Traum herbeigerufen haben. Ich persönlich habe zwar öfter mit anderen Personen Träume geteilt, doch ich kann nicht wirklich bestätigen, ob das, was wir beide erfuhren, dasselbe war oder nur ein Wunschgedanke.

Gegenüber: **Lotusblumen und Kranich,** *Hängrolle, elftes Jahrhundert, China. Untersuchen Sie die Szenerie in Klarträumen genau. Sie werden für Ihre Aufmerksamkeit belohnt werden.*

EIN GEFÜHL FÜR DEN ORT

Die meisten von uns haben einen Lieblingsplatz, ob es eine offene Landschaft, das Meer, ein Fluß oder die Stadt ist. Wenn möglich, gehen Sie dorthin und untersuchen Sie den Ort so gründlich wie möglich. Saugen Sie jedes sichtbare Detail auf, jede Geruchsnuance, Geschmack, Berührung und Geräusch. Fragen Sie sich selbst, während Sie dies tun, ob Sie träumen.

Wenn Sie ins Bett gehen, nehmen Sie ein Erinnerungsstück des Ortes – ein Photo, eine Zeichnung oder eine Postkarte oder irgendeinen schlichten Gegenstand, der für Sie die Atmosphäre jenes Ortes verkörpert. Nehmen Sie sich vor, den Ort in Ihren Träumen aufzusuchen, und sich, wenn Sie ihn sehen, daran zu erinnern, daß sie träumen. Mit etwas Geduld ist diese Methode meist sehr effektiv. Wenn Sie es geschafft haben, den Ort aufzusuchen und bewußt zu werden, untersuchen Sie

alles, was Ihre Aufmerksamkeit auf sich zieht. Viele, die diese Erfahrung gemacht haben, sind davon überzeugt, daß sie aus einem außerkörperlichen Zustand auf die Szene blicken. Untersuchen Sie sich selbst, Ihre Kleider oder das Fehlen der Kleider oder Ihren vollkommen körperlosen Körper. Nehmen Sie sich eine Einzelheit vor und untersuchen Sie sie intensiv. Sehen Sie, wie wirklich sie ist. Oftmals wartet eine Überraschung auf Sie.

TRÄUMENDER DERWISCH

Eine Frage, die sich jedem Klarträumer stellt, ist, wie man bewußt bleiben kann. Es ist manchmal schwierig, wachsam zu bleiben, und an einem bestimmten Punkt gleiten alle Träumer wieder in das Unterbewußte, entweder vor der Schlafphase oder kurz vor dem Aufwachen. In solchen Momenten kann heftige Aktivität dabei helfen, Sie in ein anderes luzides Szenario zu befördern. Viele Klarträumer halten Wirbeln für einen wirkungsvollen Weg, um wachsam zu bleiben. Wirbeln war eine der mächtigsten Meditationstechniken der Sufis, des mystischen Arms des Islam, um Jünger aufzuwecken. Die bekanntesten Praktiker sind die wirbelnden Derwische des Mevlevi-Ordens, der seinen Namen nach dem großen Sufi-Meister und Dichter Mevlana Jalal-uddin Rumi erhielt. Wirbeln erhöht die Luzidität in der wachen Welt und hat seltsamerweise im Traumreich denselben Effekt. Doch beinahe jede kräftige Bewegung im Traumzustand läßt den Klarträumer bewußt bleiben. Mein eigener unbeholfener Trick ist, im Fliegen rückwärts zu fallen. Wenn es auch nicht elegant ist, ist es doch wirkungsvoll, und da es eine spontane Reaktion ist, kann ich sowieso nicht viel dagegen tun.

12. KAPITEL

DIE WIRKLICHKEIT VON TRÄUMEN

Konfuzius und du seid beide Träume,
und ich, der ich sage, daß ihr ein Traum seid,
bin selbst ein Traum.
Dies ist ein Paradox.
Morgen wird ein weiser Mann es vielleicht erklären.

Chuang-tzu

Ein Mann in Cheng tötete einmal einen Hirsch, und da er Angst hatte, daß jemand diesen finden könne, versteckte er ihn in einer Grube, bis er nach Hause gehen wollte. Doch als er später dorthin kam, konnte er das Tier nicht finden. Er schloß daraus, daß er geträumt haben mußte.

Ein anderer hörte, wie er über das Geschehen vor sich hinmurmelte, und fand daraufhin den Hirsch. Als er nach Hause kam, sagte er zu seiner Frau: »Gerade hat ein Holzfäller geträumt, er habe einen Hirsch erlegt, wisse aber nicht, wo. Jetzt habe ich ihn gefunden. Sein Traum war ein wahrer Traum.«

»Ist es nicht eher so, daß du geträumt hast, einen Holzfäller gesehen zu haben, der einen Hirsch erlegte? Da du den Hirsch hast, ist es nicht dein Traum, der wahr war?«

»Alles, was ich weiß, ist, daß ich ihn habe. Was interessiert es mich, wer von uns geträumt hat?«

Als der Holzfäller zu Hause ankam, hatte er einen wahren Traum von dem Ort, wo er den Hirsch versteckt hatte und von dem Mann, der ihn fand. Am nächsten Morgen traf er, geleitet von seinem Traum, den Mann und ging dann zum Gericht, um seinen Anspruch auf den Hirsch geltend zu machen.

Der Richter sagte: »Wenn du den Hirsch wirklich gefangen hast, hattest du Unrecht zu sagen, daß du träumtest. Wenn du wirklich geträumt hast, hast du Unrecht zu sagen, daß es wirklich passiert ist. Der andere Mann bestreitet deinen Anspruch. Seine Frau sagt, daß er ihn in seinem Traum als den Hirsch eines anderen erkannt hat, streitet aber die Existenz dieses Mannes ab. Alles, was ich weiß, ist, daß wir hier einen Hirsch haben, und so schlage ich vor, daß ihr ihn unter euch aufteilt.«

Als dies dem Herzog von Cheng berichtet wurde, sagte er: »Nun! Träumt der Richter, daß er einen Hirsch geteilt hat?«

Der Erste Minister wurde aufgesucht, der sagte: »Es ist nicht an mir, zwischen Traum und Nicht-Traum zu unterscheiden. Nur der Gelbe Herrscher oder Konfuzius hätten euch das sagen können, und sie sind beide tot. Im Moment können wir also genausogut der Entscheidung des Richters vertrauen.«

Diese taoistische Geschichte aus dem *Buch von Lieh-tzu*, das vor über zweitausend Jahren geschrieben wurde, beschreibt die widersprüchliche Natur von Traum- und Wachrealität. Dies ist ein witziger Bericht, doch wir wollen uns eine andere Geschichte aus dem Osten vom Leben des Buddha ansehen.

An einem warmen Sommernachmittag, von Adelchi-Riccardo Mantovani. Der Krieg zwischen Gut und Böse ist im Traumreich weniger klar umrissen. In einem Klartraum kann sich sogar der dunkelste gefallene Engel in ein Lichtwesen verwandeln, wenn Träumer ihren tiefsten Ängsten gegenüberstehen und entdecken, daß Dämonen oft nur Facetten ihrer selbst sind, die sich bisher nicht ausdrücken durften.

Einer der größten Jünger Buddhas war Sariputta. Als sich seine Meditationen vertieften, hatte er viele seltsame Visionen. Er sah Engel, Göttinnen, Dämonen, Himmel und Hölle. Sie waren so real, so wirklich, daß er sie Buddha erzählte, der ihm sagte, es seien nur Träume. »Nein, nein«, sagte der Jünger, »sie sind wirklich. Dies sind keine Phantome. Sie sind so real wie Ihr und ich in diesem Moment.« Buddha erklärte ihm dann, daß — wenn die Aufmerksamkeit sich am dritten Auge sammelt — Träume genauso wirklich werden können, wie die Wirklichkeit ein Traum wird.

Dies ist für den Yogi und den Klarträumer ein wahres Dilemma, denn das Problem ist, wie man zwischen den beiden unterscheiden soll. Beide scheinen so authentisch. Wie fremdartig dies auch den meisten von uns erscheinen mag, so kann es doch die Erfahrung einer Person sein, deren Aufmerksamkeit am dritten Auge gebündelt ist. Dies ist die Basis für viele siddhiksche Mächte, die von östlichen Yogis und Heiligen manifestiert wurden. Wenn man allerdings nicht in seinem Wesen ruht, erlebt man dabei große Verwirrung.

Es ist genau dieselbe Verwirrung, die der Klarträumer erlebt, dem es immer schwerer fällt, zwischen der Wirklichkeit des Traums und jener des Wachseins zu unterscheiden.

An diesem Punkt wird der Leser, wenn er all den Übungen erfolgreich nachgegangen ist, bereits einer inneren Welt begegnen, deren Grenzen sich weit über seine Vorstellungen hinaus erstrecken, und manche dieser Gebiete besitzen eine Wirklichkeit, die erschreckend greifbar ist. Sind dies Reiche in

Das Badmintonspiel, *von David Inshaw, 1973.*
Das Bild zeigt zwei spielende Frauen, die der Künstler liebte. Er sagt darüber, daß er alles in der Nähe seines Hauses malte »und es an seinen richtigen Platz setzte. Ich veränderte alles, was ich in dem Bild verwendete, um das Rätsel und das Erstaunen zu verstärken, das ich an diesem magischen Ort fühlte.« Er könnte damit die Art beschreiben, wie wir in einem Klartraum alles erschaffen. Und im Traum sind alle Orte magisch.

Im Gegensatz zur vorigen Seite basiert das Photo auf der mechani-schen, fixierten Perspektive, an die wir uns so gewöhnt haben. Doch diese Wirklichkeitssicht entstand erst, als die Künstler des vierzehn-ten Jahrhunderts die ersten Camerae obscurae erschufen und deren Effekt technisch umzusetzen begannen. Seit dieser Zeit haben wir uns auf diese Art zu sehen festgelegt, die die Wirklichkeit nur durch ein Auge wahrnimmt und durch einen festen Rahmen blickt. Alle laufenden Bilder und das Fernsehen sind im Grunde genauso. Doch wir erkennen die photographischen Bilder als Wirklichkeit an und vergessen, daß sie nur eine weitere Illusion sind.

unseren Köpfen und nur das Ergebnis unseres über-aktiven und kreativen Bio-Computers? Oder gibt es eine andere Erklärung, wie das dritte Auge, für die schiere Fremdartigkeit, Wirklichkeit und Macht einiger dieser Welten, die Sie besucht haben?

Die Antwort liegt vielleicht in einigen der Theorien, die die Neue Physik hervorgebracht hat. Nachdem wir gerade die Möglichkeit eines holographischen oder hologeprägten Universums untersucht haben, können wir nun erkunden, was dies bedeutet. Denn ein Hologramm ist, wie die räumliche Gegenwart eines Regenbogens, ein Trugbild, eine Schein-Wirklichkeit – der gleiche Stoff, aus dem offenbar unsere Träume gemacht sind. Deshalb scheint es möglich, daß der Träumer, der Seher oder der psychisch Kranke einen Zutritt zum gesamten holographischen Reich gefunden hat und durch Bewegung seines laserartigen Aufmerksamkeits-punktes, den Don Juan den Versammlungspunkt nennt, die Wirklichkeit, die sie wahrnehmen, verändern.

An diesem Punkt hat der Nicht-Klarträumer vielleicht die Grenze seines Glaubens erreicht und hält die ganze Theorie für eine Illusion und einen absurden Traum. Es ist eine absolut gerechtfertigte Frage, ob die ganze Erscheinung des Aufwachens im Traum und Träumens im Wachen nur trügerische und mystische Geistes-Reisen sind, für die es eine simple Erklärung innerhalb eines simplen Universums gibt. Vielleicht sind die fabelhaften Welten der Mystiker selbst nur vollkommene Illusion.

Wir könnten fragen, ob es einen handfesten Beweis für das gibt, was Mystiker über unsere scheinbar stabile Welt erfahren haben, abseits ihrer Be-

hauptungen, daß sie nur ein weiterer Traum ist. Nach dem, was wir von den Wissenschaftlern erfahren haben, können die Mystiker offenbar zu recht annehmen, daß das Universum eher eine Schein-Wirklichkeit als ein wirkliches Ding ist.

Doch da wir uns mit dem grundlegenden Zustand des Traums, der Natur der Wirklichkeit und des Wachzustands beschäftigen, ist es vielleicht nötig zu definieren, was wir mit diesen Begriffen meinen, ehe wir unbekümmert voranschreiten.

Traum, der, geistige Aktivität, normalerweise in Form einer vorgestellten Reihe von Ereignissen, die während bestimmter Schlafphasen auftreten. Illusionär, unrealistisch: irreal.

Real (Adj.), in der physikalischen Welt existierend oder auftretend; nicht imaginär, fiktional, traum-artig oder theoretisch: tatsächlich.

Wachen (V.), (oft aufwachen), aus dem Schlaf treten; bewußt oder aufmerksam werden.

Wirklichkeit, die, der Zustand von Dingen, wie sie sind oder wie sie scheinen, im Gegensatz zu dem, wie man sie sich wünscht.

Diese Begriffe aus dem Wörterbuch bestätigen die Unsicherheit, die wir in bezug auf Wörter fühlen – daß Definitionen der profundesten und grundlegendsten Wurzeln des Lebens irgendwie nicht befriedigen können. Hier erleben wir, daß das Wort real durch das erklärt wird, was es nicht ist – traum-artig. Träume werden damit definiert, was sie nicht sind – real. Und die Definition des Wachens drückt aus, daß dies das einzige bewußte Geschehen ist, obwohl Klarträume das Gegenteil beweisen.

In unserem normalen wachen Leben können wir diese Definitionen als grobe Beschreibung gelten lassen; doch wenn wir jemanden bitten würden, der gerade aus einem klaren oder bewußten Traum erwacht ist, diese vier Begriffe zu definieren, wäre er vollkommen verloren. Denn die Person könnte gerade geträumt haben, daß sie bereits zweimal innerhalb ihres Traums aufgewacht ist und dabei feststellte, daß sie einfach in einen anderen Traum gesunken ist. Für eine solche Person wäre es schwer zu beurteilen, ob dies wieder nur ein Traum ist, aus dem sie erwacht. Viele würden sagen, daß der sogenannte Traumzustand sehr viel handfester und lebendiger ist als die Welt, in der sie erwacht sind. Und es gibt nur wenige Hinweise darauf, daß die Welt, in der sie sich jetzt befinden, weniger ein Traum ist als die vorigen.

Dies ist also das Dilemma, dem sich der Klarträumer ausgesetzt sieht. Es ist die Welt der Schamanen, der Mystiker und der Schizophrenen. Jeder unschuldige Traumzuschauer, der erfahren hat, wie der goldene Ziegelstein der Luzidität in seine Traumwelt fiel, wird zugestehen, daß diese Erfahrung erstaunlich und erschütternd ist. Denn es stellt die gesamte Natur dessen in Frage, was real und was reine Vorstellung ist. Die Grenzen sind nicht mehr klar und einfach, und der Wahnsinn scheint hinter jeder Ecke zu lauern.

Zusammengefaßt sieht das Szenario unserer Erfahrung der Phänomene ungefähr so aus:

Bei der Geburt sind wir nur ein betrachtendes Bewußtsein. Während das Gehirn Erinnerungen speichert, erhalten wir ungewollt ein soziales Programm, das unsere Erfahrungen in sozial anerkannte Muster umdeutet. Es gibt einen Wendepunkt im Leben jedes Kindes, wenn sich das beobachtende Bewußtsein mit einer dieser Erinnerungsspuren identifiziert. Indem sich der Beobachter mit nur einer dieser vorgeprägten Spuren identifiziert, öffnet er die Schleusen eines Staudamms und wird von allen Erinnerungen des Gehirns überflutet, inklusive der programmierten Vorstellung eines getrennten Selbst. Das Gehirn, das diese Situation erschafft, ist die wahre Traummaschine, denn es erschafft eine innere Umgebung, die ständig mit Vorstellungen darüber spielt, was um es herum geschieht und wer es ist.

Das Faszinierende am Geist ist, daß er sich, wenn er keine Wahrnehmung der »Welt draußen« hat, seine eigene Wirklichkeit erschafft, an die er glaubt. Versuchspersonen, die in schall- und lichtdichte Räume eingeschlossen wurden, in denen ihnen jede Wahrnehmung äußerer Reize fehlte, beschrieben eine um so ausgeprägtere innere Wirklichkeit, wenn ihr Gehirn zu halluzinieren begann und ein komplettes inneres Universum aufbaute. Person haben dann oft Schwierigkeiten, zwischen der realen Welt und der Illusion zu unterscheiden. All dies geschieht, weil die neurale Energie innerhalb unseres Schädels freigesetzt wird. Daß eine solche Verwirrung entsteht, liegt zum Teil daran, daß sich die Reizschwellen innerhalb des Gehirns und in Verbindung mit nach außen gerichteten Sinnesrezeptoren im Verhältnis 1 zu 100.000 zugunsten des inneren neurologischen Netzes unterscheiden. Einfacher ausgedrückt heißt das, daß das Gehirn vieltausendfach leichter Veränderungen seines Inneren bewirken kann, als es auf Änderungen der äußeren Umgebung zu reagieren vermag. Wir sind also mit unseren Zellen und Nerven besser darauf vorbereitet, unsere innere Welt wahrzunehmen als unsere äußere. Wenn wir bedenken, daß das Universum »da draußen« ebenfalls als ein Abbild aus neuraler Energie verstanden werden kann, die »hier drinnen« abgefeuert wird, innerhalb unseres Schädels, dann erhält die Geschichte der sufischen Heiligen Rabi'ya eine neue Bedeutung.

Rabi'ya war bekannt für ihre Ablösung von der äußeren Welt um sie herum. Sie war so sehr von ihren inneren Visionen vergiftet, daß sie sogar im Frühling ihre Fenster verschloß und sich im Nachdenken über ihre innere Welt verlor. Als ein anderer Sufi ihr zurief, sie solle herauskommen, um sich

Sita-Tara, Tankha aus Tibet, neunzehntes Jahrhundert. Dies ist die erste Shakti, die Schöpferin der tausendundeins Dinge des dinglichen Universums. In der indischen Kosmologie ist sie die Frau, die die manifeste Welt verwirklicht, während ihr männlicher Partner das beobachtende Bewußtsein darstellt.

den schönsten Sonnenuntergang anzusehen, antwortete sie, er solle zu ihr hereinkommen, um viel Schöneres zu sehen.

Weder Rabi'ya noch der Sufi können das ausschließliche Recht auf Wahrheit für sich beanspruchen, doch wir neigen dazu, die Mächte unserer inneren Wirklichkeit zu übersehen, wenn wir damit konfrontiert werden, was wir für die äußere Welt der Ereignisse halten.

Ein Absatz aus den alten *Upanishads* von vor dreitausend Jahren zeigt das Verständnis des Autors von diesem Zustand:

»Wenn jemand schlafen geht, nimmt er das Material dieser alles umfassenden Welt mit sich, zerreißt es, baut es selbst auf und träumt durch seine eigene Helligkeit, sein eigenes Licht.

Neurophysiologen sind jüngst zu der Annahme gelangt, daß bestimmte höhere Gehirnfunktionen sehr wohl ein optisches System verwenden, dessen Prozesse von einer Form der Bio-Helligkeit oder einer Lichtabsonderung innerhalb der Zellen abhängt, und auf diesen Effekt beziehen sich die Autoren der *Upanishads*, wenn sie fortfahren:

»Dann wird diese Person selbst erhellt. Es gibt dort keine Wagen, keine Brücken, keine Wege. Doch er bildet aus sich selbst Wagen, Brücken, Wege. Es gibt dort kein Glück, kein Vergnügen oder Freude. Es gibt keine Wassertonnen, keine Lotus-Teiche, keine Flüsse. Doch er erschafft sich selbst Wassertonnen, Lotus-Teiche, Flüsse. Denn er ist der Schöpfer.«

Bestimmte tibetische Sekten, wie die Kargyupa, halten das gesamte Universum für ein Produkt des Geistes, das von den kollektiven Gedanken aller Wesen erschaffen wurde. Einige Traum-Yogis, wie Sariputta in Indien, können sogar illusionäre Wesen schaffen, die dann schließlich eine scheinbar unabhängige Existenz annehmen. Ein Augenzeugenbericht von Alexandra David-Neel aus der ersten Hälfte dieses Jahrhunderts erzählt von Meistern, die Dämonen und Bilder ihrer Selbst heraufbeschworen. Die Dämonen oder *Tolpas* begannen dann, den illusorischen Meister als gefährliche symbolische Zerstörung des Egos in Stücke zu reißen. Verständlicherweise ist diese Praxis nicht ungefährlich, denn viele Yogis, die derlei Monster erschufen, glaubten schließlich an ihre Existenz, was den Phantomen wiederum mehr Leben gab. Alexandra David-Neel erfuhr entsetzt, daß Yogis immer wieder von ihren eigenen Schöpfungen ermordet wurden.

Dies mag zwar weit hergeholt klingen, aber der Französin gelang es durch beharrliche Anwendung von Visualisierungs-Techniken — ähnlich denen in diesem Buch — ein relativ harmloses Phantom eines Mönches zu erschaffen, der ihr auf ihren Reisen folgte. Viele andere beobachteten ihn in der Karawane, wo er offenbar ein vollkommen unabhängiges Leben führte, und Alexandra konnte ihn sogar fühlen, denn bisweilen war er substantiell genug, daß man ihn anfassen konnte. Doch als seine Erschafferin ihre Schöpfung wieder loswerden wollte, brauchte sie dafür länger als für seine Heraufbeschwörung.

Lesern, die von dieser Übung und den Visualisierungstechniken fasziniert sind, und die den soge-

Gegenüber: *Alexandra David-Neel* mit buddhistischen Nonnen in Tibet. Rechts: *Tanzschürze des Lama,* neunzehntes Jahrhundert, Tibet.

nannten Chod-Tanz gern ausprobieren möchten, muß gesagt werden, daß es für einen ungeübten, neugierigen Menschen des westlichen Kulturkreises nicht nur selbstmörderisch ist, sich mit solchen Methoden zu befassen, sondern daß die tibetischen *Chodpas* mindestens fünf Jahre lang in speziellen Schulen oder mit anerkannten Lehrern trainieren, bevor sie darauf vorbereitet sind, diese Dämonen zu treffen, oder ihnen gar zu erlauben, den eigenen Traumkörper zu zerstören.

In Castanedas Büchern finden wir ähnliche Berich-te über die Lehren des geheimnisvollen Don Juan. In seinem Bericht wird der Tolpa *Nagual* genannt. Ganz egal, ob jemand an die faktische Existenz einer solchen Figur glaubt – die Warnungen des rätselhaften Lehrers an seinen Zauberlehrling sind authentisch genug. Don Juan warnt Castaneda, daß niemand ohne vorheriges Training ein Treffen mit einem Nagual überleben werde. Er sagt, daß das Ziel der Ausbildung eines Zauberers ist, »seinen *Tonal* (die gewohnte Gestalt) vorzubereiten, sich nicht zu ent-leeren. Ein sehr schwieriges Vorhaben. Ein Krieger muß lernen, vollkommen makellos und leer zu sein, bevor er einen *Nagual* überhaupt ansehen kann.«

Wie real sind diese Tolpas oder Naguals, und was geschieht mit ihnen? Alexandra berichtet, was ein tibetischer *Gomchen* oder Weiser zu diesem Thema zu sagen hat:

»Kann es nicht sein, daß diese Kinder unseres Geistes, wie die Kinder unseres Fleisches, ihr Leben von unserem trennen, sich unserer Kontrolle entziehen und ihr eigenes Leben führen?«

Die Schlußworte des *Vajracchedika Prajnaparamita*, das von dem Heiligen Nagarjuna im zweiten Jahrhundert geschrieben wurde, lauten: »Wie Bilder in einem Traum müssen wir alle Dinge betrachten.«

Der große tibetische Yogi Milarepa war durch seinen eigenen Lehrer Marpa der wahre spirituelle Nachfolger Nagarjunas. Milarepa war ein mächtiger Zauberer von großem Ruhm, bevor er begann, anstelle von Macht nach der Wahrheit zu suchen. Eines Tages, als er in seine Höhle zurückkehrte, in der er wohnte, sah er:

»... eine Anzahl von Dämonen, die sein kleines Lager mit Essen und Büchern wahllos zerstörten. Er ermahnte sie erfolglos. Dann begann er, mit ihnen zu diskutieren: »Ich habe euch nichts angeboten«, sagte er. »Seid mir nicht böse, ich vergesse dies nicht immer, ich wollte euch nicht kränken.« Doch weder Drohungen noch Argumente hatten irgendwelche Auswirkungen auf die Dämonen, die weiterhin alles zerstörten. Dann sagte Milarepa, der die Situation

mittlerweile klarer erfaßt hatte, zu sich selbst: 'O Mila, hat es sich wirklich gelohnt, so viele Jahre mit Meditation zuzubringen, wenn du immer noch an die Existenz von Dämonen glaubst? Weißt du denn nicht, daß sie nur Ergebnis deiner eigenen Schöpfung sind und nur in deinem Geist existieren?' Dann sprach er zu den Dämonen: 'Macht, was immer ihr wollt.' Und sofort verschwanden die Dämonen.«

Indem wir solchen Erscheinungen also unsere Aufmerksamkeit schenken und damit Energie, nähren wir ihre Substanz und ihre Scheinrealität. Ignorieren wir sie, verschwinden sie.

Die Sufis des zwölften Jahrhunderts hatten ein persisches Wort für den Gedankenstoff: *Alam al-mithal*. Diese Mystiker hielten die Wirklichkeit für eine Reihe von Seins-Ebenen oder *Hadarat*. Die Ebene, die der unseren am nächsten ist, jedoch tiefer liegt, umfaßt auch ein Ebenbild unserer manifestierten Wirklichkeit, wo der Stoff unserer Gedanken Substanz erhält. Sie glaubten, daß wir genauso erschaffen, wie wir denken. Wenn wir eine gedachte Form in dieses Reich schicken, wird sie sich als substantielle Wirklichkeit in unserem Universum darstellen. Hier finden wir eine weitere bemerkenswerte Parallele zur Vorstellung der impliziten Ordnung, die unsere bewußten Gedanken ständig entfaltet und einhüllt. Die Sufis, die mit ihren spirituellen Füßen fest auf dem Weg der Liebe und des Gebets stehen, verorten die Kontrolle dieser Gedankenstoffe verständlicherweise am Herz-Chakra.

Als diese Sufis des zwölften Jahrhunderts das Land der Geister und großen Lehrmeister besuchten, nannten sie es das »Land des versteckten Imam«, was ein Sufi das »Land von Nirgendwo« nannte. Sie glaubten, es sei von vielen Menschen aus Gedanken erschaffen worden. Es besaß seine eigene Substanz und Körperlichkeit. Es war diese Scheinrealität, die die Sufis dazu veranlaßte zu glauben, daß Gedanken nicht von Wahrnehmungen zu trennen sind und das Muster unseres Lebens formen. Das Leben nach dem Tod wurde als die formgebende Matrize angesehen, die, wie Bohms implizite Ordnung, das manifestierte Universum entfaltet.

Der Moment des Todes, so behaupten viele Berichte, ähnelt dem Eintreten in den eigenen Geist.

Gegenüber: ***Alexandra David-Neel*** *mit einem nepalesischen Diener. 1923 war diese außergewöhnliche Französin die erste westliche Frau, die die heilige Stadt Lhasa betrat. Sie hatte sich als Pilgerin verkleidet. Sie erlernte die Sprache, lernte ein Jahr lang bei einem Eremiten im Himalaya auf 4.300 m Höhe und verdiente sich die gelbe Robe einer buddhistischen Äbtissin. Oben:* ***Dämonenmasken****, getragen von buddhistischen Tänzern. Diese Masken stellen die Dämonen der Traumwelten dar.*

Dies deutet darauf hin, daß die Wirklichkeit in uns ist, und nicht irgendwo anders. Offenbar stellt sich diese Welt nach dem Tod, die die Sufis *Na-Koja-Abad*, das Land von »Nirgendwo«, nannten, als das Land eines ewigen Hier und Jetzt heraus.

So wie primitive Menschen fühlten, daß wir zwei Körper besitzen – einen physikalischen Körper und eine Seele –, wird es immer offensichtlicher, daß wir mindestens zwei unterschiedliche Wirklichkeiten haben. Eine, in der unsere Körper fest scheinen und einen Ort in Raum und Zeit einnehmen – unser normales waches Selbst. Und eine andere, die eine helle Ansammlung von Energie zu sein scheint und keinen Ort in Raum oder Zeit besitzt.

Wir neigen dazu, uns mit unserem Gehirn zu identifizieren, das Ort unserer Wachsamkeit und Aufmerksamkeit ist, doch nach dem, was wir jetzt vom menschlichen Energiefeld wissen, reagiert es oft auf Reize, lange bevor diese vom Gehirn erkannt werden und wir uns ihrer bewußt werden. Daher scheint es, daß wir wieder einmal falsch liegen. Vielleicht haben wir das Gehirn völlig überschätzt, und es ist einfach nur ein guter Bio-Computer. Der Geist jedoch scheint – entgegen der Aussage des physiologischen Aktivations/Synthese-Modells, das wir schon betrachtet haben –, nicht im Gehirn, sondern im Energiefeld ansässig zu sein. Wenn dem so ist, erhält Castanedas Aussage, daß sich der Aufmerksamkeits-

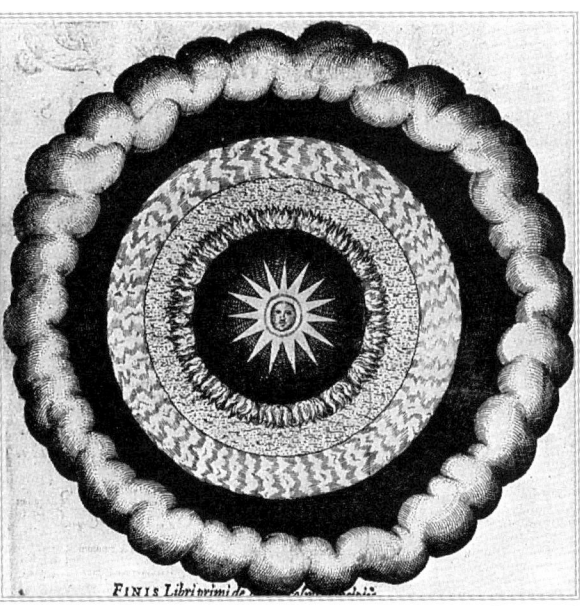

FINIS Libri primi de...

punkt oder *Versammlungspunkt* im Energiefeld befindet, noch größere Glaubwürdigkeit. Die Hauptfigur in seinen Büchern, der Yaqui-Zauberer Don Juan, sagt, daß dies so ist, weil der Versammlungspunkt so sehr an einem Ort innerhalb dieses Feldes fixiert wurde, daß wir nicht mehr fähig sind, die Wirklichkeit zu sehen, wie sie ist.

Statt dessen haben wir gemeinschaftlich unsere Sichtweise von der Welt und davon, wie sie funktioniert, durch soziale Belehrung, kulturelle Konditionierung und vorschreibende Programmierung fixiert. Aufgabe des schamanischen Lehrers und des mystischen Meisters ist es, diese lebenslangen Muster zu durchbrechen, um dem Jünger einen kurzen Blick auf die andere Wirklichkeit zu ermöglichen. Und dies bedarf der Zerstörung all unserer vorgefaßten Vorstellungen dessen, wer oder was wir sind.

Mein eigener nicht gerade gnädiger Meister Osho sagte, daß er seinen Jüngern überhaupt nichts geben wolle. Im Gegenteil. Er nehme einfach das weg, was wir fälschlicherweise zu besitzen glaubten und gebe uns das, was wir bereits hätten, ohne es zu glauben. Eben diese Verwirrung habe uns auf diese verzweifelte Suche nach dem gebracht, was wir bereits seien: erleuchtet.

Die Verwirrung, eins mit dem Universum zu sein und doch zu vergessen, daß es der Grund unseres Wesens ist, hängt einfach von unserer Programmierung und den absurden Glaubensvorstellungen ab,

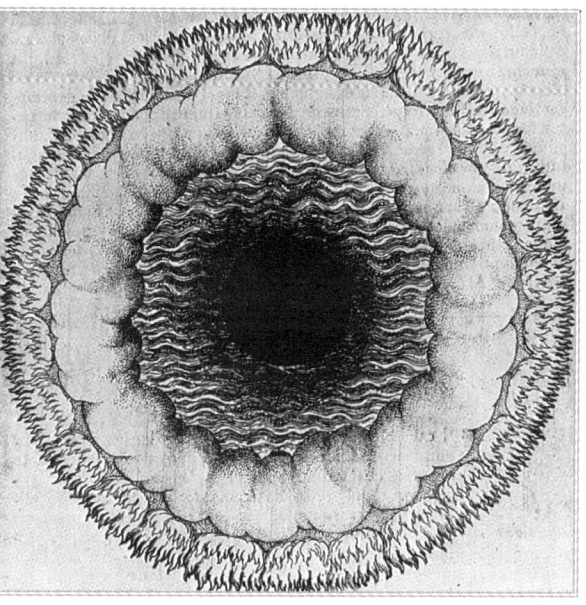

die wir bei unserer Suche nach dem Selbst angenommen haben. Glaube ist immer aus zweiter Hand, die Vorstellung eines anderen oder die kollektive Summe von Vorstellungen einer sozialen Gruppe. Der Glaube ist niemals der eigene. Er wird uns früh eingeimpft und verführt das Gehirn dazu, innere Vorstellungs-Hologramme zu erschaffen. Daher wissen wir niemals, was die Wirklichkeit und was die Schein-Wirklichkeit ist. Und dies ist das *Maya* oder die Traumwelt, von der die Hinduisten und Buddhisten sprechen.

Klarträume erlauben einem, das Wesen dieses *Maya* zu erforschen, weil Luzidität ihrem Wesen nach ein Verständnis dessen mit sich bringt, daß alles Beobachtete nur ein Traum ist, wie real es auch scheinen mag. Wenn man dieselbe nicht-erkannte Luzidität in die wache Welt hineinbringt, ist das letzte Erwachen nicht mehr weit. Ein alter Zen sagt:

»Am Anfang sind Flüsse Flüsse
und Berge sind Berge.
In der Mitte sind Flüsse nicht mehr Flüsse
und Berge nicht mehr Berge.
Am Ende sind Flüsse wieder Flüsse
und Berge wieder Berge.«

Dies ist der königliche und luzide Weg, den man zur Erleuchtung hin beschreitet. Wenn wir uns vollkommen innerhalb des wachen Traums befinden, wird

keiner von uns auch nur ahnen, daß es eine andere Wirklichkeit als die von uns gesehene, gehörte, gefühlte und geschmeckte geben könnte. Doch wenn wir die Natur des Universums, das wir bewohnen, in Frage stellen, erscheint die Welt weit weniger substantiell, als wir gedacht haben. Das liegt daran, daß wir alle so in dem illusionären Zustand des »sich etwas vorstellen, was es nicht ist« gefangen sind. Die reale Welt ist in unserem Geist so verworren, daß es beinahe unmöglich ist, herauszufinden, ob sie wirklich ist oder nicht. Wenn wir aus diesem projizierten und vorgestellten Universum aufwachen, werden wir entdecken, daß wir wieder die Flüsse als Flüsse und die Berge als Berge erkennen können, doch diesmal mit einer offenen und klaren Wahrnehmung. Die Sicht ist vollkommen anders, doch die Wirklichkeit des Flusses und des Berges ist unverändert.

Gegenüber: ***Die Darstellung des Kosmos.***
Oben: ***Die Formation der materiellen Elemente.*** *Zwei Platten von De Bry, die eine Analogie aus dem siebzehnten Jahrhundert des englischen magischen Philosophen Robert Fludd über die Erschaffung phänomenaler Existenz darstellen. Das erste Bild zeigt den Kosmos als innere Vision Gottes, während die zweite die materielle Welt zeigt, die aus dieser inneren Vorstellung entsteht. In Klarträumen ist jeder sein eigener Gott, doch es zeigt sich immer mehr, daß unsere alltägliche Welt ebenfalls eine kollektive und nicht weniger göttliche Konstruktion ist, für die wir nicht weniger verantwortlich sind.*

13. KAPITEL

DER TRAUMSCHÖPFER ERWACHT

Die Brise in der Morgendämmerung will dir
Geheimnisse erzählen.
Schlaf nicht wieder ein.
Du mußt nach dem fragen, was du wirklich willst.
Schlaf nicht wieder ein.
Menschen gehen über die Schwelle, hin und her,
wo sich die beiden Welten berühren.
Die Tür ist rund und offen.
Schlaf nicht wieder ein.

Jalal-ud-din Rumi (Sufi-Meister)

In einem Buch, das sich nur mit Träumen beschäftigt, scheint es eine seltsame Frage zu sein, wie es wohl wäre, wenn man vollkommen zu träumen aufhören würde und einfach wach wäre. Und doch ist dies das Paradox der klaren Träume und eines der Themen dieses letzten Kapitels.

In den Köpfen vieler unserer neuen metaphysischen Generation herrscht offenbar einige Verwirrung. In unserer Vorstellung von Erleuchtung und vollständigem Erwachen scheinen wir irgendwo zwischen den fabelhaften und psychedelischen Welten von durch Drogen herbeigeführten Zuständen, psychisch kranker Vorstellung, der Geisterwelt der Schamanen oder auch dem ganz anderen Zustand des Nicht-Geistes, den der Weise erfährt, gefangen zu sein.

Da unser alltägliches, explizites Universum einfach das Konstrukt unserer kollektiven und individuellen Vorstellungen sein kann, müssen wir uns fragen, wie der Rohstoff der impliziten Ordnung sein könnte, und ob dies die Grundlage allen Seins ist, in der wir, wie es heißt, schließlich erwachen werden.

Eine Möglichkeit der Annäherung ist, sich anzusehen, wie wir eigentlich eingeschlafen sind.

In einem exquisiten Spiegelbild der Schöpfungsgeschichte heißt es bei den Uitoto-Indianern aus Kolumbien, daß die Welt den Vater zeugte. Doch alles war bloße Phantasie. Der Vater berührte die Illusion, doch nichts existierte wirklich. Sogar der Name des Vaters lautet: »Er, der ist oder der einen Traum hat, Nai-muena.« Nur durch Träumen kann er die Wolke seines Körpers festhalten, während er

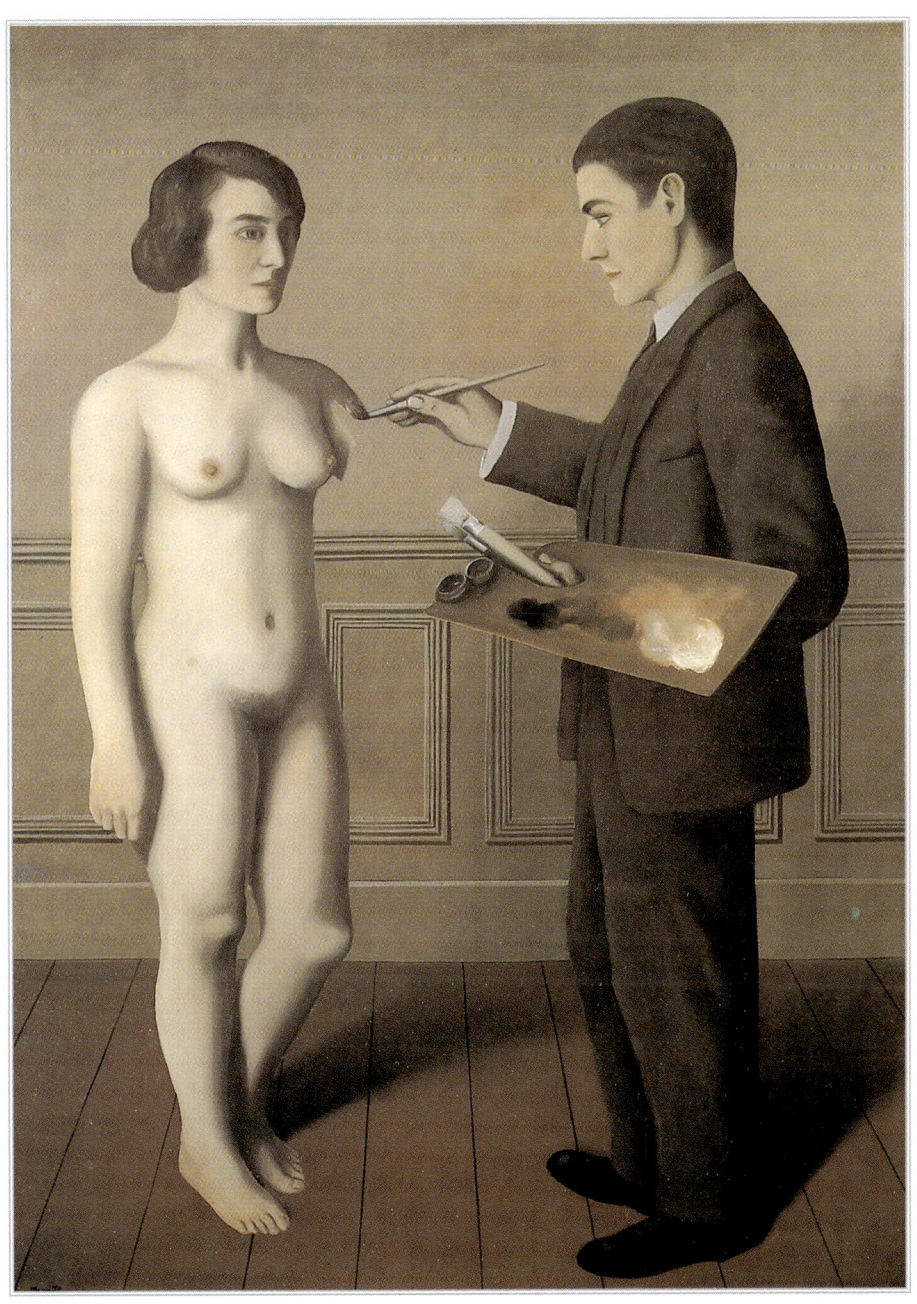

Versuch des Unmöglichen, von René Magritte, 1928. Es ist unmöglich zu sagen, ob der Maler in diesem Bild auch der Gemalte ist. Dies ist das Dilemma, das uns alle betrifft. Wir scheinen die Welt um uns innerhalb unseres Gehirns zu erschaffen, sogar uns selbst. Doch was geschieht, wenn wir im Schlafen oder Wachen aufhören zu träumen? Wenn wir nicht mehr träumen, was bleibt »dort draußen«?

Das heilige Feuer, *von Alex Gray. Das Bewußtsein von Teilung und die Auswirkungen des Heiligen auf die menschliche Persönlichkeit. Die moderne metaphysische Bewegung mit ihrem New-Age-Stil neigt zu einer romantischen Sichtweise der Erleuchtung. Ein Erwachter, U. G. Krishnamurti, vermittelte ein Gleichgewicht, als er erklärte, daß die meisten von uns das Thema nicht mit der Kneifzange anfassen würden, wenn wir wüßten, was Erleuchtung mit sich bringe. Nach dem, was wir wissen, ist es eine totale Zerstörung unserer gehegten Vorstellung unserer selbst. Viele moderne Sucher werden mehr von einem erhöhten, erhellten und mächtigeren Selbstgefühl angezogen, was das Gegenteil von wahrem Erwachen ist. Es ist, als glaube man, das Spiegelbild von einem selbst könne aufwachen.*

sein Dilemma beklagt. Denn nichts existierte, um seine Visionen zu unterstützen.

Schließlich verband er die Illusion mit dem Faden eines Traums und behielt sie dort mit Hilfe seines Atems. Er lotete die Fundamente der Erscheinung aus, doch dort war nichts, denn nichts existierte wirklich.

»Er verband dann die leere Illusion mit dem Traumfaden und preßte ihr magische Substanz ein. Mit Hilfe seines Traums hielt er sie wie ein Büschel Rohbaumwolle.

Dann ergriff er den Boden der Wolke, trat mehrfach darauf und setzte sich schließlich auf seine geträumte Erde.«

Wenn wir diese Hinweise betrachten, scheint es wahrscheinlich, daß wir selbst, wie Nai-muena, in einer holographischen Beschreibung eines fixierten Universums gefangen sind, das wir selbst entworfen und am Leben erhalten haben. Wir sind grenzenlos, doch wir sind in ein Scheinbild mit Grenzen eingeschlossen, die wir ebenfalls selbst geschaffen haben. *Wir sind gefangen in unserer eigenen Beschreibung des Universums.*

Wissenschaftler nehmen an — während Mystiker es immer behauptet haben —, daß unsere momentane Umgebung von der Gesamtheit unseres gemeinschaftlichen Bewußtseins erschaffen wurde. Doch es ist zu einem monströsen Gewohnheitsfeld geworden, chronisch fixiert in einem gewohnten Muster, weil wir selbst es dort fixiert haben.

Die Herrscherin Wu hatte im siebten Jahrhundert ein ähnliches Problem. Sie konnte das buddhistische Konzept nicht verstehen, daß das Universum wie ein großes Netz aus Juwelen verbunden war, die einander widerspiegelten.

Ihr eigenes Universum tat das nicht. Der Meister Fa-Tsang entwarf daraufhin eine wunderschöne Darstellung, die sich bei näherer Betrachtung als frühe Form unseres heutigen holographischen Modells herausstellte. Fa-Tsang hielt eine Kerze in die Mitte eines mit Spiegeln gefüllten Raums. »Dies«, erklärte er der Herrscherin, »stellt die Beziehung des Einen zu den Vielen dar.«

Er stellte dann einen Kristall in die Mitte und sagte, daß dieser das Verhältnis der Vielen zum Einen darstellte. Dann fügte er hinzu, dies sei nur ein Teil der Wahrheit, denn das ganze Modell müßte sich bewegen, um die Dynamik wiederzugeben. Hier hören wir ein Echo, das über die Jahrhunderte zu uns herüberschallt.

TRAUMSELBST – DAS HERZ ALLER DINGE

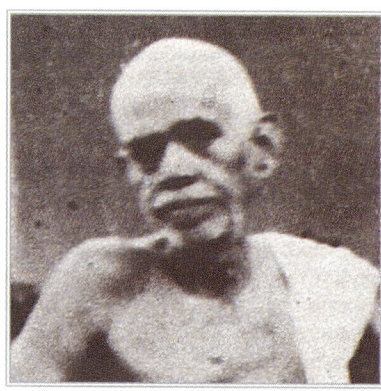

Ramana Maharshi, *den viele für den größten spirituellen Meister dieses Jahrhunderts halten.*

Inwieweit hilft uns dies bei der Entdeckung dessen, was wir uns zu Beginn dieses Buches vorgenommen haben: der Identität und des Ortes des Schöpfers unserer Träume? Wer oder was träumt im schlafenden oder wachen Zustand? Sind wir denn bei der Suche nach dem Traumschöpfer weitergekommen? Wir wollen vorsichtig durch die nächsten Seiten vorangehen, denn wir sind dem Ziel nahe, doch um die letzte Tür zu öffnen, müssen wir einen schärferen Blick auf das »Selbst« werfen.

Eines der am wunderbarsten erleuchteten Wesen zu Beginn dieses Jahrhunderts war der indische Mystiker Ramana Maharshi. Sein späteres Werk beschäftigte sich mit der indischen Vedanta, dieser ewigen Philosophie, die das Zentrum des Selbst im Herzen sieht, »wo sich der Geist im Schlaf von seiner Aktivität im Gehirn ausruht.« Dies ist weder das physische Herz noch das Herz-Chakra, sondern dieses befindet sich rechts in der Brust.

Der Kern seiner Lehren steht in einem Werk mit dem Titel *Sri Romana Gita.* In Canto Fünf, der Wissenschaft des Herzens, nennt er das Herz *Hridayam,* »in das alle Dinge am Ende hineinsinken.«

Er beschreibt dann ein Konzept, das sich genau in die wissenschaftliche Vorstellung eines holographischen Universums einfügt.

»Der Körper ist ein Spiegelbild des gesamten Universums, und das Herz ist ein Spiegelbild des gesamten Körpers.

Daher ist das Herz das Spiegelbild des gesamten Universums.«

Obgleich sein Stil für den westlichen Leser schwierig erscheinen mag, sollte man seinen Worten Aufmerksamkeit schenken. Er fährt fort:

»Das Universum ist nichts anderes als der Geist, und der Geist nichts anderes als das Herz. Daher endet die gesamte Geschichte des Universums mit dem Herzen.

Das Herz existiert im Körper, so wie die Sonne im Universum existiert. Der Geist existiert in Sahasrara wie die Kugel des Mondes im Universum.

Wie die Sonne den Mond anstrahlt, so strahlt dieses Herz den Geist an.

Ein Sterblicher, der nicht im Herzen wohnt, nimmt nur den Geist wahr, wie das Licht im Mond bei Abwesenheit der Sonne wahrgenommen wird.

Wer nicht sieht, daß die Quelle des Lichtes unser eigenes wahres Selbst ist, und wer die Objekte durch den Geist als von ihm getrennt wahrnimmt, entblößt sich als unwissend.

Der Erleuchtete, der im Herzen wohnt, sieht, wie das Licht des Geistes im Licht des Herzens verschmilzt, wie das Licht des Mondes bei Tag.«

Falls wir irgendwelche Zweifel daran haben, daß dies eine Beschreibung einer holographischen Wirklichkeit sein könnte – Ramana fährt fort:

»Der Glaube, daß der Seher sich von dem Gesehenen unterscheidet, entsteht aus dem Geist. Für diejenigen, die im Herzen verweilen, ist der Seher dasselbe wie das Gesehene.«

Hier deutet die Konzeption des Herzens, oder »das, in das alle Dinge am Ende versinken«, auf die Natur der Wirklichkeit als ein allgegenwärtiges Bewußtsein hin. Dies ist der Beobachter, die Quelle des Lichts und aller Seins-Ebenen. Es scheint irgendwo rechts in der Brust angesiedelt zu sein. Wenn wir diese Vorstellung auf Bohms Holo-Bewegung übertragen, ist das Herz der Ort der impliziten Ordnung in jedem von uns und wahrscheinlich der Ort des Traumschöpfers.

»Wer nicht sieht, daß die Quelle des Lichtes unser eigenes wahres Selbst ist, und wer die Objekte durch den Geist als von ihm getrennt wahrnimmt, entblößt sich als unwissend.«

Unwissende träumen. Dies ist sicherlich die einfachste Beschreibung des Traumselbst, die wir bekommen werden. Sie beschreibt auch den Zustand natürlicher Helligkeit, die man im tibetischen Bardo findet. Dies ist das Licht, das beim Sterben gese-

hen wird, und es ist das eigene Licht. Weil wir die Dinge durch den Geist als von uns getrennt wahrnehmen, träumen wir sowohl in unserem schlafenden als auch in unserem wachen Leben.

Solch eine mystische Erklärung ergibt vielleicht für viele Leser oder für die, die gerade erst anfangen, Träume bewußt zu erleben, keinen Sinn. Wie schön sie auch ist, sie scheint immer noch etwas fern von unseren alltäglichen oder allnächtlichen Erfahrungen. Ist der Träumer zum Beispiel mit der Person, die er im Traum zu sein scheint, identisch? Ist der Klarträumer derjenige, der offenbar schlafend im Bett liegt? Trotz allem schläft das Gehirn in einer von uns verstandenen wachen und äußeren Wirklichkeit. Das Gehirn existiert in unserer inneren Traumwirklichkeit nicht einmal.

Wir beobachten die Traumereignisse normalerweise durch eine Hauptfigur. Manchmal blicken wir durch ihre Augen. In anderen Momenten sehen wir die Figur wie als dritte Person, doch wir träumen nur, daß wir diese Person sind; es ist nur ein Abbild von uns.

In klaren Träumen können wir auswählen, ob wir der Handelnde oder der Zuschauer, Teilnehmer oder Beobachter sein wollen, obwohl die meisten dieser Träume vom Träumer aus erlebt werden. Wir können wählen, ob wir uns mit der Traumperson, die zur Traumwelt gehört, identifizieren wollen, oder mit dem Traumbeobachter, der nicht dazugehört. Die Kombination, gleichzeitig Handelnder und Zuschauer zu sein, ist die bezeichnendste Qualität der Luzidität – im Traum, und doch kein Teil von ihm zu sein. Dies ist genau die Qualität eines Mystikers oder eines Erleuchteten. »In der Welt aber nicht von dieser Welt zu sein« ist eine beliebte Beschreibung des Weisen in vielen Kulturen.

Klares Träumen scheint demnach ein Balanceakt zwischen einem sich identifizierenden Teilnehmer und einem Beobachter zu sein. In dem Moment, in dem Träumer sich zu sehr mit ihren Traumrollen identifizieren, verfallen sie zurück in den nicht-klaren Zustand und verlieren das Bewußtsein, daß sie träumen. Um Luzidität zu erhalten oder sie erst einmal herbeizuführen, ist es nötig, ein sich identifizierender Teilnehmer zu sein. Luzidität schafft diese Zwillingsebene der Wachsamkeit, obwohl diese Kombination oft Verwirrung stiftet. Zu glauben, man sei gerade als normales waches Selbst erwacht und festzustellen, daß man immer noch schläft, ist ein Beispiel dafür.

Wenn der Träumer vollständig bewußt ist, wird das Traumselbst normalerweise nicht mit dem wirklichen verwechselt: der realen Person, die schlafend daliegt, während all die Traumereignisse irgendwo anders geschehen. Doch wenn man gerade anfängt zu lernen, wie man bewußt träumt, wird das Traumselbst oftmals mit dem wahren Selbst verwechselt.

Nach vielen Berichten geübter Klarträumer ist die Periode, in der der Träumer mit seinen neu entdeckten Kräften spielt, erstaunlich kurz. Wie Stephen La Berge es mit jener Autorität ausdrückt, die von über tausend klaren Träumen in seinem Tagebuch unterstützt wird, werden Klarträume zunächst als »mein Traum« verstanden. »Doch das Traumselbst ist nicht der Träumer. Es träumt nicht, sondern wird geträumt. Das nicht erleuchtete, sondern halbbewußte Traumselbst hält sich fälschlicherweise für die einzige Wirklichkeit, von der alle anderen Traumpersonen nur Projektionen darstellen.«

Träumer, die alles tun können, was sie wollen, mit wem sie wollen, sich jeden geheimen Wunsch erfüllen, scheinen sich schnell zu langweilen und sehen sich mit einem kritischeren und interessierteren Blick um, der besonders auf das Traumselbst gerichtet ist, um dann zu entdecken, daß es nur eine weitere Traumfigur ist. Und dann entdecken sie, daß der Traumschöpfer gar kein Teil des Traums ist, sondern das schlafende Selbst.

Das Selbstbild, das sie im Traum haben, wird grundlegend neu gesehen, und man findet heraus, daß das Traumselbst eher wie ein Anzug denn wie ein Selbst ist. Wenn das Identifizieren mit dem Traumselbst langsam wegfällt, kann der Klarträumer so oft er will seine »Kleidung« wechseln und verwechselt niemals mehr dieses Selbst-Bild mit dem Selbst. Für die Mystiker hat dieser Zustand eine besondere Bedeutung, denn er spiegelt die Fehler wider, die wir alle im Wachzustand machen, wenn wir uns mit dem falschen Selbst, dem Ego, identifizieren. Doch in Träumen ist es viel einfacher, sich nicht mit dem Traumselbst zu identifizieren. Dies ist das große Geschenk des klaren Zustands: fähig zu sein, sich nicht mehr mit den Ereignissen oder den Akteuren zu identifizieren und doch gleichzeitig voll teilzunehmen.

Der Traumschöpfer. *Nach dem, was wir bisher wissen, scheint es so zu sein, daß das Gehirn ein Nervennetzwerk ist, in dem die Zellen ständig im Wettstreit um Verbindungen stehen. Dieses Netzwerk erneuert laufend seine Strategie und verstärkt die neuralen Straßen, die am besten zu seinem Lohn/Wert-System passen. Im Traum werden alternative Strategien getestet und Wege verbunden, die manchmal sehr bizarr erscheinen. Manche dieser Ab-Wege bleiben bloße Möglichkeiten, die für die folgenden Tage vorgetestet werden. Wege, die erneut benutzt werden, verstärken und erweitern sich, während die, die sich als nutzlos erweisen, verschwinden. Dieser darwinistische Prozeß neuronaler Selektion erschafft die Träume, durch die wir*

Erinnerungen schaffen und die besten Schritte erlernen. Es ist möglich, daß der Traumschöpfer Ausdruck dieser totalen und manifesten Handlung der expliziten Ordnung ist. Bewußtsein ist jedoch ein Ausdruck für die implizite Ordnung, der Grund für die Existenz, aus der sich die explizite Ordnung entfaltet. Jeder von uns scheint eine Welle in diesem großen Meer zu sein, die sich mit den Erinnerungen des evolutionären Nervennetzes identifiziert. Erst wenn das Bewußtsein auf die wahre Situation aufmerksam wird und sich nicht mit dem ständigen Erinnerungsfluß des Nervennetzes gleichsetzt, hört das Träumen sowohl im wachen als auch im schlafenden Zustand auf. Erleuchtete Wesen scheinen überhaupt nicht zu träumen.

Das Gepäck hinter sich lassen

Viele erfahrene Klarträumer machen Erfahrungen, die sich weit über das wache Bewußtsein hinaus erstrecken, und sie erklären oft, daß in der Luzidität transzendentale Zustände erlangt werden. Da die Ego-verbundenen Wünsche in erfüllenden Träumen befriedigt werden, erreichen die Leidenschaften schnell den Sättigungspunkt. Der erfahrene Klarträumer beschäftigt sich nicht mehr so sehr mit der Traumkontrolle und der endlosen, mühelosen Erfüllung, die sie mit sich bringt, sondern wartet und beobachtet, wie sich sein Traum entfaltet. So entstehen ganz spontan Meditationszustände, und viele luzide Träumer berichten von immer lebhafteren und ekstatischeren Bewußtseinszuständen, je leichter sie Klarträume herbeirufen können und je ruhiger sie beobachten.

Nach Ramana ist die Welt der Dinge, wie sie durch den Geist gesehen wird, nur ein Traum, den wir alle gemeinsam träumen. Der einzige Unterschied ist, daß wir nachts alleine träumen. Wenn sich der Geist mit der Erfahrung beschäftigt, träumen wir. Doch wenn der Geist still und gedankenlos ist, dann ist jedes Ereignis wirklich.

Hier stoßen wir auf das unterschiedliche Interesse des Weisen und des Zauberers innerhalb des holographischen Multiversums. Der Mystiker beschäftigt sich nicht mit der sich ständig verändernden Wirklichkeit des Schamanen, der den Aufmerksamkeitspunkt ständig verschiebt, sondern will mit dem Aufmerksamkeitspunkt eins werden. Ist er im Zentrum seiner selbst, wird ihm ein kurzer Blick auf das Zentrum des holographischen Flusses gewährt, wo alles geschieht und immer geschieht. Dies ist die Essenz des Ganzen. Im Zentrum, so heißt es, hört das Träumen allmählich auf. Die Baul-Mystiker aus Indien nennen das Wesen im Zentrum *Adhar Manush*, den wesentlichen Mann, und singen:

> »Den Kosmos abzusuchen, ist
> Zeitverschwendung.
> Er ist in diesem kleinen Gefäß
> enthalten,
> in deinem Körper hat Er seinen
> Wohnsitz.
> Du mußt entschlossen sein, den Hof
> meines Geliebten zu besuchen.
> Wenn dein Geist geteilt ist,
> wirst du in einem Dilemma schwimmen
> und niemals das Ufer erreichen.

Nur, wenn man entschlossen ist, ist man nicht geteilt. Der Geist des Träumers, ob wach oder schlafend, wird immer zweigeteilt sein, wie der Träumer und der Geträumte. Sei eins und ungeteilt, sagt man uns. Durch Intention erlangt man Integration, und die Menge in uns wird eins.

Um das Niemandsland in uns zu erforschen, ist es nötig, leichtfüßig zu reisen. Wie man im Tod nichts mit sich nehmen kann, so wird der Traumreisende an der Grenze zu diesen anderen Traumreichen angehalten und muß mit leeren Händen weiterreisen. Und dies bedeutet, alle Spuren unserer alten Welt hinter uns zu lassen.

Eine dieser Spuren ist unsere normale Art, die Wirklichkeit wahrzunehmen. Dies ist das erste, was fallengelassen werden muß; wenn wir unser Verhalten ändern, wird es von selbst abfallen.

Es ist unmöglich, den Geist zum Schweigen zu bringen und ihn zu zwingen, mit dem Denken aufzuhören. Wir müssen ihn austricksen. Wenn jemand Ihnen sagt, daß Sie sich entspannen sollen, verspannen Sie sich beim Versuch dazu nur noch mehr. Jeder, der versucht hat, seine Gedanken abzustellen, wird Ihnen sagen, daß plötzlich überall Gedanken sind.

Ein Mönch im Zölibat träumt ständig von Frauen, während ein dicker Mann während einer Diät nur an Essen denkt. Es ähnelt dem indischen Meister, der behauptete, er habe eine narrensichere Methode für die Erleuchtung, die nur eine Minute dauere. Alles, was man tun müsse, sei, in dieser Minute nicht an Affen zu denken, und die Befreiung sei garantiert. Versuchen Sie es!

Eine herrliche Methode, das schwere Gepäck dieser Welt hinter sich zu lassen, ist dazusitzen und zu beobachten. Beobachten Sie die Gedanken, die vorbeiziehen, aber identifizieren Sie sich nicht mit ihnen. Dies ist die Grundlage praktisch aller Meditationen. Seien Sie sich der Gedanken bewußt, aber folgen Sie keinem und schenken Sie ihnen keinerlei Aufmerksamkeit. Denn von Aufmerksamkeit ernähren sich die Gedanken und führen Sie, sobald sie abgespeist sind – wie in einem ewigen Staffellauf – zum nächsten Gedanken. Die Technik des wachsamen aber stillen Beobachters ist nichts anderes, als zum Zuschauer zu werden, der auf der Schwelle der expliziten und impliziten Ordnung steht und beobachtet, wie sich die manifeste Welt entfaltet. *Dies ist auch die Grundlage für Klarträume.*

Langsam fallen die Gedanken wegen fehlender Aufmerksamkeit ab, so wie der geistige Schirm, der uns alle davon abhält, hinter unsere gewohnte Wahrnehmung der dinglichen Welt zu blicken. Hat man sie einmal hinter sich gelassen, erscheint vielleicht alles in leuchtenden Schwingungen, als ein riesiges Netz aus Licht. Leider gilt das nur für die, die bereits aufgewacht sind.

Für diejenigen von uns, die immer noch träumen, ob wir nun wach zu sein oder zu schlafen scheinen, eröffnet Luzidität die Möglichkeit, einfach nur dazusitzen und zu beobachten, wie die Träume Gedanken gleich vorüberziehen. Dies ist sehr viel leichter als im Wachzustand und einer der Gründe, warum sich Traummeister so sehr mit Luzidität beschäftigen. Der Träumer kann wirkungsvoller meditieren und wird nicht von der Traumumgebung abgelenkt. Normalerweise gelingt dies nur dem erfahrenen bewußten Träumer, doch auch ein Neuling kann Zugang zu tiefen Meditationszuständen erlangen. Schließlich werden die Träume aus Mangel an Aufmerksamkeit abfallen, und schon ist man zum erstenmal wirklich wach. Die Tibeter behaupten, daß dies auch das letzte Mal sein wird.

Das kosmische Licht von Mond und Sonne, Tanjore, achtzehntes Jahrhundert. Diese Seite stellt das reflektierte Licht des Mondes dar, während sich auf der Rückseite das strahlende Licht der Sonne befindet. Ramana sagt, dies sei wie der Erleuchtete, der aus dem Herzen das Licht des Geistes sieht, wie es im Licht des Herzens untergeht, gleich dem Licht des Mondes am Tag.

ZUSAMMENFASSUNG DER TRAUMÜBUNGEN

Wachsamkeit in der Finsternis
Der Geist ist weder innen noch außen
noch irgendwo sonst.
Er ist weder mit anderen Dingen verbunden
noch von ihnen getrennt.
Er ist überhaupt nichts, und daher
sind alle Wesen von Natur aus im Nirwana.

Santideva

Wenn die Dzogchen-Meister des Traumyogas mit ihrer Auffassung recht haben, daß wir bereits erleuchtet sind – und hierbei werden sie von den Taoisten unterstützt –, dann ist klares Träumen die natürlichste und, wie viele bestätigen werden, zugleich die angenehmste Art, dies zu erkennen.

Klarträume gestatten Ihnen, sich selbst zu entdecken, ohne irgendeiner religiösen Organisation anzugehören; man braucht keinen Guru aufzusuchen oder Zauberlehrling zu werden, man braucht nicht zu leiden oder alles zu ernst zu nehmen. Weil es ein solch natürlicher Prozeß ist, legt es selbst die Geschwindigkeit fest, mit der Sie voranschreiten. Die tieferen Ebenen Ihres Bewußtseins werden die Wegweiser finden, die Ihrer Aufmerksamkeit den Weg zurück zu sich selbst zeigen.

Das einzige, was Sie tun müssen, ist, die Entscheidung zu treffen. Die einfache Handlung des Sich-Vornehmens ist der Schlüssel zu den Traum- und Wachwelten. Wenn man erst einmal gelernt hat, wie man seine Träume beobachtet und den Ereignissen erlaubt, sich zu entfalten, ohne daß man sich mit ihnen identifiziert, sie vielmehr nur staunend beim Vorüberziehen betrachtet, hat man auch gelernt, wie man dasselbe im Wachzustand macht.

In der Zwischenzeit wird Luzidität Sie auf den »Königsweg des Erwachens« leiten. Es ist egal, ob sie den Weg des Zauberers zur Macht, den Weg des Therapeuten zur Integration, den Weg des Asketen zur Wiedergeburt oder den Weg des Weisen zur Wirklichkeit wählen. Es ist sogar egal, ob Sie die Wirklichkeit von Träumen oder die Träume von Wirklichkeit erforschen. Welchen Weg Sie etwa auch wählen, er wird Sie mit Hilfe der Luzidität zum Ziel bringen. Denn was Sie wirklich tun, ist die Natur Ihrer eigenen Wahrnehmung und Ihres eigenen Bewußtseins in Frage zu stellen. Sind Sie erst einmal luzid, haben Sie keine andere Wahl, als Ihre gewohnten Wesensmuster in Frage zu stellen. Es bedeutet, daß die Welt um Sie herum nie mehr dieselbe sein wird, ob Sie schlafen und träumen oder wach sind und träumen. Was immer jetzt geschieht, Sie regen sich bereits in Ihrem Schlaf. Der Traumschöpfer wird aufwachen.

Doch bis dahin: Genießen wir die Träume!

Regenbogen, von Martin Kers.

ZUSAMMENFASSUNG DER TRAUMÜBUNGEN

DURCHBRECHEN DER ERINNERUNGSBARRIERE

Die erste und wichtigste Barriere, die bei dem Versuch, Klarträume hervorzurufen, durchbrochen werden muß, ist die Vergeßlichkeit. Wir vergessen, was geschieht, wenn wir zwischen den wachen und träumenden Reichen hin und her gehen. Alle Techniken der vorangegangenen Kapitel zielen darauf ab, unser gewohntes und, wie manche glauben, instinktives Vergessen zu durchbrechen. Dies kann mit Hilfe von Werkzeugen geschehen, die bestimmte nervliche Vernetzungen im Gehirn verstärken. Der Träumer wendet Energie auf, um eine neue Brücke zwischen den getrennten Reichen zu bauen und damit einen leichteren Zugang von jeder Seite zu ermöglichen, ohne Grenzwächter, die ihn zwingen, die Erinnerungen abzugeben.

Das Hauptwerkzeug für den Bau dieser Brücke zwischen den Reichen ist das geduldige und methodische Führen eines Traumtagebuchs. Keine andere Methode ist so wirkungsvoll oder wichtig während der ersten Schritte der Expedition zum luziden Traum. Das ganze Ritual um dieses Tagebuch – die Handlungen vor dem Schlafengehen, die Atmosphäre des Schlafzimmers, die Techniken des Erwachens und Erinnerns – ist für den Erfolg bestimmend. Alle folgenden Methoden sind nur dazu da, ein Wachsamkeitsmuster in dieses Reich hineinzubringen.

Doch alle Werkzeuge sind leere Gesten, wenn der Träumer nicht entschlossen ist, Klarträume zu erfahren. Ein »Schwur an das Wesentliche«, der Wille oder die Absicht sind Indikator für eine veränderte Energie hinter bewußter Anstrengung. Ohne diese Energie wird nichts geschehen, wie groß der spirituelle Durst, die Fragen, der Wunsch, sich zu heilen, auch sein mögen.

Traumort (31), *Traumtagebuch* (55), *Vor dem Einschlafen* (56), *Schwur für das Wesentliche* (58), *Erinnerung* (59), *Das Orakel des Fuchses* (60), *Beim Aufwachen* (61), *Traum-Fokus* (78).

ERWECKEN KLARER TRÄUME

Während der Wille, einen klaren und bewußten Traum zu haben, die treibende Kraft hinter jedem Aufstiegsversuch ist, gibt es eine Anzahl einfacher Methoden, die erkennen helfen, daß man sich in einem Traum befindet. Es sind Tricks, den unwachsamen und unbewußten Träumer zur Wachsamkeit zu bringen. Die wohl wirkungsvollste Methode ist die des tibetischen Meisters Atisha, alle Dinge zu behandeln, als seien sie ein Traum. All diese Werkzeuge dienen dazu, den Geist aus seinem normalen Verhaltensmuster zu locken, und wenn man erstmal das andere Ufer erreicht hat, braucht man das Boot nicht mehr, das einen dorthin gebracht hat. Die Methoden sollen Luzidität nur erwecken und können von Techniken ersetzt werden, die jeder Träumer selbst entwickelt.

Visualisierung (16), *Die Tür in der Zirbeldrüse* (98), *schamanistische Visualisierung* (120), *Geleitete Tagträume* (127/132), *MILD* (140), *Hand* (141), *Selbsthypnose* (141), *Hypnose* (142), *Die Methoden von Atisha* (176).

WIRKLICHKEITSTEST

Da jeder auf seine Weise klare Zustände erlangt, ist jeder weitere Rat unnötig. Jede Reise ist so einzigartig und unbekannt, daß man nichts weiter sagen kann als: Gute Reise. Doch es gibt eine nützliche Faustregel, wie man die Wirklichkeit jedes Ereignisses testen kann. Fragen Sie sich selbst, ob Sie träumen oder nicht, oder ob das, was Sie erfahren, irgendeine Wirklichkeit hat. Untersuchen Sie den Traum in allen Einzelheiten. Richten Sie Ihre volle Aufmerksamkeit auf die Substanz des Traumreiches und seiner Bewohner, inklusive sich selbst. Ein Wirklichkeitstest des Beobachters im träumenden oder wachen Zustand kann erstaunliche und unerwartete Wirkungen haben.

Das verschobene Selbst (189), *Wirklichkeitstest* (220).

DIE ANDERE WELT

Befindet man sich erst einmal in klaren Träumen, wird die Einzigartigkeit jedes Szenarios jedem Träumer andere Impulse geben. Dies sind die Reiche, in denen es keine Touristenführer gibt. Man erschafft Routen wie Vögel am Himmel, so daß nur sehr allgemeine Richtlinien helfen können. Die meisten der Techniken sind nur Hinweise auf mögliche Richtungen. Denn dies ist Ihre eigene Schöpfung, in der Sie Gott spielen können, indem Sie ihr Ihren Willen aufzwingen oder ihr ihren eigenen Willen lassen und dabei zusehen. Zuerst wird den meisten klaren Träumern das ganze Königreich mit all seinen Freuden, Wundern und Festen angeboten. Jeder Wunsch kann sofort erfüllt werden. Doch die meisten, wenn nicht alle, Klarträumer werden dieser unbegrenzten Möglichkeiten bald müde und finden ein Gleichgewicht beim Beobachten der sich entfaltenden Traumereignisse, ohne sich einzumischen, außer einem gelegentlichen Richtungshinweis. Ausnahme sind die Heilträume, in denen der Träumer bestimmte Antworten auf große Probleme sucht.

Traumzimmer (142/143), *Heilträume* (144), *Die Hundertzwölf* (164/169), *Trügerisches Erwachen* (174), *Traumkörper* (174).

DAS FALLEN IN DIE LÜCKE

Dies ist wahrhaftig eine paradoxe Methode. Anstatt sich vorzunehmen, einen Klartraum zu erleben, nehmen Sie sich vor, die Lücke zwischen Wachsein und Schlaf zu beobachten. Die tibetische Lichtübung oder die Methode im *Vigyan Bhairava Tantra* von Schiwa zielen beide auf eine Sache und erwecken doch nebenbei Luzidität. Doch das Verhalten gegenüber der Luzidität ist vollkommen anders. Viele Klarträumer berichten, daß ein neuer Wissensdurst aufkommt, wenn die touristenhafte Faszination der Reisen zwischen den Welten abnimmt – in beiden Welten vom Traum zu erwachen. Dann ist Luzidität nur mehr ein Werkzeug, sich selbst zum endgültigen Erwachen zu bringen.

Lichtübung (156), *Das Fallen zwischen die Welten* (170/171).

DANKSAGUNG

Ich möchte allen von Labyrinth Publishing danken, die bei der Herstellung dieses Buches geholfen haben – Dhiresha und Nishta, daß sie mich an Dinge erinnert haben, die ich vergessen hätte; Philip Dunn, der alles ins Rollen brachte; meinem Lektor Geoffrey Chesler, dem es gelang, die meisten Exzesse und Fehler im Originalmanuskript auszumerzen, und Meaghan Dowling, seinem transatlantischen Kollegen bei Simon & Schuster, der einige sehr gekonnte und schmerzlose chirurgische Eingriffe vornahm. Dieses Buch wäre jedoch nicht ohne die Liebe und Unterstützung meiner Partnerin Navyo entstanden, sowohl innerhalb als auch außerhalb des Zeichenstudios, und der Führung und Inspiration meines Freundes und Meisters Osho, der mir aus erster Hand den grundlegenden Unterschied zwischen Traum und Wirklichkeit zeigte, sowie die Möglichkeit, beide zu genießen. Meinen Dank an alle für alles.

Mark Penberthy: 3, 175. Museum of Modern Art: 7, 19. Malcolm Godwin: 10, 47-51, 61, 66-73, 96, 140, 155, 166/167, 171, 173, 187, 188, 191, 193, 196, 203, 226, 227, 239, 241, 243. Privatsammlung, New Canaan: 11. Privatsammlung: 12, Richard Hess: 14, 15. Privatsammlung: 17. Sammlung. A. Ludé: 22. Whitney Museum of American Art: 23. Micheline Boyadjian: 26/27, 132, 143. Sotheby & Co., London: 30. Escher Foundation: 31. Campbell Grant: 33. Adalbert Trillhaase: 37. Matrix: 43. Bibliothèque Nationale, Paris: 44. Musée Municipal d'Art Moderne, Paris: 57. Pucker Gallery, Boston: 63. National Museum of American Art, Smithsonian Institution, Washington, D.C.:64. Ludwig Schwarzer: 75, 185. Edimedia: 79. Kunstphoto Speltdoorn, Brüssel: 83. McCord Museum, Montreal: 87. Field Museum of Natural History, Chicago: 86. Abtei St. Hildegard: 88. Scala: 90. J.C. Ciancimino: 92. National Museum of Man, Ottawa: 100. Tim Japaljarri & Clifford P. Japaljarri: 104, 105. Bilingarra Nubegeyo: 106. J.H. Gyssen & M. Cotic: 108. National Museum, Kopenhagen: 109. American Indian Museum, NY: 115. Ajit Mookerjee: 116. Werner Forman: 119. Netheme Hospital: 123. British Museum: 124, 153, 162. Privatsammlung, USA: 126. Premgit: 129. Tate Gallery, London: 130, 157, 186, 211, 225. Carel Willink: 133. Privatsammlung: 135. Boris Zaborov: 139. John Webb: 145. Ägyptisches Museum, Kairo: 145. Institut für Archäologie, Peking: 148. Harry Smith Sammlung: 150. Musée Giumet, Paris: 152. Cleveland Museum of Art: 154. Pat Fok: 160. George Washington Masonic National Memorial Association: 168. Sir John Soane's Museum, London: 177. Philadelphia Museum of Art, the Luis E. Stern Collection 181. Privatsammlung, Paris: 183. Israelisches Museum, Jerusalem: 184. Minneapolis Institute of Art: 194. Art Unlimited, Amsterdam: 195. Rudolf Hausner: 199. Privatsammlung, Amsterdam: 201. National Museum, Tokio: 204, 205. Edward James Foundation: 207. Ravi Kumar: 208. Peter Dreher: 209. Galerie Isy Brachot, Brüssel: 212. Phototèque Succession, Brüssel: 213, 237. Abbe Museum, Eindhoven: 214. Privatsammlung: 217. Prince of Wales Museum, Bombay: 218. Art Museum, Tokio: 221. Adelchi-Riccardo Mantovani: 223. Archives Foundation, Alexandra David-Neel, Digne: 230, 232, 233. New Ark Museum, 233. Alex Grey, 238. Privatsammlung: 244 Martin Kers: 247

LITERATURVERZEICHNIS

Allione, Tsultrim, *Women of Wisdom* (New York: Routledge & Kegan Paul, 1987).

Arnold Forster, M., *Studies in Dreams* (London: Allen & Unwin, 1921).

Bohm, David, *Wholeness and the Implicate Order* (London: Routledge & Kegan Paul, 1980).

Briggs, J.P., & Peat, D.,*Looking Glass Universe* (New York: Simon & Schuster,1984).

Castaneda,Carlos, *The Art of Dreaming* (New York: HarperCollins, 1993).

Cowan, James, *Mysteries of the Dream-Time* (Bridport: Prism Press, 1989).

Crick, F. and Mitchison, G., *"The Function of Dream Sleep,"* (Nature, 304, 1983).

Drury, Neville, *Don Juan, Mescalito and Modern Magic* (London:Routledge & Kegan Paul, 1978).

Eliade, Mircea, *Shamanism* (New Jersey, Princeton University Press, 1972).

Evans-Wentz, W.Y., *Tibetan Yoga and Secret Doctrines* (London: Oxford University Press, 1935).

– *Milarepa*, A Biography (Oxford University Press).

Faraday, A.,

– *The Dream Game* (New York: Harper & Row, 1976).

– *Dream Power*, (New York: Coward, McCann & Geoghegan, 1972).

Fox,O., *Astral Projection*, (New York: University Books, 1962).

Free John,Da, The Knee of Listening (Middletown, Calif.:The Dawn Horse Press, 1978).

Graham, A., trans. *The Book of Lieh-Tzu* (London: Mandala, HarperCollins, 1990).

Green, C. , *Lucid Dreams* (Oxford: Institute for Psychophysical Research, 1968).

Hobson, Allan,*The Dreaming Brain* (Penguin 1990).

Jung, Carl Gustav, *Memories, Dreams & Reflections* (London: Routledge & Kegan Paul, 1963).

LaBerge, S.,

– *"Lucid Dreaming: some Personal Observations,"* (Sleep Research, 8, 1979).

– *"Lucid Dreaming: Directing the Action as it Happens,"* (Psychology Today, 15, 1981).

– *Lucid Dreaming* (Los Angeles: Jeremy P. Tarcher,1985)

Lama Lodo, Bardo Teachings(San Fransisco: KTD Publications,1982).

Monroe, Robert, *Journeys Out of the Body* (New York: Anchor Press/Doubleday, 1971).

Moody, R., *Life After Life,* (Atlanta: Mockingbird, 1977).

Nietzsche, F., *"Misunderstanding of the Dream,"* from The Portable Nietzsche, (New York: Viking Press, 1954).

Norbu, Namkhai Rinpoche, *Dream Yoga & the Practice of Natural Light* (New York: Snow Lion Publications, 1992).

Osho, (Osho International Foundation)

– *The Book of Secrets* (Vigyan Bhairav Tantra)

– *The Tantra Vision* (Royal Song of Saraha)

– *The Secret of Secrets* (Golden Flower)

– *The Beloved* (Baul Mystics)

– *Yoga: The Alpha and the Omega* (Patanjali)

– *Take it Easy* (Ikkyu)

– *The Book of Wisdom* (Atisha)

– *Hsin Hsin Ming: The Book of Nothing* (Sosan)

Ouspensky, P., *A New Model of the Universe* (London: Routledge & Kegan paul, 1931, 1960).

Pearce, Joseph Chilton, *The Crack in the Cosmic Egg* (New York: Pocket Books, 1974).

Perls, Fritz, In and Out of the garbage Pail (Moab, Utah: Real People Press,1969).

Pribram, Karl, *Languages of the Brain,* (Monterey, Calif.: Wadsworth Publishing, 1977).

Rapport, N, *"Pleasant Dreams!"*, (Psychiatric Quarterly 22, 1948).

Saint-Denys, H., *Dreams and How to Guide Them* (London: Duckworth, 1982).

Sutton, P., ed. *Dreaming, the Art of Aboriginal Australia* (New York: George Braziller & The Asia Society Galleries Publications, 1988).

Talbot, Michael, Mysticism and the new Physics (London: Routledge & Kegan Paul, 1981).

Van Eeden, F., *"A Study of Dreams,"* (London: Proceedings of the Society for Psychical Research 26, 1913).

Wolf,Fred Alan, *"The Physics of Dream Consciousness: Is the Lucid Dream a Parallel Universe?"* (2nd Lucid Dreaming Symposium Proceedings 6, December 1987).

– *Star Wave* (New York: MacMillan, 1984).

REGISTER